U0895088

本书为2016年度教育部人文社会科学重点研究基地重大项目『高考制度改革研究』（16JJD880029）之成果

中国高校自主招生研究

樊本富／著

高考改革研究丛书

刘海峰／主编

華中師範大學出版社

新出图证（鄂）字 10 号

图书在版编目（CIP）数据

中国高校自主招生研究/樊本富著. —武汉：华中师范大学出版社，2016.12
(高考改革研究丛书/刘海峰主编)
ISBN 978-7-5622-7621-0

Ⅰ. ①中…　Ⅱ. ①樊…　Ⅲ. ①高等学校—招生—研究—中国
Ⅳ. ①G647.32

中国版本图书馆 CIP 数据核字（2016）第 310572 号

中国高校自主招生研究
© 樊本富　著

责任编辑：陈良军　　**责任校对**：刘　峥
编辑室：学术出版中心　　**电话**：027－67867792
出版发行：华中师范大学出版社　　**社址**：湖北省武汉市洪山区珞喻路 152 号
电话：027－67863426/3280（发行部）　027－67861321（邮购）
传真：027－67863291　　**邮编**：430079
网址：http：//press.ccnu.edu.cn　　**电子信箱**：press@mail.ccnu.edu.cn
印刷：湖北新华印务有限公司　　**督印**：王兴平
封面设计：甘　英　　**封面制作**：胡　灿
开本：710mm×1000mm　1/16　　**印张**：18.75
版次：2016 年 12 月第 1 版　　**印次**：2016 年 12 月第 1 次印刷
字数：270 千字　　**定价**：48.00 元

欢迎上网查询、购书

总　序

高考是我国各类考试中最重要、影响最大的考试。高考改革不仅关系到国家创新人才的培养、学生的健康成长，而且关系到社会公平的维护、高等教育资源的分配，还涉及宏大的社会利益再分配问题，关系到维护我国改革发展稳定的大局，是一项“牵一发而动全身”的社会系统工程，具有综合性、系统性。高考改革事关教育全局，不仅已成为重大的民生议题，而且是教育领域中最复杂、最敏感的问题，受到民众和国家教育主管部门的高度关注。

2010 年 7 月正式颁布的《国家教育中长期改革和发展规划纲要(2010—2020 年)》列有关于招生考试的专门一章，即第十二章“考试招生制度改革”。在中国历次教育改革文件中，这是第一次将招生考试单独列出一章，足见此问题在现阶段的重要性。2012 年 7 月，国家教育考试指导委员会在北京成立，研究制定考试改革方案，指导考试改革试点。国家专门成立一个国家级决策咨询机构来指导高考改革实践，说明考试招生改革意义非常重大。2013 年 11 月，十八届三中全会通过了《中共中央关于全面深化改革若干重大问题的决定》，其中教育方面最主要的就是考试招生改革的内容。2014 年 9 月公布的《国务院关于深化考试招生制度改革的实施意见》，是恢复高考以来最全面、最系统的改革文件。以往也有各种各样的高考改革政策出台，但多数都是单项的或者某一个侧面的改革，而这次改革涉及考试招生的方方面面，是一个顶层设计的系统改革，标志着高考改革进入一个新阶段。

由于高考是一个至为复杂的大规模选拔性考试，是一项“横看成岭侧成峰，远近高低各不同”的制度，从某一特定的角度去观察，站在某一种特定的立场去评说，可能所见都是事实，所言也都有一定道理，但也可能会出现盲人摸象、各说各话的情况。因此，在评价高考时，重要的是全面和客观。

而要理性地、全面地评价高考，提出切实可行的改进意见，就应该对高考进行全面深入的研究。

中国是考试制度的发源地，不仅是一个考试古国，而且是一个考试大国。有些西方国家的大学入学考试只是一种测量手段，只是在小范围内引起关注，只是一个部分人关心的话题。然而，受传统和现实的制约，中国人却将高考变成了文化，变成了经济，变成了政治，变成了盛大的仪式，变成了一种备受关注的社会活动，变成了一种惯例式的全民动员。在有五千年悠久文化传统和千余年科举考试影响的中国，在一个幅员辽阔、人口众多、地域和城乡文化教育水平差异很大的中国，在民众高度重视甚至是过度重视教育的中国，高考既与世界各国的大学入学考试有相同的规律，也有不少独有的现象和问题。

长期以来，高考作为一项影响重大、关注度甚高的重要制度，总体而言是“三多三少”，即新闻报道多，理论研究相对较少；一般议论多，深入分析相对较少；零星探讨多，系统研究相对较少。近年来，情况有了一些改观，特别是2012年前后讨论异地高考政策问题，2014年《国务院关于深化考试招生制度改革的实施意见》出台以后，出现了研究高考改革的热潮，许多相关论文见诸报刊。但是，对于整个高考制度还缺少系统的研究，尤其缺少真正有分量的高考改革研究著作。

高考改革是一个谁都能说得上两句的话题，但又是一个专业性很强的问题。要谈谈自己关于高考改革的观点，发表一两篇文章不难，而要深入阐述自己的观点，发表不重复的系列论文或出版专著却很难。为了将高考研究推向深入，并为现实高考提供决策参考和理论依据，在深入研究的基础上，特组织一套“高考改革研究丛书”。

作为中国高考研究的重镇，厦门大学考试研究中心一直将高考改革作为重点研究方向之一，推出了一系列研究论文和专著，研究成果为全国性的和部分省市的高考改革提供重要的理论支持。本丛书是中国第一套较全面、深入研究高考改革的丛书，对高考从理论、制度、政策、法治、内容、形式，到招生考试的区域公平、民族政策、效度和评价等各方面进行全面的研究，同时对美国、英国、法国、俄罗斯、加拿大、澳大利亚、日本和我国台湾地区的高校招生考试制度等进行了探讨；既有对高考制度的理论剖析，又有对高考改革的一些热点问题的专题论述；是从理论到实践、从宏观到微观、从国内到域外，对高考制度及其改革进行的全面而深入的研究。

“高考改革研究丛书”是对高考的基础性、系统性研究。2015 年，该丛书获得国家出版基金资助，出版社与丛书主编将原来已出版的十多本著作加以修订，并扩充至 22 本，使之成为一个更全面、成气候的书系。本丛书基本上由我自己的著作和历年指导通过答辩的高考研究博士论文、博士后出站报告为基础构成。在我历年指导的众多博士论文或博士后出站报告中，以高考研究为选题的占大多数。要想真正为高考改革提供参考，我们的研究应力求建立在对招生考试历史与现实充分了解的基础之上。为了使这些论文的写作不至于陷入空谈，我总是要求博士生和博士后多了解高考实际。多年来，以高考为选题的博士生和博士后一般都要到部分省市教育招生考试院等考试机构实习，真正深入招生考试第一线，多与考试管理工作者接触交流，这样他们才不会太书生气，所写论文才能脚踏实地。凡是研究别国高校招生考试制度的博士生和博士后，都通晓所在国的语言文字，并尽可能到研究对象国去搜集资料和实地调研，多位博士生和博士后都在研究对象国留学多年或做访问研究一年以上。

丛书中每本著作各有专攻，希望都能切中肯綮，真正做到既有学术价值，也有现实意义；对高考改革的顶层设计，对高考改革的顺利推行，进而对维护教育公平和社会稳定起到一定的作用。恢复高考 40 周年即将到来，相信本丛书的出版能够为高考改革提供理论支撑，为完善中国的考试招生制度贡献绵薄之力，作为一名上世纪的 77 级大学生，我深感欣慰。

刘海峰

2016 年 10 月 6 日

目　录

绪　论

一、研究缘起

中国高校招生考试制度自确立以来，经历了多次改革与尝试。作为中学与高校之间的桥梁，它不仅对中学教育教学、高校人才选拔具有调节和指导作用，而且承载着整合教育系统、维系社会稳定的重任，因而历来是中国教育界乃至全社会关注的一个焦点问题①。就高校招生考试制度来说，改革涉及方方面面，范围可大可小，影响力度可轻可重。其中，招生模式的改革是高校招生考试制度改革中的一个非常重要的环节。科学合理的招生模式对于有效选拔优秀的创新人才，保证高等教育的质量具有十分重要的意义。

近几年来，我国部分高校进行了自主招生改革试点。细究其因，笔者认为，自主招生试点工作开展的最重要、最直接的动因是中国社会环境发生了和以往不同的重大变化：政府不断加大职能转变的力度，提出了科学发展观。科学发展观体现在教育领域就是要改革以往不科学的教育管理制度，坚持依法治校、依法办教、依法让高校面向社会需要自主办学，落实《高等教育法》赋予高校的各项权利和义务，使高校能按照“以人为本”的目标，推动中国高校全面、协调和可持续发展，使高校能沿着法制化的轨道，向较少受到过于强大的政府控制和干预的方向发展。

但是，长期以来，中国的高校招生一直采用统一招考模式。随着高等教育的快速发展和社会对人才的多样化需求，这种招考模式所存在的缺陷已越来越明显。不可否认，统一高考为中国高校的公平、公正、高效选才，发挥

---

① 刘海峰：《“高考改革研究丛书”总序》，华中师范大学出版社，2007年，第1～2页。

了积极而不可替代的巨大作用。但其“大一统”模式，特别是考试内容上“千校一卷”的统一，使层次、类型各异的高等学校无法根据自己的需要选拔出适合培养的人才①（即使国家当下正在推行分省命题改革，但在各省、市、区内高考对学校、考生来说仍属统一的性质）。客观地说，每所高校都有自己的优势和不足，如果高校没有一定的自主权，不能面向市场，也就不可能调整和发挥自己的优势，其结果必然是千校一面，重复建设。

我们从另一个视角来看，自主招生作为高校的一种机能，也是历史和外部因素影响下的产物。

通过考察历史，我们发现，自主招生一直伴随着中国高校的成长与发展而存在。自清朝末年具有近代意义上的高等学校建立以来，人们就没有停止过对高校自主招生模式的探索与尝试。由于清朝末年的大学模式基本上是借鉴西方的大学模式，因此，起初的招生模式也是学习西方采用高校自主招生模式。到了民国时期，这个问题随着社会形势的不断发展有了新的变化。迫于社会的种种限制和压力，迫于中国传统文化在人们内心深处的呼唤，自主招生模式遇到发展的障碍。新中国成立后的最初几年，因为形势所需，仍然采用之前的高校招生模式。但是，高校自主招生模式短暂地存在了几年，到1952年，终被统一高考所代替。统一高考确立后的前几年和“文革”后的20世纪80年代初期，教育部（高等教育部、原国家教委）都组织讨论过高校自主招生问题，并提议在某些高校试点，但后来由于种种原因均未实行。

改革开放以来，随着我国经济和社会的不断发展，市场对人才的需求逐渐趋多样化，不仅需要能统领某个学科领域的学术研究型人才，还需要能将新发现及时转化为现实生产力的开发型人才，以及能在生产第一线解决实际问题的技术应用型人才。因此，在高等教育已经进入大众化、普及化的现阶段，高等教育的价值重心必然将从培养精英型人才转向培养创新型、职业型、技能型和服务型人才，这必然要求高校招生应符合高等学校的培养特色与目标，采用不同的高校招生方式。

另外，从世界上其他国家和地区的高校招生模式来看，高校自主招生也是世界上大多数国家选拔人才的共同做法。尽管各国在招生过程中，高校的自主权不尽相同，自主招生模式存在一定的差异，但其目的都是相同

① 郑若玲、杨旭东：《高考改革：历史与现实的思考》，《厦门大学学报》（哲学社会科学版）2003年第1期，第108～114页。

的，那就是为高校选拔优秀人才服务。各个国家和地区自主招生模式的差异，不仅与其政治体制、经济体制、文化传统、法律法规等有着极大的关联，而且与选拔人才的质量、人的个性化发展及对社会发展的影响等有着非常密切的关系。可以说，高校在招生方式上有一定的自主权是世界高校招生模式的共同特点。

在这样的背景下，扩大招生自主权就成为高校适应社会主义市场经济体制的发展形势、落实科学发展观的要求。中国高校自主招生改革试点因此被提上日程。2003 年，教育部在 2001 年江苏省 3 所高校进行自主招生改革试点的基础上，批准了全国 22 所高校进行自主招生改革试点，目的在于弥补和完善统一高考制度的缺陷，探索创新人才评价、选拔的新机制，找出既符合高等教育发展规律，又体现时代对人才要求的高校招生模式，到 2010 年，自主招生试点高校已经扩大到 80 所。近年来，高校自主招生模式又有不同的表现形式。2005 年，上海市 3 所民办高职院校成为自主招生改革试点院校。近年来，试点高职院校的范围不断扩大，已经在我国不少省、市、区开展自主招生改革。2006 年，复旦大学和上海交通大学又开展了另一种形式的自主招生改革试验，实施几年来已经取得了不小的成果。

可以说，实施高校自主招生改革的初衷，在于为选拔创新人才提供新方法，有利于高校培养具有更强适应性和实践能力、创新能力的建设型人才。它反映了中国经济、社会发展及大众化、普及化阶段高等教育发展的客观要求。近几年来，中国实施自主招生改革试点的高校类型呈现多样化，数量上也有不同程度的增长。从其实施情况来看，改革取得了不小的成绩。但随着试点的深入，高校自主招生在前进中也出现了执行难、效率低、公正性遭质疑、监督机制不十分有力等一系列问题。

众所周知，任何一项制度的改革在初始阶段都会遇到各种意想不到的困难和问题。中国高校自主招生在实施改革进程中就遭遇到了不小的挫折。但是，我们应当确信，中国高校自主招生改革极有可能是一项从小范围试点到逐渐推广的改革模式，反思它的发展历程，剖析它的发展困境，预测它的发展未来，对其以后的实践发展有着一定的参考价值。在当前形势下，高校自主招生改革研究已成为高校招生考试制度研究的重点之一。中国高校自主招生改革尚处于摸索阶段，在试点范围、招考对象、选拔方式、选拔标准等方面都还存在一些不足或问题。当前，学界对其研究多局限于分析改革利弊、执行情况或从理论上说明改革应有之理想状态，而对高校自主招生的内在本质和其他相关问题还缺乏深入、系统的研究。因此，中国高校自主招生的健康发展亟须得到正确的理论指导和实践建议。其改革的成功与否对于高校招生考试制度改革的深化，乃至社会的和谐稳定、健康发展都有着重要的意义。

基于以上原因，本书选择"中国高校自主招生"这一课题进行深入、系统的分析，结合中国社会发展的时代背景，从理论、历史、国际、现实与实证等视角考察分析高校自主招生的内在本质、影响因素、发展脉络、改革原则、运作机制及其发展趋势，并以大学教师、大学生、中学教师、中学生和考试机构管理人员五类群体为调查对象，通过调查他们对中国高校自主招生改革的态度和建议，分析他们由于所处位置不同而产生的对这一改革的不同意见，总结高校自主招生的改革经验及由此带来的社会问题，以望全面把握中国高校自主招生改革的发展方向，并为中国高校自主招生改革出谋划策，提供理论依据及政策建议。

二、相关概念的界定

在本研究中，首先需要对与高校自主招生有关的几个核心概念进行界定，以使我们更好地理解和准确地把握它所表达的内涵。

（一）高校

本研究是以高校作为研究对象，分析高校这一特殊组织体的自主招生改革，因而首先要界定高校的内涵与外延，只有把研究对象的性质界定清楚，研究才能做到有的放矢。

本研究所指"高校"即"高等院校"的简称，不仅包括公办全日制普通高等学校，也包括公办或民办高职院校，文中有时也称为"大学"。但"高校"与"大学"是存在着差异性的，二者涵盖的范围不同。高校即高等院校，包括大学、专门学院和高等专科学校①。大学是高等院校的一种，在中国一般指综合性大学（即多科系的高等学校，一般设有与社会科学和自然科学相关的各种专业）。可见，高校的范畴大于大学，不仅包括大学，还包括一些专门学院和高等专科学校（即现在的一些民办高校和高职院校）。

根据本书的研究范围和角度，采用"高校"一词比"大学"更为合适。

---

① 中国社会科学院语言研究所词典编辑室：《现代汉语词典》，商务印书馆，1996年，第415页。

（二）自主

“自主”是一个在人们的日常用语中使用频率极高的词语。其含义通常是指一个人或一个机构对自己的言行具有决定和选择的权力，不受他人或外界条件的限制①。如果从语义学的角度来分析，“自主”（autonomy）一词本源于希腊语“autos”（自我）和“nomos”（法律）的组合，它的基本含义是：“自己指导自己，不受他人约束。”②按照《辞海》的解释，“自主”一词的意思是：“自己做主，不受别人支配。”③ 在其他各词典中，对“自主”的语义解释一般强调从“自己”、“自我”出发做出决定的权力、意志、行为。从这里可以看出，“自主”对应于“他律”，任何“自主”都是有条件的、相对的，是在他律制约下的自主，并且他律是一个更强大的力量。自主体现了认识或行动的能动性、主动性。因此，任何自主行为都必须满足以下三个条件：①它是行为的决定者，是行为的发动者；②它是行为实施过程中的调节者；③它对行为之结果负责，对所实施行为承担着义务和责任④。此概念强调了自主（行为的决策和实施）、自律（行为的责任）和他律（行为受一个或多个更强大的力量制约）的统一。

一般而言，“自主”主要用于个人，意味着意愿和行为是发自内在自我，是一种自主选择、自我控制并为之负责的行为。而今，“自主”这一概念不仅应用于个人，而且应用于群体所在的机构，并赋予了非常广泛的含义。通俗地讲，“自主”是与“他主”、“受动”相对，强调的是主体从自身的内在需要出发，在符合社会基本价值准则的前提下，不受约束、自主选择、自我控制并为之负责的对客体和主体自身的支配行为。它表现为：主体在认识和改造客体时，不因外界的压力使自身思维和行为受到干扰，而且主体能够以自己的思想支配自己的行为，正确地评价自我，树立明确目标，并通过自我调节和自我控制，促进自我发展⑤。

---

① 高庆蓬：《教育政策评估研究》，东北师范大学博士学位论文，2008年，第75页。

② 姚计海，等：《国外教师自主研究述评》，《外国教育研究》2004年第9期，第44～47页。

③ 辞海编辑委员会：《辞海》（缩印本），上海辞书出版社，1999年，第2281页。

④ 方展画：《高校办学自主权刍议》，《辽宁高等教育研究》1997年第6期，第15～19页。

⑤ 吴小贻：《完整地理解教师专业自主权》，《当代教育科学》2006年第13期，第36～37页。

在这里，也应当提到“自由”一词。“自主”经常与“自由”联系在一起，有时甚至直接等同。在笔者看来，自主与自由的确存在必然的联系，但是，这两个概念并不直接等同，而是有一定的区别。自由有放任自流，不受任何约束的意思；而自主却要受到一定的约束与规范。自主如果没有一定的约束与规范，即为自由。

（三）高校自主招生

本研究所指的“高校自主招生”①，是指高校根据自己的培养目标、培养方式、教学条件和市场对人才的需求，在有关部门和社会的监督下，按照自己确定的招生标准，通过一定的人才选拔方式公平、公正、公开地招收新生的活动。

现阶段，中国实行的高校自主招生模式主要有三种：一是自 2003 年开始推行的部属重点高等学校自主选拔录取改革试点，属于统招前提下的自主招生模式；二是自 2005 年开始推行的部分省、市高职院校自主招生改革试点，高职院校享有极大的自主权，属于完全自主招生模式；三是自 2006 年开始推行的复旦大学、上海交通大学的“自主选拔录取”改革试验，由面试决定录取与否，高考成绩仅作为参考。

（四）高校招生自主权

高校招生自主权是高校办学自主权的下位概念，是高校办学自主权的一部分。招生自主权是高校依据教育法的规定而享有的一项法定权利，在性质上属于公权力的范畴，是高校享有的最具教育行业特点的办学自主权之一②。

从内涵上来看，高校招生自主权实际上是一个相对的概念。所谓“相对的”，包括两层含义：首先，高校招生的自主权是相对于政府控制而言的。高校作为社会活动的组成部分，不可能完全摆脱政府的控制而追求绝对的招生自主权。高校与社会其他部门、机构的协调与平衡，需要经由政府的调控而得以实现，社会对高校的要求，也要通过政府予以表达③。其次，高校招生的自主权是相对“多中心治理”而言的。随着中国社会主义市场经济体制的逐步

① 高校自主招生在本文行文中有时称为“高校自主选拔录取”，主要源于对 2003 年开始试行的高校自主选拔录取改革试点工作的称谓。

② 尹晓敏：《规范高校招生自主权行使的若干问题的法律思考》，《黑龙江高教研究》2004 年第 11 期，第 74～76 页。

③ 林正范、吴跃文：《论高校办学自主权的含义、依据与范畴》，《上海高教研究》1994 年第 2 期，第 51～54 页。

确立，高校与社会的联系越来越密切，社会组织和个人参与高校自主招生的程度越来越深，从而形成对高校自主招生的“多中心治理”。尽管如此，“多中心治理”仍无法替代高校对招生的自我控制权，因为高校作为一个独特的社会组织，有其独立性的一面。因此，高校必须享有相应的招生自主权。

（五）高校单独招生考试

高校单独招生考试是指经教育部批准的普通高校单独考试招生，是高校自主招生的形式之一。它是高校自行选拔新生的一种途径。高校单独招生考试的种类主要有运动训练和民族传统体育专业（简称体育单招）、保送生、艺术专业、插班生、外语小语种、第二学士学位、职教师资、残疾考生、少年班等形式。但限于笔者的时间和精力等原因，高校单独招生考试不列入本研究的范围。

三、文献综述

近年来，中国高校自主招生改革问题成为学术界关注的热点，引起了较为广泛的讨论。从所搜集到的关于高校自主招生的资料来看，考试理论研究者与管理部门对此做过不少探索，发表了不少研究成果，但至今学术界尚无专著对高校自主招生进行系统研究，只是在相关著作中有所论述。对中国高校自主招生的相关研究多偏重于现实分析、问题探讨，而从整体上、理论与实证层面深入研究的较少。

（一）关于高校自主招生的理论研究

此类研究主要涉及高校自主招生的内涵、招生自主权的限度、自主招生的优缺点、自主招生的模式等几个方面。

关于高校自主招生的内涵及定义，学者们研究的角度与所得出的结论有所不同。有的学者从宏观的角度研究，认为“自主招生是指高等学校在政府批准的基础上，从招生计划中划出一定的比例，根据高等学校自身的办学要求，选拔适合学校特色的有特长的学生”①。有的学者认为“自主招生是考生直接到招生学校报名，参加由学校组织命题、阅卷、录取的考试，考生凭高校签发的录取通知书到学校办理入学手续”②。有的学者从自主招生的作用

---

① 程斯辉：《自主招生与高校的自觉、自律和创新》，《湖北招生考试》2004 年第 12 期，第 1 页。

② 孙中涛：《浅析当前高校自主招生政策及其试点》，《现代教育科学》2006 年第 4 期，第 42～45 页。

出发，认为“自主招生是大学教育活动的重要前提和基础，也是高考改革的焦点之一”①。有的学者认为“自主招生是高校在教育部及其他主管部门的宏观调控下，遵循公平、公正、负责的原则，以市场人才需求为导向，从自身教育教学资源的条件出发，独立自主地拟定招生计划和组织选拔录取的招生制度”②。

关于高校招生自主权的限度，有学者认为自主招生必须有自主约束和社会监督③。有的学者认为，“高校仅仅在一定范围内获得了有限的自主招生权，招考名额、招考方式与选拔标准、选拔程序等仍受教育行政部门的控制”④。还有研究者认为，“自主招生的最大意义在于确立大学选拔主体的地位，但在当前的条件下，把招生权完全交由学校，其后果难以预料”⑤。也有学者认为，“高校招生自主权不应盲目扩大。现阶段，普通高校在统招前提下拥有部分自主权最适合中国国情和现实需要”⑥。有学位论文⑦对高校自主招生的自主权问题展开了探讨，对高校招生自主权的分配格局提出了相关政策与建议，认为中国高校现阶段适合拥有统一招考下的部分招生自主权。另有学位论文⑧直接对高校自主招生的政策缘起与背景进行了研究，从管理学角度，用公共政策分析的方法对中国当前高校自主招生的起因、存在的问题和背后的理念进行分析与解读，并提出建议，为政策的完善提供理论依据和实践参考。另外，还有其他

① 张亚群：《立足实际，推进高校自主招生的多元化》，《湖北招生考试》2006年第16期，第4～7页。

② 张继明：《从高等教育大众化角度审视高校自主招生》，《湖北招生考试》2005年第16期，第68～72页。

③ 朱为鸿：《论自主招生的限度与大学自主权的维护》，《湖北招生考试》2006年第16期，第8～11页。

④ 张林狮：《我国高校招生制度改革探析》，《生产力研究》2006年第4期，第121～123页。

⑤ 应望江：《高校招考制度改革大家谈》，《教育发展研究》2006年第6A期，第10～11页。

⑥ 侯蓉：《关于我国高校招生自主权的思考》，《高教发展与评估》2005年第1期，第12～15页。

⑦ 靖国安：《公平与效率——关于高等学校招生自主权的政策研究》，华中科技大学硕士学位论文，2003年；侯蓉：《关于我国高校招生自主权问题的思考》，湖北大学硕士学位论文，2003年；等等。

⑧ 罗丽英：《高校自主招生政策分析》，东北师范大学硕士学位论文，2007年；汪菁：《我国高校自主招生政策评析》，浙江大学硕士学位论文，2007年；等等。

学者的研究[①]对认识高校招生自主权有一定的借鉴与启迪作用。

关于高校自主招生的优缺点，有学者认为，“从直接影响来看，自主招生在保证考生综合文化水平的同时，又对考生的素质、能力、特长提出了更高的要求；从间接的影响来看，自主招生能实现教育者独特的办学理念，促进高校间的强强联合，推动高校内部的教育体制改革”。该学者指出，“自主招生制度的问题主要表现为：其一，条框式的界定标准欠灵活；其二，对区域、中学的限制有失公平；其三，考核体系有待完善；其四，高校和中学共同制定长期合作的诚信制度”[②]。有的学者针对复旦大学自主招生改革指出，“复旦大学自主招生正是为一流大学的选拔机制而进行的有益探索，也是对适应符合学校办学理念和培养目标的人才的选拔”[③]。相对来说，针对高校自主招生的缺点，学者也展开了热烈讨论。有学者认为，“自主招生在提高教育效率、促进教育公平的同时，也潜藏着对教育公平损害的可能”[④]。还有学者指出，“自主招生有四大困境或问题，一是目标问题；二是诚信问题；三是生源竞争问题；四是生源范围问题”[⑤]。此外，不少学者的相关论著和文章[⑥]也对此进行了研究。

---

① 李泽彧：《我国高等学校办学自主权研究》，厦门大学高等教育科学研究所博士学位论文，2000 年；陆兴发：《中国高等教育办学自主权问题的研究》，东北师范大学博士学位论文，2002 年；韩延明：《大学理念论纲》，人民教育出版社，2003 年；等等。

② 欧阳宏斌、徐颖峻：《对当前高考模式下自主招生的分析与思考》，《江苏高教》2004 年第 4 期，第 73～74 页。

③ 张慧洁：《自主招生改革：探索一流大学选拔机制的尝试》，《中国高等教育》2006 年第 17 期，第 37～38 页。

④ 刘自团：《高校试行自主选拔录取的公平与效率问题》，《理工高教研究》2004 年第 1 期，第 13～15 页。

⑤ 吴向明：《完善高校自主招生政策的思考》，《江苏高教》2004 年第 3 期，第 46～48 页。

⑥ 徐小洲：《韩国高考改革的动向及启示》，《教育研究》2003 年第 12 期，第 66～70 页；曲虹：《高校自主录取将促进教育改革的深化》，《北京理工大学学报》（社会科学版）2003 年第 5 期，第 31～32 页；王亚彤：《高校自律、社会监督：高校自主招生的环境研究》，《南京航空航天大学学报》（社会科学版）2004 年第 1 期，第 64～67 页；郑若玲：《“举国大考”何去何从》，《招生考试研究》2007 年第 1 期，第 1～8 页；陈彬：《对我国高考制度改革的思考》，《当代教育论坛》2004 年第 4 期，第 17～19 页；翟居怀：《对我国自主招生制度改革的理性思考》，《教育与职业》2008 年第 5 期，第 17～18 页；等等。

关于高校自主招生模式，学界既有对自主招生模式实施利弊的评价，也有对自主招生模式发展趋势的探讨。有的学者对高校自主招生的模式选择和价值取向进行了讨论，认为“中国高校自主招生考试在作制度选择时，可以在立足本国教育实际的基础上，借鉴国外一些大学的自主招生模式”①。有的学者针对当前高职院校自主招生改革试点中出现的问题提出了改革策略和建议②。有的学者认为，“目前中国三种高校自主招生模式互有异同，其实施范围虽然有限，但在引导基础教育、促进人才选拔方式多样化、改善生源结构方面，已取得显著成效”③。另外，还有多篇文章④对此问题进行了探讨与研究。

此外，有一些学位论文从其他角度对高校自主招生进行了理论探讨。有学者指出，高校招生制度改革发展的趋势应是实施自主招生，符合高校人才培养的目标⑤。还有一些学位论文和专著的部分章节⑥也对高校自主招生有所论述。

（二）关于中国高校自主招生演进历史的研究

通过搜集资料可知，已有多位学者在其相关著作的部分章节对清末高校自主招生制度的引进、民国时期高校自主招生的演变史进行了梳理

① 张亚群：《大学自主招生考试的制度选择》，《复旦教育论坛》2006 年第 3 期，第 8～11 页。

② 陈洁：《高职院校自主招生改革刍议》，《教育发展研究》2008 年第 1 期，第 84～85 页。

③ 张亚群：《高校自主招生三种模式辨析》，《考试研究》2008 年第 4 期，第 44～54 页。

④ 乔丽娟、张景华：《统一高考制度下的试卷多样化研究》，《考试研究》2005 年第 2 期，第 3～10 页；孟照彬：《大学自主招生：高考的最终走向》，《湖北招生考试》2004 年第 12 期，第 4～8 页；张亚群：《高校自主招生考试的认识误区》，《考试研究》2004 年第 2 期，第 65～74 页；吴艳玲：《坚持统一高考，完善和扩大高校自主招生》，《湖北招生考试》2004 年第 12 期，第 18～21 页；胡东芳：《当代中国高考政策的多元化发展及其完善策略》，《教育发展研究》2004 年第 4 期，第 53～57 页；刘清华：《高校分类发展与高考制度改革》，《考试研究》2005 年第 2 期，第 84～95 页；陈黎：《关于高考模式改革的思考》，《教育探索》2000 年第 4 期，第 20～21 页；阎建平：《构建新世纪高考模式的思考》，《课程・教材・教法》2001 年第 1 期，第 60～66 页；等等。

⑤ 罗斌利：《论高校人才培养与自主招生》，电子科技大学硕士学位论文，2005 年。

⑥ 郑若玲：《科举、高考与社会之关系研究》，华中师范大学出版社，2007 年；罗立祝：《高校招生考试政策研究》，华中师范大学出版社，2007 年；胡云：《中国高校招生考试制度变革的理论思考》，厦门大学硕士学位论文，1995 年。

与总结①。有的学者对中国近代高校自主招生考试演变的历史动因进行了专门探讨，总结出单独招考的性质、功能、特点和利弊，以及高校实行统一招生考试的必然性和必要性②。有的学者在所编历史文献集成中，搜集了大量各时期的珍贵史料，包括清末、民国时期高校自主招生的政策文本与背景资料，还有一些民国时期北大、清华的招考试题等③。另有学者在描述中国近代学制发展的同时，对清朝末期高校的招生标准有详细的介绍④。此外，在多部著作和相关文献⑤中，部分章节也涉及高校自主招生的具体实施内容和办法。

在期刊文章方面，有的学者在文章中论述了民国时期高校招考制度从单独招考到统一招考的演变轨迹，其成功与失败的经验对当前高校招生制度的改革有着重要的启示意义⑥。也有的学者将民国时期从 1911 年至 1932 年定为高校单独自由招生阶段，通过陈述一些大学法令和学校令，介绍了民国时期高校单独招考的概况⑦。另外，有多位学者⑧对民国时期和新中国

① 刘海峰，等：《中国考试发展史》，华中师范大学出版社，2002 年；潘懋元、刘海峰：《中国近代教育史资料汇编·高等教育》，上海教育出版社，2007 年；张亚群：《科举革废与近代中国高等教育的转型》，华中师范大学出版社，2005 年。

② 薛成龙：《近代中国高校招生考试研究》，厦门大学硕士学位论文，1999 年。

③ 谢青、汤德用：《中国考试发展制度史资料选编》，黄山出版社，1998 年；杨学为、刘芃：《中国考试史文献集成》（民国卷），高等教育出版社，2003 年。

④ 朱有瓛：《中国近代学制史料》（第一辑），华东师范大学出版社，1983 年。

⑤ 杨学为：《高考文献》（上下册），高等教育出版社，2003 年；杨学为：《中国高考史述论（1949—1999）》，湖北人民出版社，2007 年；杨学为总主编，王戎笙、王天有、李世愉主编：《中国考试通史》（卷三明清），首都师范大学出版社，2004 年；杨学为总主编，王奇生主编：《中国考试通史》（卷四民国），首都师范大学出版社，2004 年；杨学为总主编，杨学为、于信凤主编：《中国考试通史》（卷五当代），首都师范大学出版社，2004 年；《清华大学校史资料选编（一）》，清华大学出版社，1991 年；厦门大学校史编委会：《厦门大学校史资料·第一辑（1921—1937）》，厦门大学出版社，1987 年；苏云峰：《从清华学堂到清华大学（1911—1929）》，生活·读书·新知三联书店，2001 年；等等。

⑥ 张亚群：《从单独招考到统一招考——民国时期高校招生考试变革的启示》，《中国教师》2005 年第 5 期，第 24～26 页。

⑦ 高耀明：《民国时期高校招生制度述略》，《高等师范教育研究》1997 年第 4 期，第 69～74 页。

⑧ 刘清华：《民国时期高校招生考试与学校教育的关系》，《宁波大学学报》（教育科学版）2004 年第 5 期，第 42～47 页；巨玉霞、张亚群：《近代中国教会大学的招生特点》，《大学教育科学》2005 年第 5 期，第 70～74 页；李三青：《从单独招考到统一招考——1949—1952 年我国高校招考形式的演变》，《教育与考试》2007 年第 4 期，第 45～48 页；等等。

成立初期高校自主招生进行了研究与探讨。总的来说，这些文献是本书历史考察部分的重要参考资料。

（三）关于中国高校自主招生改革试点现实情况的研究

这类研究主要是针对中国高校自主招生改革试点存在的公平性、科学性问题和发展趋势的探讨。

关于高校自主招生的公平性和科学性，有学者认为，“由于中国大学独立性不够，教育资源完全由国家掌握，在这种权力架构中，如果大学有自主考试招生的权力，校方实际很难顶住来自各方的压力”①。有的学者对高校自主招生提出了质疑。质疑主要有两大方面：一是自主招生自主权的归属问题。二是自主招生何以实现教育公平问题，认为主要存在三个方面的不公平，“其一是自主招生的可比性不公平；其二是名额投放扩大了地区差异；其三是高考成本增加”②。也有学者认为：“自主招生中存在城市价值取向对公平的危害，并且认为由于缺乏完善的选拔程序和监督机制，自主选拔录取中可能出现舞弊现象会造成竞争的不公平，因此认为如何在招生过程中最大限度地保证公平性是当务之急。”③ 有的学者认为，“由于目前中国高中达标学校数量有限，高校的奖贷制度不健全、教育成本分担机制不完善等，导致自主招生中存在不少问题：(1) 招生计划问题；(2) 招生对象问题；(3) 招考公平问题”④。还有的学者认为，“在高校自主招生选拔优秀生源、提高办学效益的同时，却阻碍了弱势群体享受优质教育资源的机会”⑤。另外，也有学者认为，“教育公平是社会和谐的基石，能否确保公平，关系到高校自主招生改革的成败。自主招生方案要十分透明，各个环节便于社会监督，并尽可能减少偶然性因素的影响，要从程序上保证招生公平，程序公平是自主

① 雷颐：《全面实行大学自主招生的前提》，《新闻周刊》2004 年第 24 期，第 28 页。

② 庞守兴：《质疑高校自主招生改革方案》，《教育发展研究》2003 年第 10 期，第 26～29 页。

③ 刘自团：《高校试行自主选拔录取中的公平与效率问题》，《理工高教研究》2004 年第 1 期，第 13～15 页。

④ 陈超：《论高校自主招生制度的问题及其改进》，《漳州师范学院学报》（哲学社会科学版）2007 年第 2 期，第 166～169 页。

⑤ 梁水芹：《对我国高校招生公平与效率问题的理性思考》，《世界教育信息》2007 年第 7 期，第 64～67 页。

招生公平的基础环节"①。关于高校自主招生的公平性问题，有不少学者撰文对此进行了探讨②。

关于高校自主招生改革的发展趋势，有学者认为，"高校真正意义上的自主招生，关键问题是可否取消必须参加高考的'门槛'，用代表整个中学阶段的考试成绩作为衡量优秀学生的主要依据"③。另有学者指出，"自主招生的模式是针对录取分数线比较低的高校，尤其是部分民办高校，可以自主命题，自主录取，这样可使这些高校招到比较满意的学生，学生也可以根据本人实际选择满意的专业"④。有学者认为，"应立足实际，从历史与现实、教育与社会、中外比较的多维视角全面考察，在改革和完善统一高考制度的基础上，推进高校自主招生的多元化发展"⑤。但也有学者指出，"在实施过程中只落实高校招生自主权，只依靠高校的校内监督机制是不够的，还应该切实发挥社会的监督作用，完善社会监督机制"⑥。另外，有不少文章⑦也对这一问题进行了分析。

---

① 张晓鹏：《我国高校自主招生改革若干问题的探讨》，《复旦教育论坛》2006年第3期，第12～16页。

② 孙中涛：《浅析当前高校自主招生政策及其试点》，《现代教育科学》2006年第4期，第42～45页；王均：《自主招生改革的探索与实践》，《中国教师》2004年第7期，第13～15页；路娟：《高校落实办学自主权过程中存在的问题及其对策》，《和田师范专科学校学报》2005年第1期、第19～20页；陈彬：《对我国高考制度改革的思考》，《当代教育论坛》2004年第4期，第17～19页；李惠：《论高校实行自主招生的必要性及应克服的弊端》，《牡丹江大学学报》2007年第4期，第152～153页；等等。

③ 程光旭：《大学招生自主选拔录取与人才培养的思考》，《中国高等教育》2007年第2期，第15～17页。

④ 杨德广：《两种"自主招生"改革之剖析》，《湖北招生考试》2006年第8期，第25～27页。

⑤ 张亚群：《高校自主招考的制度选择》，《湖北招生考试》2006年第16期，第1页。

⑥ 宋丽、孟祥丽：《落实高校招生自主权的障碍与对策分析》，《哈尔滨学院学报》2007年第1期，第133～136页。

⑦ 张建发：《地方高校试行自主招生是高等教育招生改革的必然走向》，《教育与职业》2007年第17期，第54～56页；靖国安：《高校招生自主权与教育公平》，《武汉科技学院学报》2005年第5期，第58～60页；欧阳宏斌、徐颖峻：《对当前高考模式下自主招生的分析与思考》，《江苏高教》2004年第4期，第73～74页；等等。

（四）关于世界其他国家和地区高校招生考试制度的研究

一直以来，世界各国、各地区都在探索、研究适合本国、本地区的高校招生考试制度，提高人才培养的切合性，相关的学术论文和专著也层出不穷。国外几本有代表性的著作，主要探讨了高校招生考试的发展方向和实施策略①。国内学术界对世界其他国家和地区的高校招生考试制度已有较多研究，有关的著作都分析了其他国家和地区高校招生考试制度的历史和现状，探讨了其他国家和地区高校招生考试制度的实施、控制和管理机制，总结了这些国家和地区的高校招生考试制度对中国的借鉴与启示②。此外，也有不少著作的相关章节对其他国家和地区的高校招生考试制度有所提及。

此外，也有大量的学位论文、期刊论文和报纸对国外的高校招生考试制度进行了探讨与分析。有的学者认为，由于历史、社会以及传统的原因，各国高校招生制度各不相同，归纳起来为两种：证书制和高考制。这两种不同的高校招生制度对应两种大学考试不同的模式③；有的学者按自主程度的不同将世界各国高校的自主招生模式分为三大类型：一是完全自主型；二是半自主型；三是统招前提下的自主型④。有的学者认为，中国高校招生考试制度多样化改革可以从美国高校招生考试制度中得到四点启发与借鉴：第一，注重入学机会公平；第二，适度采用多元录取指标；第三，扩大高校招生自主权；第四，建立分层分类的考试体系⑤。总体来讲，对国外高校招生考试

---

① 马克·伊克斯坦、夏洛·诺亚：《迈向大学之路——各国的考试政策与实务》，陈坤田，等译，台湾心理出版有限公司，1996 年；罗伯特·蒙哥马利：《考试的新探索》，黄鸣译，广西人民出版社，1984 年；等等。

② 唐滢：《美国高等院校招生考试制度研究》，华中师范大学出版社，2007 年；王立科：《英国高校招生考试制度研究》，华中师范大学出版社，2008 年；贾非：《各国大学入学考试制度比较研究》，辽宁教育出版社，1990 年；于钦波：《中外大学入学制度比较与中国高考制度改革》，四川教育出版社，2000 年；康乃美、蔡炽昌：《中外考试制度比较研究》，华中师范大学出版社，2002 年；等等。

③ 陈晓云：《中外高校招生制度比较与研究》，《比较教育研究》2003 年第 4 期，第 25～26 页。

④ 徐瑞英：《试论自主招生模式》，《苏州大学学报》（哲学社会科学版）1996 年第 4 期，第 48～49 页。

⑤ 郑若玲：《美国大学招考制度的启示》，《光明日报》2007 年 5 月 9 日。

制度进行的研究多集中在美国、英国、日本等几个国家①。

值得一提的是，关于台湾地区高校招生考试制度的研究，有学者归纳了其演变历史，并分析了影响因素，进行了较为系统的研究②。台湾自2002年起实施“大学多元入学方案”以来，也引起了学界的较多关注，纷纷撰文以记之③。

（五）关于自主招生与统一高考的关系研究

对于自主招生与统一高考关系的研究，有学者提出，“自主招生考试与统一招生考试并不矛盾，二者可以互为补充”④。有的学者认为，“从当前中国国情以及中国改革发展的社会现实背景出发，统一招生考试制度在一定历史时期更符合中国的实际情况”⑤。有学者从高校自主招生与招生权的归属、

① 张民选：《美国加利福尼亚州高等学校招生考试制度研究》，《大学（研究与评价）》2007年第6期，第96～100页；王海东、张咏梅：《美国大学入学考试（SAT）的发展历程及其对我国高考改革之启示》，《湖北招生考试》2007年第16期，第60～63页；吴向明：《美国高校自主招生及其启示》，《浙江工业大学学报》（社会科学版）2007年第4期，第395～399页；张林狮：《美国高校招生制度及其对我国高考改革的启示》，《中国高教研究》2006年第5期，第57～58页；徐苗苗：《中美高校本科招生之差异比较及启示》，《煤炭高等教育》2006年第4期，第98～100页；张志群：《美国高校招生管理体制及运作模式对我国的启示》，《江西教育科研》2005年第7期，第33～34页；何家军：《英国高校招生管理体制及运作模式研究》，《教育与考试》2007年第2期，第34～37页；吴计生：《中日高考制度改革之比较》，《世界教育信息》2007年第11期，第79～81页；刘清华：《日本的偏差值教育与高校招生考试制度改革》，《外国教育研究》2006年第10期，第35～41页；王谦、史青宣：《中日大学招生制度比较》，《日本问题研究》2006年第3期，第34～36页；崔成学：《日本的大学入学考试中心考试及对我国的启示》，《现代教育科学》2004年第3期，第28～31页；等等。

② 杨李娜：《台湾地区大学入学考试制度研究》，华中师范大学出版社，2008年。

③ 郑若玲：《台湾地区的高考制度改革》，《新闻周刊》2004年第23期，第26～27页；夏人青：《台湾地区高校招生考试制度的改革发展》，《教育发展研究》2006年第12A期，第31～36页；钱道庚：《亚洲高校招生考试制度发展趋向研究》，《湖北招生考试》2003年第24期，第105～108页；何薇：《台湾现行高校招生考试制度的特点及发展趋向》，《湖北招生考试》2003年第20期，第43～45页；张宝蓉：《台湾私立高校招生与就业制度及现状分析》，《民办教育研究》2006年第4期，第80～86页；等等。

④ 张亚群：《高校自主招生不等于自行考试》，《教育研究》2005年第3期，第34～36页。

⑤ 樊本富：《统一与自主：高考改革之争》，《西安交通大学学报》2005年第3期，第102～106页。

教育公平、统一高考制度、高考改革配套机制的构建等方面，探讨了高校自主招生与高考改革的相关问题①。也有的学者明确提出，“高考作为测量知识与能力的基本手段，能够成为高校自主招生的重要依据，在维护教育公平与社会和谐、节约招生成本等方面能够发挥重要的积极作用”②。另外，还有不少文章对自主招生与统一高考之间的关系进行了探讨③。

（六）关于高校自主招生的实证研究

在高校自主招生的实证研究方面，有学者通过搜集和整理大学生群体对高校自主招生改革的意见和看法，统计、分析出被调查者关注的主要问题以及对高校自主招生改革的总体态度④。有的学者以 2004 年北京师范大学自主招生为案例，分析了其录取标准和程序，总结了其在测试原则、测试标准方面的特色和经验⑤。也有学者运用统计分析的方法对武汉市某高校自主招生考试的试题进行分析，以此检验自主招生考试内容对于选拔人才的实效性⑥。

总之，从以上对中国高校自主招生的研究成果来看，无论是论著数量，还是研究内容、视角与方法，都取得了显著的成绩。但这些研究大都仍局限于高校自主招生的理论视角和新闻报道，对自主招生中出现的一些问题的研究分析，还主要局限在理论的说明和现象的描述，缺少实证的观点支持和对

---

① 乐毅：《我国高校自主招生与高考改革的若干问题浅析》，《江苏高教》2008 年第 3 期，第 84～87 页。

② 张亚群：《统一考试在高校自主招生中的地位与作用》，《中国考试》2008 年第 12 期，第 56～61 页。

③ 蔡达峰：《关于高考招生改革的建议》，《复旦教育论坛》2005 年第 2 期，第 5～7 页；唐滢：《中国高考改革应有国际视野》，《湖北招生考试》2006 年第 20 期，第 58～62 页；钱钟、陈东：《从高考改革走向照录改革》，《考试研究》2006 年第 1 期，第 33～42 期；王铮：《高校 5%招生自主权置疑》，《中国教师》2004 年第 7 期，第 6～8 页；周大平：《关注高校自主录取的新政策》，《河南教育》2003 年第 10 期，第 8～9 页；等等。

④ 张志祥：《大学生对自主招生的意见调查》，北京师范大学硕士学位论文，2005 年。

⑤ 王均：《自主招生改革的探索与实践》，《中国教师》2004 年第 7 期，第 13～15 页。

⑥ 胡典顺、赵军：《自主招生考试办法的案例分析》，《统计教育》2005 年第 10 期，第 59～62 页。

政策的问卷调查，对改革的表象背后进行深入研究的则更少。因此，有必要从理论与实证层面，对中国高校自主招生改革进行深入、系统的分析与研究。

四、研究思路

一些研究在于发现规律和真理，一些研究在于解决问题，一些研究在于检验或拓展理论，一些研究在于完善学科体系和知识架构，也有一些研究在于弄清某种事实，加深对某种现象的认识①。本研究的目的在于在弄清事实的基础上努力去解决问题，即通过对高校自主招生改革的理论与实践研究的梳理和规范，为今后的研究提供理论基础和实践参考标准，更为重要的一点是为决策部门完善和改进高校自主招生政策提供参考。

本研究遵循宏观阐述与微观剖析、理论分析与实践例证、历史考察与国际借鉴相结合的研究思路，既从宏观上和理论上分析高校自主招生的本质内涵、影响因素、发展脉络、运行机制、发展趋势以及政府、社会、高校三者在处理高校自主招生问题上的互动关系，又对当前中国高校自主招生改革试点展开问卷调查，并以试点高校的招生人员为个案访谈对象，从微观上和实践上解析当前中国高校自主招生的特点、社会影响及未来的发展趋势。最后，提出改革的对策与建议，以促进中国高校自主招生改革的进一步深化与发展。

具体说来，本书将从以下几个部分对高校自主招生进行论证：

第一部分为绪论，是本研究的开篇，主要包括研究缘起、相关概念的界定、文献综述、研究思路、研究方法和研究意义。

第二部分为中国高校自主招生的理论归依。通过对支撑起中国高校自主招生改革的四大理论（权力制衡理论、治理理论、公平与效率理论、多元智能理论）的分析，讨论这四大理论为何成为高校自主招生的改革理念，通过这几年的改革实践，这些理念是否得以体现，以及在将来高校自主招生改革的调适和完善过程中，如何更好地遵循和体现。

第三部分为中国高校自主招生的历史回顾。本部分归纳和整理了中国自清末以来高校自主招生的基本情况，重点回顾了清末高校自主招生的创立过程、民国时期高校自主招生的实践、新中国成立后高校自主招生的实践与争

① 张民选：《理想与抉择——大学生资助政策的国际比较》，人民教育出版社，1993年，第15页。

论，并从中总结出中国高校自主招生的历史必然性。

第四部分为高校自主招生的域外考察。本部分主要选取美国、英国、日本、韩国和中国台湾地区作为比较研究的对象，在整理分析这几个国家和地区的高校招生考试制度的基础上，揭示其产生的原因与运行的环境及内在规律，提出可以借鉴和汲取的成功经验。

第五部分为中国高校自主招生的现实探讨。本部分通过考察重点普通高校自主招生改革试点、高职院校自主招生改革试点及复旦大学和上海交通大学自主招生改革试点，比较了三种类别的自主招生模式的目标、成效和存在的问题，展示了当前中国高校自主招生改革的现状。

第六部分为中国高校自主招生的实证研究。本部分采取访谈调研的方法，访谈自主招生试点院校的招生人员和通过自主招生方式入校的学生，了解高校自主招生的具体操作过程。此外，通过问卷调查的方式，结合运用SPSS统计分析软件，调查考试机构管理人员、自主招生试点高校教师和学生、中学教师和学生五类群体对中国高校自主招生的态度。此部分研究旨在为我国高校自主招生改革提供更加真实准确的反馈信息。

第七部分为研究结论与改革建议。基于上述几个部分的论述，本部分明确提出本研究的研究结论，并针对现行改革的弊端和不足，提出进一步改革与完善高校自主招生的建议。

五、研究方法

方法是工具和手段，是为研究服务的。研究方法是研究的重要组成部分，它提供了人们在该学科领域内分析问题的视角、工具和分析框架，同时也是立论的逻辑起点①。选择研究方法的总原则是研究的目的和要求决定研究方法，而不是根据方法来修正研究。中国高校自主招生研究具有很强的时代性与实践探索性，因而必须强调研究方法的得当、可行。本研究主要采用文献研究法、访谈法、问卷调查法和统计分析法。

文献研究法。通过文献检索，搜集相关文献资料，查阅国内和国外其他国家和地区关于高校自主招生的理论和实践两个方面的文献，了解国内外高校自主招生的发展历程、特点与规律。在搜集文献的过程中，结合运用历史

---

① 马永霞：《冲突和整合——高等教育供求主体利益分析》，高等教育出版社，2006年，第6页。

研究法和比较研究法，纵向对高校自主招生的历史进行考察，了解中国高校自主招生的历史演变过程，以便对中国高校自主招生改革的背景和现状有较为深刻的理解；横向考察几个发达国家和地区的高校招生考试制度的相关情况，探讨国外及其他地区高校自主招生的运行机制、成功经验和失败教训，以期为中国探寻高校自主招生的合理范围和实施路径提供有益借鉴。通过吸收大量文献中的事实描述、精辟观点与结论，拓展本研究的视野，为本研究奠定坚实的基础。

访谈法。访谈法是通过研究者与被研究者直接接触、直接交谈的方式来搜集资料的研究方法。在访谈之前，笔者根据中国高校自主招生改革的现状拟定访谈提纲，重点针对高校自主招生的实施情况、现有成效和改革走向等相关问题，对几所部属重点高校的招生办公室工作人员和参与自主招生流程的教师进行了访谈，了解到一些高校自主招生实施情况的有效数据和意见。

问卷调查法。一般而言，研究既要有理论上的求索，也要有立足现实关怀和研究者个体的体悟。高校自主招生问题具有强烈的现实针对性，离不开对中国高校自主招生改革实施情况的调查。因此，对中国高校自主招生改革实施情况的准确把握是本研究的重要基础。为此，笔者依据中国高校自主招生改革的现状，采用了问卷调查的方法。问卷沿着“了解程度及了解方式—总体看法—招生程序—影响因素—试行范围—录取标准—保障措施—发展方向”的线索展开设计和排列。调查对象为考试机构管理人员、自主招生试点高校教师和学生、中学教师和学生。调查的主要目的是了解社会各界对中国高校自主招生改革的意见，为改革提供更加真实准确的反馈信息。

统计分析法。统计分析法指通过对研究对象的规模、速度、范围、程度等数量关系的分析研究，认识和揭示事物间的相互关系、变化规律和发展趋势，借以达到对事物的正确解释和预测的一种研究方法。本研究调查问卷数据采用 SPSS 统计软件包进行处理与分析，数据的处理主要涉及频数统计、交叉列联表分析、相关分析等，运用描述性与推论性的统计表（数据），从不同的变量来分析不同群体认识的差别。

六、研究意义

（一）理论意义

本研究力图使高校自主招生改革的实践有科学明晰的理论依据，进一步丰富中国高校人才选拔理论、考试理论，为当前及以后的高校自主招生改革提供理论依据与参考，为高校自主招生改革方案的制订提供有益的参考和建议。

（二）现实意义

本研究立足于中国高校自主招生的整体发展脉络，对其历史沿革、国际比较、现实考察、理论与实证分析等进行整理与归纳，在此基础上提出如何做到公平、高效选才，如何规避、解决实施中存在问题的改革对策与参考建议，对推进中国高校自主招生改革、保障各方利益、维护社会和谐与稳定等方面，具有一定的实践价值和现实意义。

第一章　高校自主招生的理论归依

中国高校自主招生改革试行几年以来，逐渐引起了社会各界的广泛关注和热议。从这几年的试点情况来看，改革的出发点与目标无疑是积极的，但是在改革的过程中遇到了许多阻力，使得改革初衷难免有些走样。从某种角度上说，高校自主招生改革在执行过程中处于一个复杂的利益交织体中。针对中国高校自主招生改革问题的产生，本章拟从权力制衡理论、治理理论、公平与效率理论、多元智能理论几个视角，对高校自主招生进行一定的理论分析，以期对它的改革与完善有所助益。

第一节　权力制衡理论对高校自主招生的分析

权力制衡是高校自主招生改革中一个非常重要的问题。高校自主招生改革试点进程中所展现的权力制衡机制，是改革有效实施的前提和重要保障。高校自主招生改革的关键，是确立学校独立的法人地位，让学校能够根据人才培养规律自主招收学生，更好地满足多元社会对人才的多样化需求，进而达到提升国民整体素质、提高国家综合国力的目的。我们探讨权力制衡理论的目的，就是要更好地运用这一理论来规范高校自主招生改革过程中的各种权力关系，促进高校自主招生改革健康平稳地推进。

一、权力制衡理论的内涵解析

在高校自主招生改革进程中，一方面需要相关的法律法规加以引导和规制，不断完善高校自主招生体制，另一方面还需要对各种权力关系加以制约和监督。那么，权力制衡理论的内涵是什么？权力制衡理论与高校自主招生到底有什么关联？

（一）权力制衡的界说

就权力的内涵来说，不同时代和不同背景下人们对权力的理解不同。古人所言的权力主要是指统治者的权力，侧重于指国家权力，而现代社会的权力是多元的，不仅包括公权力，还包括私权力。随着社会的发展，权力的内涵在不断地扩展。正如美国未来学家阿尔温·托夫勒所言："我们正处在一个权力变移（power shift）的时代，权力已经被赋予新的含义，权力不仅仅是一个数量概念，更重要的是权力的质量。那种野蛮力量或暴力是低质量的权力，因为野蛮力量或者暴力只能用来惩罚；财富是一种更为优越的工具，财富可以从正面也可以从反面起作用，因此比暴力灵活，财富是中等质量的权力；高质量的权力并不仅仅是势力，不仅仅是为所欲为的能力，不仅仅是使别人按你的意愿行事的能力，尽管别人也许不乐意。高质量的权力意味着更多的东西。它意味着效率——用最少的权力资源来达到目标。"① 在阿尔温·托夫勒看来，社会控制的三个来源中，知识是用途最广的一个，属于高质量的权力。尽管对权力并没有一个达成共识的界定，而且权力本身的含义也在不断发展变换着，但是权力在本质上仍然是一种力量。这种力量是指在某种社会关系中，一方作为权力拥有者的社会主体促使另一方作为权力对象的社会主体服从前者意志的力量。权力既意味着权力主体的行动自由，也意味着权力对象的行动受到限制②。

制衡，原意指一事物同其他事物之间的相互联系与相互控制，后来逐渐转化为对权力的管理、监督和制约。从权力的内涵来看，它是主体与客体、主体与主体、主体内在善与恶等多种矛盾的统一体，是一种强制他人服从的力量，并且权力又与一定的利益相联系。利益是权力运行的目的，又是权力运行的内在动力。因此，权力的特殊性和复杂性决定了对于权力的行使必须进行制衡。法国著名启蒙思想家、法学家孟德斯鸠曾对人说过"绝对的权力会导致绝对的腐败"③。他在《论法的精神》中从理论上确立了国家立法、行政和司法"三权分立"的经典模式，三权既彼此独立，又相互牵制。他认

① 阿尔温·托夫勒：《权力变移》，周敦仁，等译，四川人民出版社，1991年，第13～14页。

② 王莉君：《权力与权利的思辨》，中国法制出版社，2005年，第23页。

③ 杨琼：《学校法人治理问题研究》，华东师范大学博士学位论文，2007年，第111页。

为，滥用权力是一种普遍存在的现象，“一切拥有权力的人们使用权力一直遇到界限的地方才休止”，“要防止滥用权力，就必须以权力约束权力”[①]，分权与制衡相互依赖、互为条件。分权在于“分”，为了约束；制衡在于“合”，为了协调。因此，所谓权力制衡，就是指各种权力相互制约，彼此平衡，以达到相互协调的目的。

（二）权力制衡理论

现代意义上的权力制衡理论是在十七、十八世纪由英国哲学家洛克和法国启蒙思想家、法学家孟德斯鸠等确立起来的完整理论体系，并在美国的政治实践中得以验证的、行之有效的政治理论设计。但就渊源而言，却可以追溯到古希腊、古罗马时期的混合政体思想和中世纪宗教与国家的二元权力体系结构。这些思想和实践为近代分权与制衡理论的形成奠定了思想基础[②]。

多年来，不少学者对权力制衡理论进行了研究。从研究的成果来看，中国学者对此归纳的一些权力制衡观点或者说理论，基本上仍然没有脱离三种主要的权力制衡理论，即以权力制约权力理论、以权利制约权力理论和以社会制约权力理论。

1. 以权力制约权力理论

“以权力制约权力”理论发轫于古希腊哲学家亚里士多德的法治理念，由洛克最先提出，并经孟德斯鸠完善，作为美国政治信条的三权分立和制衡理论。早在亚里士多德的《政治学》中就有权力分立的思想。第一个将三权分立原则赋予规范意义的是洛克，他在《政府论》中将政府的功能区分为立法、行政和结盟（相当于今日的外交），立法权属于国会，行政权与结盟权同属于另一个部门。不同的权力分属不同的政府部门，主要目的在于专业分工、提高效率和防止专权暴政[③]。洛克的设计已经初步体现出“以权力制约权力”的思想，只是他的分权思想还不够彻底。之后，孟德斯鸠在其名著《论法的精神》中详细阐释了“三权分立”的思想。他首先分析了权力的特

---

① 孟德斯鸠：《论法的精神》（上卷），张燕深译，商务印书馆，1982 年，第 154 页。

② 林建华、余莉霞：《西方权力制衡理论的历史溯源》，《黑龙江社会科学》2008 年第 2 期，第 30～33 页。

③ 方世荣：《论行政权力的要素及其制约》，《中南财经政法大学学报》（法学版）2001 年第 2 期，第 3～10 页。

性，认为权力具有扩张性，滥用权力是一种普遍存在的现象。因而，在任何国家体制下，要防止滥用权力就必须对权力进行约束。“三权分立”就是要把国家的立法权、司法权和行政权这三种国家权力交由不同的国家机关掌握，通过法律规定的方式，互相制约，又互相保持平衡①。

美国首先把这种权力分立理论作为政治信条运用于宪政实践当中。美国宪法之父麦迪逊可以说是在美国极力主张三权分立原则的人。他的观点可以归纳为三点：一是权力分立的目的在于防止专权暴政；二是各权力之间除了基本的区分之外，更重要的是还应相互制衡，“防止把某些权力逐渐集中于同一部门的最可靠办法，就是给予各部门的主管人员抵制其他部门侵犯的必要法定手段和个人的主动。在这方面，如同其他各方面一样，防御规定必须与攻击的危险相称。野心必须用野心来对抗”②；三是权力制衡的手段细化，不仅包括外在的、权力部门间的互相制衡，也有同一权力内部的制衡。

权力分立理论作为人类政治制度设计的基本原则，它不仅是美国的政治信条，也为世界上许多国家所运用，体现了其强大的生命力。“以权力制约权力”理论的宗旨就是为权力设立界限，不仅以权力为指向，通过分权实现权力各部门之间的制衡，而且为约束政治权力、保障人民权利提供了常规的、程序性的途径，因而是广泛采用的权力制衡理论。

2. 以权利制约权力理论

就权力制约的途径而言，可以分为内部制约和外部制约两种类型。内部制约更直接明了，外部制约则基础更广泛；内部制约作用力大，外部制约依靠的是影响力。“以权力制约权力”主要是一种内部制约，而“以权利制约权力”则是一种外部制约。作为权力制约的一种形式，“以权利制约权力”可能践行了很长一段时期，但从理论上对其加以概括，特别是提出“以权利制约权力”这个概念，时间就晚得多，即理论的总结晚于实践的发展。

“以权利制约权力”是一种理论性较强的权力制约方式。它以权力与权利内在的、逻辑上的联系为基础。其基本思想是，权力来源于权利，权利是

① 孟德斯鸠：《论法的精神》，张雁深译，商务印书馆，1961 年，第 154 页。

② 方世荣、戚建国：《权力制约机制及其法制化研究》，中国财政经济出版社，2002 年，第 2～3 页。

主体，权力是派生，主体对派生天然拥有控制权①。因此，在实践中实现“以权利制约权力”的目标，首先，要强调权利的崇高性、广泛性和真实性；其次，权利主体要有强烈的主体意识；再次，明确法治是“以权利制约权力”的现实保障；最后，优化权利结构、实施权利主体普遍性制约是具体措施。从总体上讲，“以权利制约权力”的实现，主要依靠的是法治的力量，法治是“以权利制约权力”的中介。但是，也不能忽视权利自身的广泛性、真实性，以及权利主体的积极性等方面的作用②。富有权利意识的人以法治作为制约权力的武器，配合运用社会环境、宣传等工具，才是“以权利制约权力”发挥作用的理想状态。

3. 以社会制约权力理论

“以社会制约权力”理论由法国思想家托克维尔创立，并经美国政治学者罗伯特·达尔发扬光大。托克维尔指出，一个由各种独立的、自主的社团组成的多元的社会，例如，独立的报纸、作为一种独立职业的律师、政治社团以及参与公民生活的其他社团等，可以对权力构成一种“社会制衡”③。在托克维尔的思想基础上，罗伯特·达尔把社会制衡的问题提上了民主理论分析的议程。在罗伯特·达尔看来，一个多元的社会就意味着意见的多元性、利益的多样性和权力的多样性。权力的多样性可以说是最能体现社会制衡权力的思想。因为权力多元中心原则要求社会政治权力互相分割、互相独立和互相制衡。整个社会范围内基于不同价值观念、经济利益而形成的各种各样的集团通过多种途径参与政治生活、影响政治决策，以谋求自身利益的最大满足。这在客观上造成了一种新的权力分配和制约关系，即国家不是唯一的主权体现者和权力中心，各种利益集团同样是权力的中心、主体体现者④。“以社会制约权力”作为一种新的权力制约方式，顺应了时代发展的需要。

---

① 杨琼：《学校法人治理问题研究》，华东师范大学博士学位论文，2007 年，第 113 页。

② 郭道久：《以社会制约权力：民主的一种分析视角》，天津人民出版社，2005 年，第 121～125 页。

③ 托克维尔：《论美国的民主》（上卷），董果良译，商务印书馆，1996 年，第 67 页。

④ 方世荣、戚建国：《权力制约机制及其法制化研究》，中国财政经济出版社，2002 年，第 3～4 页。

由前面的论述我们知道，“以权力制约权力”是建立在权力分配的基础之上，一个国家机构根据宪法和法律获得某项权力之后，其依法行使权力的活动就不宜受到其他权力的干预，只有当其行使权力的活动偏离了法制的轨道时，有关机构才能进行干预。可见，权力对权力的制约作用主要在于事后的处理，在于查处违法行为。同时，权力与权力虽有分工的不同，但其根本利益是一致的，这就使权力与权力相互间虽有制约关系，但在更多的情况下则表现为一种合作关系。以权力制约权力有时会显得动力不足，因此，单纯以权力来制约权力是远远不够的。

“以权利制约权力”可以弥补“以权力制约权力”的不足。因为权力是在权利的汪洋大海中运行的，每一种权力的活动都有相应的权利直接或间接地与之相伴，所以，“以权利制约权力”就不只是一种事后的处理，而是一种全过程的制约。同时，权力与权利常常是此消彼长的关系，“以权利制约权力”有充足的动力，但也有其不足。在权利制约权力的过程中，权利不仅不能处于优势地位，而且往往处于劣势地位，原本处于制约地位的权利，反而常常被权力所制约。同时，由于以权利制约权力没有国家强制力，不能直接产生法律效力，就很容易造成这样的情形：明知权力行使违反法律，权利一方也无能为力①。

“以社会制约权力”又可弥补“以权力制约权力”和“以权利制约权力”的不足。社会是指一种享有独立人格和自由平等权利的个人之间的交往关系与整合形态，是与民主生活相联系的、独立于政治国家的民间自治领域。国家权力之所以具有一种强大的支配力量，主要是它代表着社会的公共意志，因而掌握着一定量的社会资源，特别是稀有资源。因此，社会制约权力的关键，首先在于社会直接拥有的资源的多少。社会拥有的资源越多，社会成员对国家的依附性就越小，享有的自由度就越大，从而社会制约国家权力的力量也就越大。而社会所拥有的资源是与市场经济的发展程度成正比的，因而，社会制约权力也只有在市场经济较为发达的情况下才有可能②。现阶段，中国的社会主义市场经济体制逐步确立起来，社会环境的变化促使着“社会制约权力”的生成与发展。

---

① 廖盛芳：《人大监督的优势》，《中国人大》2004年第11期，第45～47页。

② 胡平仁：《社会制约权力的理论基础和现实途径》，《湘潭大学学报》（哲学社会科学版）1999年第4期，第124～128页。

总体来讲，权力制衡是必须的，而权力制衡的形式又是多种多样的。“以权力制约权力”、“以权利制约权力”和“以社会制约权力”三者就是从不同的角度对权力加以制衡。“以权力制约权力”是通过分权实现不同权力主体之间的制衡，是一种内部制约，体现了横向的权力制约，也就是权力分立及其相互制衡。而“以权利制约权力”是一种外部制约，体现着纵向的民权对官权的制约，也就是政治权力源于人民授权和保障公民权利的宪政原则。“以社会制约权力”也是一种外部制约，是一种社会各界对国家权力的制约形式。

二、权力制衡理论在中国高校自主招生改革实践中的体现

随着中国社会主义市场经济体制改革的逐步完善，社会权力结构发生了变化。人们的价值和利益需求的多元化，更加速了社会权力结构的解构和重构。这就需要对政府、教育行政机关和高校、中学、社会及家庭等其他利益相关者加以权力制约。因此，我们需要根据权力制衡理论的研究成果，结合高校自主招生改革过程中的权力失衡问题，做进一步的探讨和研究。

当前中国正处在社会转型时期，社会权力结构也处在调整和转变时期，中央与地方、国家与社会、国家与公民等一系列权力关系都处在不断调整之中。如何进行权力制衡，尤其是对公权力的制衡，一直是政府改革的重要内容之一。从整体上来看，中国的各种权力制衡关系仍需要不断调整和完善。社会转型背景下的高校自主招生改革试点，也面临相似的问题。长期计划经济体制下的管理模式在新的改革形势下如何转变，即在多元利益驱动下形成的新型权力结构中如何对各种权力进行制衡，以更好地推动高校自主招生改革的顺利开展，值得我们深思。

高校自主招生的权力制衡应该包括两个层面：内部的权力制衡和外部的权力制衡。因此，对高校自主招生权力制衡关系这一问题，既需要研究其内部的权力制衡，也需要研究其外部的权力制衡。内部的权力制衡主要指对高校自主招生组织管理与实施者权力的制衡；外部的权力制衡主要指高校与社会政治、经济、文化各领域及其他利益相关者之间的权力配置和权力协调。

（一）高校自主招生内部的权力制衡

从中国高校的发展历程来说，现代高等学校制度移植于西方，整个制度的建立是在政府的推动下完善起来的。因此，中国高等学校从建立初始就在一种以强调政府行为为基础的制度环境中运行。在这种制度背景下，高校办学的主体是国家和教育行政部门，高校隶属于政府，形成了单一的按照行政机构规则行事的运行机制。在这种管理体制下，举办高等教育的权力集中于政府，高校缺乏事实上的自主权。政府与高校之间基本上是一种上下级的控制与被控制的行政关系。政府不仅是高校的主要投资者，而且是事实上的办学者和直接管理者①。高校内部自主招生实施者的权力制衡关系依附于政府与高校权力制衡关系之下。

随着高等教育规模的扩大、职能的拓展以及社会责任的增加，高等学校与政府之间相互依存、相互协调的程度越来越高。事实上，尽管政府与高校的权力关系相当复杂，但二者的基本点是一致的：高等学校是政府极力倚重的社会力量；政府是高等学校最主要的支持者；高等学校以政府为中介与社会发生各种联系，发挥各种职能②。高校与政府之间的关系已成为当前高等教育体制改革中一个越来越无法回避的核心问题。按照大学自治的理念，在中国进行高等教育体制改革，探索确立社会主义市场经济条件下高校与政府新型关系的过程中，政府角色的转换成为一条重要的思路。今后的高等教育体制改革，应该是政府职能逐渐从直接管理向间接性宏观管理转变的过程，使政府真正做到“宏观管理，微观放活”，进一步维护高校的办学自主权。

具体到高校招生领域，我们应该看到，高考恢复以来，受计划经济体制的影响，实质上是政府在控制着高校招生的权力。政府与高校之间的博弈，高校始终处于弱势地位，政府拥有控制权、主动权。这样的管理模式是适应当时的管理体制的，有其存在的制度环境。但随着计划经济体制的逐步被取代，社会主义市场经济体制的逐步确立，中国高校自主招生改革也被提上了

---

① 徐小洲：《自主与制约：高校自主办学政策研究》，浙江教育出版社，2007 年，第 149 页。

② 徐小洲：《自主与制约：高校自主办学政策研究》，浙江教育出版社，2007 年，第 7 页。

议事日程。高校自主招生改革不是简单的权力转移。表面上看，是把原来属于中央、地方各级政府及教育主管部门的权力转移给高校，高校成为大权在握的主宰者。但在本质上，这是一种职能的重新划分，是政府与高校之间关于招生权归属问题博弈的结果。

另外，针对高校自主招生的权力归属问题，仅仅考虑政府与高校二者是远远不够的，还应考虑政府、高校和社会（市场）三者的协调、整合。在市场经济全面渗透社会生活的背景下，高校自主招生已不仅仅限于高校和政府本身，它还成为一种社会活动。政府职能逐渐从直接管理向间接性宏观管理转变，是政府、高校和考生及社会其他方面的权利和义务逐渐明晰的过程，是高校与考生、与社会由间接联系发展为直接联系的过程①。从这一点上看，当前的高校自主招生改革试点，以高校招生自主权为突破口，对于推动中国高等教育体制的转变，有着积极的意义。但是，在目前的高校自主招生改革进程中，政府、高校之间的关系仍然没有理顺。

（二）高校自主招生外部的权力制衡

英国著名比较教育学家萨德勒（Michael Sadler）有一句名言："我们不应当忘记，学校之外的事情甚至比学校内部的事情更重要，它制约并说明学校内的事情。"② 因此，高校自主招生的研究，不应该仅局限于高校内部的逻辑，还应该从社会的政治、经济、文化多方面分析影响高等学校自主权存在、落实、发展的因素。

当前，伴随着政治权力的减弱，经济领域和社会领域的权力正在逐渐增强，原先那种政治领域垄断一切权力的单极结构正在向多极结构转变。中国政府行政改革的目标和实践基本上是适应社会转型的要求而展开的，在改革过程中，出现了明显地在政府权力体制内部组织之间、政府与市场之间、政府与社会之间的公共权力变迁的趋势，逐步形成政府和社会组织之间的既自

① 张晓鹏：《我国高校自主招生改革若干问题的探讨》，《复旦教育论坛》2006年第3期，第12～16页。

② Sadler, How Far Can We Learn Anything of Practical Value from Study of Foreign Systems of Education, Comparative Education Review, Feb. 1964. 王承绪：《比较教育学史》，人民教育出版社，1999年，第66页。

主又相互依赖的关系，其实质也是寻求更好的治理[①]。因此，随着近年来的市场改革所导致的权力从体制内向体制外的转移和重新分配，政府本身作为一种最基本的社会组织形式已经发生了范式变革，由集权走向分权，与之相对应的是政府在教育管理体制和管理模式中的权力运行也发生了同样的变迁。

从法律角度来看，中国自 20 世纪 80 年代以来制定的教育法律、教育行政法规和地方性法规及教育行政规章中，大都涉及扩大和落实高校的自主权问题。由此可见，一系列法律法规的重大改革使政府对高等教育的管理职能发生了很大的变化，高等教育管理体制也从高度的“集权”走向适度的“分权”，高校的办学自主权在逐渐扩大。

在高校招生自主权的归属问题上，早在 1985 年，《中共中央关于教育体制改革的决定》就提出了要“改革高等学校的招生计划和毕业生分配制度，扩大高等学校办学自主权”的设想，并通过 6 个“有权”[②] 对扩大高校的办学自主权做了诠释。1998 年 8 月 29 日全国人大常委会通过的《中华人民共和国高等教育法》第 32 条明确规定：“高等学校根据社会需求、办学条件和国家核定的办学规模，制订招生方案，自主调节系科招生比例。”尽管该条款所规定的有关招生方面的自主权属高校七项办学自主权之一，但它只是赋予了高校很有限的招生自主权，没有同时明确招生方案是否需要政府审批（事实上，迄今为止还是需要上报有关教育行政部门审批）。在这一法律框架下，招生自主权并非高校固有的权利，而是政府给高校的授权，且政府随时可以收回。然而，高等学校无论是作为办学主体还是法人实体，都有其自身的合目的性，自主是高校发展的内在需求。如同一切市场经济供需方都具有很大的自主权一样，考生应有选择高校的自主权，高校也应有更大程度的招生自主权。

可见，高校自主招生改革把招生自主权交给高校，其实是一种落实法律

---

① 许杰：《教育分权与大学自主》，《高等教育研究》2004 年第 4 期，第 17～23 页。

② 即在执行国家的政策、法令、计划的前提下，高等学校有权在计划外接受委托培养学生和招收自费生；有权调整专业的服务方向，制订教学计划和教学大纲，编写和选用教材；有权接受委托或与外单位合作，进行科学研究和技术开发，建立教学、科研、生产联合体；有权提名任免副校长和任免其他各级干部；有权具体安排国家拨发的基建投资和经费；有权利用自筹资金开展国际间的教育和学术交流，等等。对不同的高等学校，国家还可以根据情况，赋予其他的权力。

规定的行为。但目前，针对高校自主招生中各种权力关系的制衡，尚没有相关的法律加以规范，即便是在国家改革大背景下的政府职能转变问题，也仍在研究和不断完善之中，这就给如何对高校自主招生外部权力制衡的关系问题带来了一定的困难。这些问题在目前的高校自主招生过程中都是必须考虑的，需要从制度层面对其进行探讨。

另外，中国正处在社会转型期。社会转型，不仅仅是国民经济体制的转型，而且包括社会结构等各方面的重大调整和改革。这些调整和改革由于直接关涉到不同群体的利益，如何通过权力的重新配置以实现利益平衡，达到社会和谐发展，是当前社会关注的焦点，也是当前改革的着力点。因此，当前也是一个权力重新调整和配置的时代。如同美国的未来学家阿尔温·托夫勒所言，出现了“权力变移”①。高校自主招生的外部权力制衡关系必然深受其影响。高校自主招生在实施过程中，肯定要与社会发生联系，但这种联系都是通过利益交换来完成的，不会对高校自主招生改革构成控制性因素，是一种平等的、互惠的交往。即使非政府组织通过各种途径影响高校自主招生，也是以政府和高校对自主招生的管理为基础的。换言之，即使是非政府组织与高校自主招生发生关系，也是通过政府和高校的中介而发生作用的。

在高校自主招生改革进程中，需要对与自主招生相关的各个权力主体进行权力制衡。权力制衡是通过权力监督系统与被监督者地位、权力的平衡，使监督系统的制约达到合理的程度，保证权力结构不发生倾斜②。通过建立高

① 阿尔温·托夫勒认为，我们处在维系世界的权力结构正在整个分崩瓦解的时刻。一个迥然不同的结构正在形成，发生在人类社会的每一个层面上。在工商企业界和日常生活中，老式的权威和力量的崩溃日益加速，同时发生的乃是全球权力结构的分崩离析。有充分的理由可以相信，在最近的未来，那些动摇人类制度各层面上权力的力量，将变得更加强大、更加普遍。这样大规模的权力关系重组，像地震前夕板块的移动和挤压一样，将产生人类历史上几乎绝无仅有的大事——权力本质的一场革命。阿尔温·托夫勒在其所著的《权力变移》一书中所言的“权力”主要指在社会、经济活动方面一方使另一方按其意愿行事的能力，绝不只是地位和职务赋予的权力。这样便把“权力”放在人际关系和组织机构之间关系的范围内，使我们能够更清楚地看出社会运作的真实背景。参见阿尔温·托夫勒：《权力变移》，周敦仁，等译，四川人民出版社，1990年，第2～3页。

② 周景明：《权力制衡及其制度保障》，《中南财经大学学报》1999年第1期，第41～45页。

校自主招生内部权力制衡和外部权力制衡机制，把权力运行过程控制在有效的监督制约之下，促使高校自主招生权在规定的轨道和范围内公正而积极地行使。

三、权力制衡理论对高校自主招生发展走向的构想

从长远来看，自主招生是中国高校招生改革的一个发展趋势。运用权力制衡理论分析中国高校自主招生的发展走向，需要将“以权力制约权力”、“以权利制约权力”和“以社会制约权力”三种权力制衡理论综合起来。为此，有学者根据中国的国情和权力制衡的现状，提出了四种基本的权力制衡机制：以权利制约权力的分体制衡机制、以权力制约权力的分权制衡机制、以道德制约权力的道德制衡机制和以责任制约权力的责任制衡机制①。四种权力制衡机制是相辅相成、共同作用的。分权制衡无法解决对监督者的反向作用，这就需要发挥分体制衡的作用，以公民的权利为依据，使公民发挥最大、最基础的制约监督作用。而公民社会实施有效的监督，有赖于道德制衡的作用，使公共舆论得到坚实且肥沃的土壤。责任制衡直接作用于权力的行使与决策，最直接然而多是事后的效果，必然需要前三种机制发挥其根源性和背景性作用来配合。这种权力制衡机制的研究主要是着眼于对国家权力和政府权力的制衡问题。

尽管高校自主招生权力制衡侧重点仍然是对公权力的制衡，但它毕竟不同于政府权力的制衡。高校自主招生过程中的权力制衡有其复杂性和特殊性。如何根据中国的国情对高校自主招生的权力制衡关系进行研究，如何对内部权力和外部权力关系加以制衡，对这些问题的解决，政府、高校和社会三者应有不同的角色定位：

（一）政府：从控制模式转向监督模式

鉴于中国强调政府控制高等教育的传统，改革的重心应当落在权力的下放、角色的定位和职能的转变上。就高校自主招生改革来说，我们不是讨论政府要不要涉足改革，而是政府如何把握对高校自主招生控制的分寸。政府应站在高校和社会（市场）背后扮演监督者和服务者的角色，从政府控制模

① 梁峰、李小平：《权力制衡机制思考》，《理论月刊》2004 年第 2 期，第 143～144 页。

式向政府监督模式转变。这种转变并不意味着政府丧失其对高校自主招生的调控，而是在更高的层次上加强立法和监督的权力。政府在给予高校更多的招生自主权的同时，要求其提高自主招生的效率和效益，并且通过制度化的评价和监督体系保证高校自主招生的健康实施。

（二）高校：努力完善自主招生体制改革

高校拥有招生自主权，既是中国建立社会主义市场经济体制的必然要求，也是符合高等教育自身发展规律的。正如美国学者赫钦斯所言，失去了自治，高等教育就失去了精华①。高校自主招生改革在社会主义市场经济的运行模式下，要求政府与高校之间的关系，从简单的上下级行政隶属关系转变为产权和职能明晰的举办者和经营者的关系，从以计划为约束的直接联系转变为以市场为导向的间接联系。高校根据社会政治、经济、文化、教育的特点和要求，努力探索符合中国国情的自主招生模式，不断完善招生程序、评价手段、选拔标准等，在政府的“必要控制”范围内，灵活机动地推进自主招生改革。

（三）社会：在政府与高校权力分配中缓冲

就中国高校自主招生来说，政府与高校之间的关系并非是单向的，它们之间还横亘着社会（主要是市场与“第三部门”）这一角色。从本质上来说，市场强调竞争和利益；“第三部门”则力图促进合作和维系公平公正。因此，对于政府与高校权力分配的探讨，决不能仅仅局限于二者之间，还应看到整个社会格局和教育大环境的变化，在政府、社会与高校之间的多重交叉关系中展开探索。

对于高校招生自主权，政府与高校之间一直存在着矛盾，相对独立且具有良好沟通功能的“第三方要素”得以协调高校自主招生的多方利益群体，中介组织应运而生。中介组织处在独立于政府和高校之外的中间位置，起着一种“缓冲器”的作用。一方面，它是高校的代言人，帮助高校提出对政府的要求。援引美国学者伯顿·克拉克的话：“这个缓冲机构‘了解高校’，‘同情它们的需要’，并为它们向政府讲话。”② 另一方面，它又是政府的助

---

① 约翰·S. 布鲁贝克：《高等教育哲学》，王承绪，等译，浙江教育出版社，2002年，第31页。

② 伯顿·克拉克：《高等教育系统》，王承绪，等译，杭州大学出版社，1994年，第158页。

手，帮助政府将适当形式的责任施加给高校。由于中国还缺乏社会有关中介组织的经验，可能会面临这样的困境：囿于传统的惯性，政府或高校不习惯社会中介组织的介入而产生排斥情绪或行为，或者社会中介组织在实际运行过程中偏向政府一端而形同虚设。因此，社会中介组织要有效地发挥作用，必须具备中立性、自律性和多元参与性等特点。

第二节　治理理论对高校自主招生的解读

治理理论与权力制衡理论有一定程度的相似性，但治理理论主要阐述事务的行为主体之间的运作形式，而不仅仅是一个权力关系的结构描述。高校自主招生的施行离不开一定的行为主体，而行为主体采取什么样的方式推行高校自主招生，这需要一定行为主体有具体可行的实施策略。治理理论作为一种新兴的理论，对推动中国高校自主招生的顺利、健康进行有着不可估量的作用。下面，我们就用治理理论来对中国高校自主招生进行解读。

一、治理理论的兴起及内涵解析

（一）治理的界说

英语中的“治理”（governance）源自希腊语“steering”，具有“掌舵、操纵、指导”的意思[①]。长期以来，它与“统治”（government）一词交叉使用，并且主要用于与国家的公共事务相关的管理活动和政治活动中。1989 年世界银行组织在概括当时非洲的情形时，首次使用了“治理危机”（crisis in governance）一词，此后“治理”便被广泛地用于政治发展研究中，特别是用来描述后殖民地和发展中国家的政治状况。但是，20 世纪 90 年代以来，西方政治学家和经济学家赋予 governance 以新的含义，其范围不仅远远超出了传统的经典意义，而且与 government 相去甚远。它不再只局限于政治学领域，而被广泛运用于社会经济领域，不仅在英语世界使用，而且开始在欧洲各主要语言中流行。

① 也有学者认为“治理”一词源于拉丁语“gubemare”，意思是“统治”或者“掌舵”。梅慎实：《现代公司机关权力构造论》（修订本），中国政法大学出版社，2000 年，第 164 页。

20 世纪 90 年代以后，西方学者，特别是政治学家和政治社会学家，对治理做出了许多新的界定。美国学者罗西瑙（J. N. Rosenau）在其代表作《没有政府统治的治理》和《21 世纪的治理》等文章中将治理定义为一系列活动领域里的管理机制，它们虽未得到正式授权，却能有效地发挥作用。与统治不同，治理指的是一种由共同的目标支持的活动，这些管理活动的主体未必是政府，也无需依靠国家的强制力量来实现①。治理理论的另一代表人物英国学者罗伯特·罗茨（R. Rhodes）认为，治理意味着“统治的含义有了变化，意味着一种新的统治过程，意味着有序统治的条件已经不同于以前，或是以新的方法来统治社会”②。此外，美国治理研究的权威库伊曼（J. Kooiman）和范·弗利埃特（M. Van Vliet）指出：“治理的概念是，它所要创造的结构或秩序不能由外部强加；它之发挥作用，是要依靠多种进行统治的以及互相发生影响的行为者的互动。”③

全球治理委员会的定义或许具有很大的权威性和代表性。全球治理委员会于 1995 年发表了题为《我们的全球伙伴关系》的研究报告，对治理做出了如下界定：治理是各种公共的或私人的个人和机构管理其共同事务的诸多方式的总和。它是使相互冲突的或不同的利益得以调和并采取联合行动的持续的过程。这既包括有权使人们服从的正式制度和规则，也包括各种人们同意或以为符合其利益的非正式的制度安排。它有四个特征：治理不是一整套规则，也不是一种活动，而是一个过程；治理过程的基础不是控制，而是协调；治理既涉及公共部门，也包括私人部门；治理不是一种正式的制度，而是持续的互动④。

近年来，研究治理理论的另一位权威——英国学者格里·斯托克（Gerry Stoker）对目前流行的各种治理概念做了一番梳理后指出，到目前为止，各国学者们对作为一种理论的治理已经提出了五种主要的观点：第一，治理意味着一系列来自政府但又不限于政府的社会公共机构和行为者。

---

① 罗西瑙：《没有政府统治的治理》，剑桥大学出版社，1995 年，第 5 页；俞可平：《治理与善治》，社会科学文献出版社，2000 年，第 2 页。

② 俞可平：《治理与善治》，社会科学文献出版社，2000 年，第 3 页。

③ 库伊曼、范·弗利埃特：《治理与公共管理》，库伊曼，等：《管理公共组织》，等萨吉出版公司，1993 年，第 64 页。

④ 全球治理委员会：《我们的全球伙伴关系》，牛津大学出版社，1995 年，第 23 页。俞可平：《治理与善治》，社会科学文献出版社，2000 年，第 4～5 页。

它对传统的国家和政府权威提出挑战，它认为政府并不是国家唯一的权力中心。各种公共的和私人的机构只要其行使的权力得到了公众的认可，就都可能成为在各个不同层面上的权力中心。第二，治理意味着在为社会和经济问题寻求解决方案的过程中存在着界限和责任方面的模糊性。它表明，在现代社会国家正在把原先由它独自承担的责任转移给公民社会，即各种私人部门和公民自愿性团体，后者正在承担越来越多的原先由国家承担的责任。这样，国家与社会之间、公共部门与私人部门之间的界限和责任便日益变得模糊不清。第三，治理明确肯定了在涉及集体行为的各个社会公共机构之间存在着权力依赖。进一步说，致力于集体行动的组织必须依靠其他组织；为达到目的，各个组织必须交换资源、谈判共同的目标；交换的结果不仅取决于各参与者的资源，而且取决于游戏规则以及进行交换的环境。第四，治理意味着参与者最终将形成一个自主的网络。这一自主的网络在某个特定的领域中进行合作，分担政府的行政管理责任。第五，治理意味着办好事情的能力并不仅限于政府的权力，还限于政府的发号施令或运用权威。在公共事务的管理中，还存在着其他的管理方法和技术，政府有责任使用这些新的方法和技术来更好地对公共事务进行控制和引导①。

从上述各种关于治理的定义中我们可以发现，不同的学者和专业委员会对治理的理解并没有完全达成共识，或者说，到目前为止，对“治理”一词并没有一个明确的界定。尽管对治理的界定尚有分歧，但是学者们在对治理下定义的过程中都不同程度地涉及治理与统治的区别。治理作为一种政治管理过程，像政府统治一样需要权威和权力，最终目的也是维持正常的社会秩序，这是二者的共同之处，但二者至少有以下两个基本的区别：

首先，治理与统治的最基本的、甚至可以说是本质性的区别是治理和统治的主体不同。治理虽然需要权威，但这个权威并非一定是政府机关；而统治的权威则必定是政府。治理的主体是多元的，既可以是公共机构，也可以是私人机构，还可以是公共机构和私人机构的合作。治理是政治国家与公民社会的合作、强制与自愿的合作。治理的主要特征“不再是监督，而是合同包工；不再是中央集权，而是权力分散；不再是由国家进行再分配，而是国家只负责管理；不再是行政部门的管理，而是根据市场原则的管理；不再是

---

① 格里·斯托克：《作为理论的治理：五个论点》，华夏风译，《国际社会科学》（中文版）1999 年第 1 期，第 19～30 页。

由国家‘指导’，而是由国家和私营部门合作”①。

其次，管理过程中权力运行的向度不同。统治运行的权力主要是自上而下的方式，通过发号施令或者制定政策，对社会公共事务实施单一向度的管理。治理是一个上下互动的管理过程，它主要通过合作、协商、伙伴关系、确立共同目标等方式实施对公共事务的管理。治理的实质在于建立在市场原则、公共利益和认同之上的合作，其权力向度是多元的、相互的，而不是单一的和自上而下的。

西方的政治学家和管理学家之所以提出治理的概念，主张用治理替代统治，是因为他们在社会资源的配置中既看到了市场的失效，又看到了国家的失效。鉴于此，“愈来愈多的人热衷于以治理机制对付市场和（或）国家协调的失败”②。

（二）治理理论

20 世纪 90 年代以来，信息技术的飞速发展，使得全球经济一体化和国际化进程日益加快，全球化的浪潮冲击着世界的几乎每一个角落，全球竞争、国际间的相互合作和对外开放愈显重要。如何适应日益加剧的全球化趋势，抢先占领 21 世纪的战略制高点，已引起各国政府的普遍关注。为达此目的，通过管理创新建立一个强有力和有效的政府，使社会经济和政治得到可持续发展，是非常必要和必需的。因此，20 世纪 90 年代中期以来，西方发达国家为推进政府公共行政管理改革，兴起了一种新的政府理论——治理理论。治理理论成为当今国际学术界最热门的前沿理论之一。此后，通过许多国家在政治、行政和社会公共管理等方面改革的实践，治理理论不仅拥有较为完善的理论框架和逻辑体系，还形成了一套评估社会发展和管理优劣的价值标准。“更少的统治，更多的治理（Less Government，More Governance）”已成为当前一些国家政府管理改革和发展的口号③。

治理理论作为一种治道变革模式，实质在于权力的转移与重新分配。就

---

① 弗朗索瓦-格扎维尔·梅理安：《治理问题与现代福利国家》，肖孝毛译，《国际社会科学》（中文版）1999 年第 1 期，第 59～68 页。

② 鲍勃·杰索普：《治理的兴起及其失败的风险：以经济发展为例的论述》，漆蕪译，《国际社会科学》（中文版）1999 年第 1 期，第 31～48 页。

③ 龙献忠：《治理理论视野下的政府与大学关系研究》，湖南大学出版社，2007 年，第 43 页。

其最抽象的一面来看，治理理论讨论的是国家与社会之间长期存在的制衡关系所发生的变化。虽然治理理论作为一种近年来新兴的理论还很不成熟，它的基本概念还十分模糊，但它打破了社会科学中长期存在的两分法和传统的思维方式，即市场与计划、公共部门与私人部门、国家与社会，它把有效的管理看作二者的合作过程；它力图发展起一套管理公共事务的全新技术；它强调管理就是合作；它认为政府不是合法权力的唯一源泉，公民社会也是合法权力的来源①；它把治理看作当代民主的一种新的现实形式。

在治理理论中与“治理”一词相对应的是传统行政管理中的“统治”，治理虽然与统治一样都是作为一个政治管理过程，但二者是有区别的。以统治模式为特征的时代，政府控制着社会生活的方方面面，并表现出对社会公共事务管理的垄断性和强制性；而以治理模式为特征的时代，政府的作用范围大为缩小，政府不再是无所不包的“全能型政府”②。治理不同于统治，它着重于政策和组织特性的问题，而不是日常项目的实施问题，意味着解决公共事业组织的前景、使用以及战略的问题，着重于未来的方向和长期的战略考虑。

与治理相比，统治是一个带强制性的制度概念，统治的物质基础、心理基础和意识形态基础均为制度，因而，统治的目的是在管理者和被管理者之间构建一种统治与被统治、控制与被控制、命令与服从的关系。正如俞可平教授所说，统治由政府行为组成，其权威是政府，施行方式是通过自上而下的发号施令，施行领域以国界之内为限；治理则是指由公民社会组织承担的公共管理以及民间组织与政府部门合作进行的公共管理活动，其权威不一定是政府机关，而主要通过合作、协商、伙伴关系、确立共同目标等方式实施对公共事务的管理，是一个上下互动的管理过程③。

从我们对治理与统治之间的辨析可知，“治理是一种比统治更宽泛的现象，它是由共同目标支持的活动，目标本身可能来自法律的和正式规定的责

---

① 俞可平：《治理和善治引论》，《马克思主义与现实》1999 年第 5 期，第 37～41 页。

② 龙献忠：《治理理论视野下的政府与大学关系研究》，湖南大学出版社，2007 年，第 54～56 页。

③ 龙献忠：《治理理论视野下的政府与大学关系研究》，湖南大学出版社，2007 年，第 57 页。

任，但也可能并非如此，而且无须依靠警察的力量迫使人们服从”[①]。在各国政府公共管理领域，治理正在被越来越广泛地应用，“虽然政府仍在运作，在许多方面仍然高高在上，但他们的一些权力已经被次国家集团所分享。换言之，现在政府的一些职能，正在由非源自政府的行为体所承担”[②]，这一现实越来越普遍地存在。

显然，从治理理论的特征中我们可以看到，治理理论打破了原来传统上的公共与私人、国家与市场的两分法，模糊了国家与市场、政府与社会之间的分界线，在管理的主体、方法与手段、权力运行方向、追求目标与评价标准、职能等各方面都做了扩展。治理理论比原来的公共行政和公共管理理论有更为广泛的涵盖面与适用性。

面对多层次的治理结构，我们除了考虑重新铸造统治的工具之外，有必要把眼光放得更远一些，关注政府以外的机构。置身于治理环境中的政府，必须学习一种适宜的、和往昔那种等级制度思维模式不同的运作规范。当然，找到一套妥当的原则不过是事情的起点，最终的挑战是把它们变成现实。即使如此，我们仍然需要谦虚谨慎，要认识到机构能够影响却不能决定政策的结果[③]。治理可以弥补国家和市场在调控与协调过程中的某些不足，但它也不可能是万能的，而是存在着许多局限，它既不能代替国家而享有合法的行政能力，也不可能代替市场而自发地对大多数资源进行有效的配置。事实上，有效的治理必须建立在国家和市场的基础之上，它是对国家和市场手段的补充。

因此，从其本质来说，治理所要创造的结构或秩序不能由外部强加；它之所以能发挥作用，是要依靠多种进行统治的以及互相发生影响的行为者的互动[④]。如果将各国学者们对治理理论的认识进行一番梳理，可以看出治理

---

① J. N. Rosenan，Governance without Government：Order and Change in World Politics，Cambridge University Press，1992，p. 4.

② J. N. Rosenan，Governance in the Twenty-first Century，Global Governance，Vol. 1，1995：17.

③ 格里·斯托克：《作为理论的治理：五个论点》，华夏风译，《国际社会科学》（中文版）1999年第1期，第19～30页。

④ 库伊曼、范·弗利埃特：《治理与公共管理》，库伊曼，等：《管理公共组织》，等萨吉出版公司，1993年，第64页。

意味着一系列来自政府但又不限于政府的社会公共机构和行为者，它对传统的政府权威提出挑战，它认为政府并不是唯一权力中心。各种公共的和私人的机构只要其行使的权力得到公众的认可，就都可能成为在各个共同层面上的权力中心①。治理理论的价值在于它有助于对传统的公共行政管理中的许多视为当然的假设进行重新认识，并不单单是为我们提供一个新的规范理论。

二、治理理论在中国高校自主招生中的体现

目前，治理理论在中国高等教育领域的研究还处于萌芽阶段。虽然治理理论应用到高等教育领域已有了一定的进展，但由于起步晚，力度小，研究还很薄弱，缺乏较为系统深入的研究。这说明，一方面，用治理理论来指导高等教育改革的实践还有很大的研究空间；另一方面，由于治理理论运用到高等教育领域的研究毕竟是一个新的课题，以前有关高等教育治理方面的研究少②，在高校招生治理方面的研究更是凤毛麟角，因此，这无疑会给本研究带来很大的难度。但是，在教育领域，尤其是在高等教育领域，治理理论对高校与政府、社会三者之间关系的阐释，对于我们深刻理解与认识高校自主招生运行机制有着很大的帮助。

治理理论的提出，必然促使传统的管理方式发生变革，并对政府、高校、社会的角色进行重新定位。以治理理论为指导的政府在处理与高校、社会的关系时，将不再遵循过去传统的政府对高校、社会的统治与控制管理模式，而强调政府、高校与社会双向及多向的交流、互动与合作。政府与高校的关系也进入了一个全新的时代——以合作为基础的治理。治理理论认为政府并不是全能者，不能完全垄断一切合法的权力，强调对社会公共事务管理的多元参与，并对社会组织力量给予重视和关切。

然而，中国高等教育长期以来是在政府集中控制和行政约束的制度环境中运行的，在这种制度安排下，高校与政府的关系比较单一，属于典型的行政隶属关系。在政府对高等学校进行管理的过程中，高等学校是政府行政行

① 格里·斯托克：《作为理论的治理：五个论点》，华夏风译，《国际社会科学》（中文版）1999年第1期，第19～30页。

② 龙献忠：《治理理论视野下的政府与大学关系研究》，湖南大学出版社，2007年，第35页。

为的相对人，而政府则是天然的行政主体①。高等学校作为社会组织的一员，必须受到政府某种程度的行政管理，其招生工作要遵循国家教育主管部门的指令，形成了以单一的行政配置机制为主要内涵的运行机制。在市场经济条件下，政府对高校这种管理局面的法理基础、经济基础和社会基础都已发生动摇，必然促使计划经济体制下政府、高校与社会之间的单一直线关系发生变革。近年来，随着社会民主化进程的不断加深，治理的作用上升而政府的作用下降——这一现象并非仅仅是主导的决策模式有规律的交替和周期性的摇摆②。它表明，客观世界的政治经济结构发生了深刻的变化，而制定政策所围绕的重心也相应发生了变化。因此，治理理论的兴起，使得政府对高校的适度干预、社会非政府组织的协调成为一种新的趋势。

在理论上，政府与高校的关系应该是政府宏观管理，规范社会秩序，为高校自主招生改革提供良好的条件。高等院校依法自主招生，通过制定科学规范的人才选拔方式及标准，促进多样化的人才培养目标的实现。目前，中国正处在社会转型时期，理顺高校和政府的关系成为推进高校自主招生改革健康发展的重要环节。但是，高校自主招生改革要受到整个社会，尤其是政府机构改革进度和力度的影响。因此，高校自主招生在解决政府和高校关系的同时，应该转变高校的治理模式，由政府的行政管理为主转变为学校法人治理为主、政府行政指导为辅。这种治理模式的转型，要求政府必须转变职能，重构政府与高校的关系。高校自主招生改革的关键问题是要推动政府、高校、社会三者治理关系的构建，而不是仅仅依靠政府的行政管理。

通过运用治理理论的分析，我们可以发现，高校自主招生改革主要存在以下三方面的问题：

第一，高校自主招生立法不完善，缺少相应的实施细则和保障措施。比如《中华人民共和国高等教育法》规定，高校拥有招生自主权。但是，各高校的招生自主权包括哪些内容，高校是否对自主招生的权力可以完全支配，等等，法律却没有明确的规定。法律只规定高校享有自主招生的权利，而缺失了其他相关主体应尽的义务。该法律只是从高校这个内部向度上做了规

① 祁占勇、陈鹏：《治理理论语境下政府与高校关系的“善治”》，《中国高教研究》2008 年第 5 期，第 35～37 页。

② 鲍勃·杰索普：《治理的兴起及其失败的风险：以经济发展为例的论述》，漆蕪译，《国际社会科学》（中文版）1999 年第 1 期，第 31～48 页。

范，这样的规范对于高校招生自主权的实现是必要的，但显然是不充分的。而且，法律并没有对政府在保障高校招生自主权方面做出权责规范，因而就无法保障政府对高校进行合理的干涉，高校自主招生改革的成效也就无法得到合理体现。

第二，政府对高校自主招生的行政干预。在高校自主招生改革的试点进程中，政府的职能尚未完全转变为宏观管理，过多的干预影响了高校在自主招生过程中的执行和发展，高校没有太多的自主余地。这种状况也导致政府在目前情况下仍然习惯于直接管理，而不是法律要求上的宏观管理。

第三，社会参与高校自主招生治理的途径单一。高校自主招生实现的状况和程度在很大程度上离不开社会。毕竟，作为一个独立法人组织的高校的自主招生，要得到社会的认可和支持，既是其内有之意，也是其客观要求。从相关的法律法规和现实来看，社会参与高校自主招生治理的途径单一，以至于在一定程度上影响了高校自主招生改革的进程。

三、善治：中国高校自主招生改革的目标

从理论上讲，善治就是使公共利益最大化的社会管理过程。善治实际上是政府的权力向社会的回归，表示国家与社会之间有着良好的合作。善治离不开政府，更离不开社会。社会是善治的现实基础，没有一个健全和发达的社会，就不可能有真正的善治。善治有赖于社会各群体自愿的合作和对权威的自觉认同，没有他们的积极参与和合作，至多只有善政，而不会有善治①。

处于社会转型时期的高校，在政府职能变革中运用治理理论下的善治模式，必将对高校与政府关系的变革提供现实依据，为高等教育的自治提供发展机遇，从而实现权力的多中心化以及权力在不同主体间的转移②。

基于中国现行政府与高校关系的休制失调与权力失衡现象的存在，我们认为，有必要进行政府职能的转变和政府与高校关系的重新反思与匹配。高校与政府的权力分配在善治模式下将重新划分，政府正从一些微观的领域退出，社会生活开始摆脱过去那种泛政治化的状态，因为社会主义市场经济体

---

① 俞可平：《治理与善治》，社会科学文献出版社，2000 年，第 12～13 页。

② 祁占勇、陈鹏：《治理理论语境下政府与高校关系的“善治”》，《中国高教研究》2008 年第 5 期，第 35～37 页。

制的发展正在推动整个社会的全面转型，当代中国社会结构处在以政治主导型向政治一社会主导型转变的时期。政治一社会主导型就意味着社会获得某种程度的自主权，社会自觉的力量在增长，而政治体制仍然是影响社会变迁的关键力量①。随着改革进程的发展，高校自主意识在不断地觉醒和强化，一方面为了维护教育活动与国家、市场的相对独立性，另一方面为了适应强大的市场经济力量，高校也必定会像企业一样获得其独立的生产经营权（办学权），成为具有自身独立要求的独立实体，拥有自主办学、自我管理、自我发展、自我约束的权益②。

因此，在分析了治理理论中善治的本质特征之后，笔者认为，在现行条件下，中国高校自主招生的善治可以有如下具体的模式：

第一，社会有限介入模式。随着社会主义市场经济体制的发育成熟，通过社会对高校自主招生的有限介入来向国家、高校和考生提供服务，已经成为一种重要的高校自主招生运作机制。在这种变化中，原先的政府与高校之间的关系领域开始分化和改组，社会开始介入，出现了政府、高校和社会三种既互相联系又互相制约的力量。社会对高校自主招生的有限介入，对高校招生的利益关系与利益机制及其利益的分配与共享等能够产生深远的影响。在很大程度上可以说，高校自主招生属于准公共物品，社会完全可以介入，因为高校白主招生的治理结构开始走向多元化，走向政府、高校以及社会共同治理的多元体制。

第二，政府宏观调控模式。政府宏观调控模式为政府与高校关系的变革提供了制度基础，要求政府把本应由社会协调解决的事交还给社会，不再“越位”和“错位”。而高校自主招生权的扩大与落实，依赖于政府的宏观调控理念和法治格局。相应的，高校自主招生权的行使，也必须遵循上位法律的原则，不能与上位法律、法规、规章相冲突，否则就是无效的规则或规定。

第三，高校积极参与模式。在设计高校治理结构的时候，要通过综合发挥高校自身的办学特色优势来更好地行使自主招生权，以促进高校自主招生

---

① 刘志雄：《社会转型时期政治权力变迁规律初探》，《云南行政学院学报》2001年第4期，第13～16页。

② 喻岳青：《政府对高等教育宏观管理的职能：调控与服务》，《辽宁高等教育研究》1995第6期，第17～19页。

改革的健康发展。随着国家教育权的转移和分化、中外教育交流的日益频繁和广泛，为了提高高校的自主招生水平，适应目前高校跨越式发展的需要，积极探索自主招生改革模式是协调高校与政府、社会关系的必然路径。而协调政府、社会与高校的关系，不仅要建设科学合理的自主招生评价手段与选拔标准，而且要充分发挥它们的作用，保证自主招生的质量和效益。

总而言之，随着政府职能的转变，高校自主招生迎来了新的挑战。政府把大部分的精力用在宏观调控，如立法、政策规划等方面，而将社会自身可以解决的问题完全放开。作为政府治理下的高校也概莫能外。在治理理论模式下，政府对高校的管理与控制不再事必躬亲，高校不仅能够发挥自身的办学自主权，而且其发展也可以引入市场机制，发挥市场和社会的能力①。也就是说，在管理权限方面，政府要向社会和高校放权，实现权力的多中心化以及权力在不同主体间的转移；在管理方式方面，政府由以行政手段为主的干预式直接管理逐步走向以宏观调控为主的规范式治理。由此，政府、高校、社会三者对自主招生改革的治理应当以善治为改革目标。

第三节　公平与效率理论对高校自主招生的阐释

公平与效率是一个古老而又永恒的话题，是人类社会追求的价值目标。一项好的制度，既能够以同样的投入创造出比别的制度更多、更快、更好的财富，又能够保证多数人的利益，体现其公平性。我们研究高校自主招生公平与效率问题，目的是在理论上深化对高校自主招生改革的理解，在实践上指导改革试点的推进。

一、公平与效率理论的内涵

（一）公平与效率界说

1. 公平

何谓公平？按照《辞海》的解释："作为一种道德要求和品质，指按照

---

① 祁占勇、陈鹏：《治理理论语境下政府与高校关系的"善治"》，《中国高教研究》2008年第5期，第35～37页。

一定的社会标准（法律、道德、政策等）、正当的秩序合理地待人处事，是制度、系统、重要活动的重要道德性质。”[①] 公平是人类社会的永恒追求，是社会关系的一种特有属性，是对某种社会关系进行规范和评价的尺度。从社会学角度来看，公平是一个历史的相对的概念，不同的历史时期对公平的理解是不同的。在任何时代，公平的状况都只能与社会经济发展水平和社会价值体系相适应。

在中国历史上，曾经出现过两种观点。第一种是以儒家为代表的“等级—公平”观。孔子作为统治阶级的思想家，提出“不患寡而患不均”的思想，要求统治阶级特别注意，尽可能对一切人进行利益上的平均分配，因民所利而利之。其后，孟子提出一种先天平等、后天不平等的“等级—公平”观，认为人有恻隐、羞恶、恭敬、是非之心，生而有良知良能，皆可以为尧舜，所以是先天平等的；但人们后天的觉悟和修养不同，出现了劳心和劳力的差别；心贵于体，故劳心者治人，劳力者治于人，这种“等级—公平”就是天然合理的。第二种是农民阶级提出的绝对的平均主义公平观。这种观点是针对统治阶级的统治，反对压迫和剥削而提出的，主张人与人之间绝对的平等，如“等贵贱，均贫富”的口号就是其思想的体现[②]。

在西方历史上，对现代社会有着重要影响的关于公平的观点[③]有以下几种：第一种是天赋平等论。他们认为，人生来是自由平等的，在“自然状态”下人与人之间是一种平等的关系，这是天赋的公平。后来出现了私有财产，便出现了贫富不均，出现了国家和政权的不平等。这种观点主张推翻暴君和专制，实现在法律面前、商品交换、财产分配上的人人平等。第二种是不平等即公平论。这种观点认为，人与人的素质、知识、能力是不同的，承担的社会职位以及这种职位的重要性和人们为此付出的努力也是不同的，由此产生的政治、财富方面的不平等就是必然的。因此，社会不平等本身就是公平。第三种是法权的平等论。这种观点认为，在法律面前人人享有同等的权利和自由，即人人享有同样的政治自由、商品买卖的自由、思想和言论的

---

① 辞海编辑委员会：《辞海》，上海辞书出版社，2000年，第338页。

② 焦国成：《关于公平与效率关系问题的伦理思考》，《江苏社会科学》2000年第5期，第111～115页。

③ 在西方，公平与平等的区分不是特别严格，有时是混同在一起当作同义词来使用。

自由以及依法不受任意剥夺的自由，等等①。随着历史的发展，人们对公平的认识更加深刻和丰富。

言及公平不能不涉及公正和正义，它们既有区别又有联系。就《现代汉语词典》中的解释："公平，'处理事情合情合理，不偏袒哪一方面'；公正，'公平正直，没有偏私'；正义，'公正的、有利于人民的道理'。"② 从定义看，公平、公正和正义显然不同，存在层次的高低。公平强调衡量标准的同一尺度，带有明显的工具性，用以防止社会对待中的双重标准或多重标准。公平为公正服务，公平应从属于公正。"公正应然成分多一些，公平现实成分多一些"③；公正侧重社会的基本价值取向，强调其正当性；正义指公正的、有利于人民的道理，是"为人处事的一种态度或一种精神，是关于人格修养的道德范畴或执法评价的价值范畴，是既合规律又合目的的社会伦理范畴"④。但它们之间又有一定的联系，前者是后者的基础，后者包括前者。

教育公平是公平的一个下位概念，是社会公平价值理论在教育领域的延伸和体现，是指在教育中的适用，或者说是社会公正的标准（规范）对教育平等状况的推断。在教育领域，教育公平作为社会公平的一个重要组成部分，作为现代教育基本理念，具有鲜明的价值指向。联合国 1948 年通过《世界人权宣言》首次把"受教育权"确认为一项基本人权，规定不论任何社会阶层、经济条件、父母的居住地，一切儿童都有接受教育的权利，教育公平体现为法律上的教育权利平等。

2. 效率

何谓效率？从词源上来说，效率本是经济学研究的范畴，是指以促进财富积累为目的，用最小的投入取得最大的产出的收益状态。《现代汉语词典》和《辞海》都对"效率"一词有较全面的解释。《现代汉语词典》认为效率："（1）机械、电器等工作时，有用功在总功中所占的百分比；（2）单位时间

① 焦国成：《关于公平与效率关系问题的伦理思考》，《江苏社会科学》2000 年第 5 期，第 111～115 页。

② 中国社会科学院语言研究所词典编辑室：《现代汉语词典》，商务印书馆，2012 年，第 451、452、1663 页。

③ 吴忠民：《关于公正、公平、平等的差异之辨析》，《中共中央党校学报》2003 年第 4 期，第 15～20 页。

④ 冯颜利：《公正与正义》，《道德与文明》2002 年第 6 期，第 28～29 页。

内完成的工作量。"①《辞海》认为效率："一是指消耗的劳动量与所获得的劳动效果的比率，如工作效率；二是指一种机械（原动机或工作机等）在工作时的输出能量与输入能量的比值。机械能或其他种能量通过某种设备转化为有效的能量时，部分能量被摩擦、阻抗、辐射等原因所消耗，从而使有效能量（输出能量）比原有能量（输入能量）低，有时也可以其他指标的比值来表示效率，如容积效率等。"② 笔者取《辞海》对"效率"的第一种解释。

当然，效率的内涵也是随着历史的发展而不断丰富和发展的。在西方历史上，柏拉图在《理想国》中认为，效率是指当任何个人从事适合自己天性的那种工作时，才会干得最快、最好、最多，才会产生好的效果。在近代西方经济学领域，效率作为基本概念，一般是指资源配置效率，如劳动、土地、资本等生产要素配置的效率，即在尽量少的劳动时间里创造出尽量多的物质财富。从社会的视角看，它是指衡量社会个人福利状况满足的程度，即在既定的资源条件下，如何实现社会福利的最大化③。此外，在西方经济学界，阿瑟·奥肯有关效率的论述也颇具代表性。他指出："效率意味着从一个给定的投入量中获得最大的产出。所谓效率，即多多益善。但这个'多'须在人们愿意购买的范围内。"④ 这表明，在人类的社会生活中，效率还内在地包含着一定的价值标准和道德规范的含义，效率必须以生产的产品和劳务符合社会需要为前提，并不是任何投入与产出都有"效率"，都能满足人们正当的物质和文化生活需要。

在中国学术界，对效率的论述众多，具有代表性的为厉以宁在《经济学的伦理问题》中的论述，他指出，效率是一个经济学范畴，是指资源的有效使用与有效配置。并把它描述为三种情况：其一，正如通常所说的，一定的投入有较多的产出或一定的产出只需要较少的投入，意味着效率的增长；一定的投入有较少的产出或一定的产出需要较多的投入，意味着效

① 中国社会科学院语言研究所词典编辑室：《现代汉语词典》，商务印书馆，2012年，第1438页。

② 辞海编辑委员会：《辞海》，上海辞书出版社，2010年，第2096页。

③ 焦国成：《关于公平与效率关系问题的伦理思考》，《江苏社会科学》2000年第5期，第111～115页。

④ 阿瑟·奥肯：《平等与效率：重大的抉择》，王奔洲译，华夏出版社，1987年，第3页。

率的下降。其二，通常所说的效率增长表现为劳动生产率提高或资金利润率提高。其三，通常所说的效率增长表现为人尽其才，物尽其用，物畅其流①。

可见，无论西方经济学界还是中国学术界，对“效率”概念表述的共同之处是“一个资源配置概念，社会资源能否得到合理配置、有效利用”。效率高，意味着社会资源得到最佳配置，避免了资源的过度浪费、比例失调等情况的发生。这里要特别指明的是，经济学中“效率”的内涵同样适用于社会学领域。

（二）公平与效率理论

公平与效率的关系首先是相互联系，而非互不相干的。随着资本主义市场经济的发展，公平与效率就紧紧地扭结在一起，成为人们必须正视和处理的关系。针对历史发展过程中不同的社会现象和问题，学者们提出了不同的公平效率观，形成了不同的公平与效率理论流派。具体说来，共有以下几种：

1. “效率优先、兼顾公平”论

在西方经济学中，持这种观点的主要是新自由主义经济学家，代表人物有哈耶克（F. A. Hayek）、弗里德曼（F. Friedman）和罗宾斯(L. Robbins) 等。他们的主张是：第一，效率、市场竞争和自由（自由经营、自由竞争、资源的自由转移）相联系。将“自由”——西方传统价值观的“天赋人权”放在首位，既是“效率优先”的前提，又是“效率优先”的结果。如果追求公平牺牲了自由，必将破坏市场机制的正常运行，由此损害效率，那么这种公平就是不可取的②。第二，效率本身就意味着公平。通过所谓“公平”分配获得收入，会损害效率。因为这样会窒息市场机制的激励功能，使人们失去不断提高经济效率的动力和压力。第三，反对通过政府干预来纠正市场机制自发调节所形成的收入分配不公。他们认为，公平只能通过自由竞争的市场机制来实现，而不能依靠法律、行政和税收等手段来实现。哈耶克曾经说过：“由于特殊干预行动对自发过程中造成的分配状况的

---

① 厉以宁：《经济学的伦理问题》，上海三联书店，1995 年，第 2～3 页。

② 卜昭滔：《公平与效率：基于和谐社会建设的认知与选择》，大连理工大学硕士学位论文，2006 年，第 6 页。

纠正，就一个原则同样地适用于每一个人而言，从来不可能是公正的。”①

“效率优先、兼顾公平”论对于中国社会各领域处理公平与效率的关系有一定的借鉴意义。但是，这一理论把效率作为首先考虑的对象，公平只作为效率基础上的参考，也有一定的局限性。尤其是在面对有些社会重要领域的问题时，该理论反对国家对改革对象的宏观调控等观点是不可取的，应当看到市场机制本身不能保证某些社会成员的基本需求，某些社会产品就不能通过市场机制来实现高效率的分配。

2. “公平优先、兼顾效率”论

持这种观点的主要是新剑桥学派、新制度主义者，代表人物有勒纳（A. P. Lerner）和罗尔斯（J. Rawles）等。他们的主要观点是：第一，公平是一种天赋权利，它不能用金钱来衡量和标价。效率本身不仅不代表“公平”，相反，它来自“不公平”。第二，不公平损害工作热情，降低效率。他们认为收入分配不平等会导致权利和机会的不公平，不公平的分配会损害工作热情，进而使社会效率降低。第三，平均分配是一种最优分配。第四，公平左右着效率。

主张“公平优先、兼顾效率”论的西方学者看到了公平对效率的制约作用，主张通过政府干预实现公平分配，从这一点来看有其积极意义。但是他们把收入差距缩小的平均分配倾向摆在第一位，这种观点在现实条件下是不可取的。因为，与公平至上论相伴的只能是低效率、平均主义、乌托邦的幻想和社会发展的停滞和倒退。

3. “公平与效率兼顾”论

持这种观点的主要有凯恩斯（John Maynard Keynes）、萨缪尔森（P. A. Samuelson）、布坎南（James M. Buchanan）、阿瑟·奥肯（Arthur M. Okun）等，其中典型代表人物是美国经济学家阿瑟·奥肯。他认为，效率与公平存在互替关系，二者之间应当达成妥协。“因为平等和经济效率之间的冲突是不可避免的，在某种意义上说资本主义和民主实在是一种最不可能有的混合物，或许这就是他们互相需要的道理——在平等中注入一些合理性，在效率中注入一些人道。”他认为：“如果平等与效率这两者目标均有价值，而且无一不是处于绝对优势地位，那么凡是二者发生冲突的地方都应当坚持调

① 哈耶克：《法律、立法与自由》，邓正来，等译，中国大百科全书出版社，2000年，第142页。

和，在这种情况下，有时会为了效率而牺牲一些平等，有时又会为了平等而牺牲一些效率，但任何一种牺牲都必须作为增进另一方的必要手段，否则便没有理由这样做。”[①] 在阿瑟·奥肯看来，公平与效率既是互替的，又不能偏废，唯一的出路只有二者兼顾。

同西方关于公平与效率的讨论一样，除公平优先、效率优先的主张以外，中国也存在公平与效率兼顾论，认为公平和效率是统一的，效率的提高有助于公平的实现，社会的公平也有助于提高效率。然而情况又是复杂的，在现实生活中，效率和公平也有不一致的时候，有时为了提高效率影响了公平，有时为了维护公平影响了效率。在公平和效率之间，“效率优先、兼顾公平”具有普遍的意义，效率是矛盾的主要方面和在现实中必须优先考虑的问题。但这并不意味着公平无足轻重，公平是影响效率诸因素中的一个重要因素[②]。因此，公平与效率是由现实生产关系决定的、不可分离的两个方面。在经济生活中，当有两种相互抗衡或相互替代的力量存在而又不能有任何偏废时，较好的出路只能是求得相互妥协或兼顾两者。所以，“公平与效率兼顾”的观点对我们也有一定的借鉴意义。

总之，公平与效率理论在社会各个领域都发挥着巨大的作用。至于针对某些事情应该采纳哪种理论观点，则需要具体问题具体分析，综合考虑事物在现实生活中的地位和作用，以便用正确的理论指导实践。在目前的情势下，一方面，始终要注重效率、讲求效率，针对效率领域中存在的问题，采取相应的措施解决问题，提高效率；另一方面，鉴于社会矛盾增多、公平问题更加突出的实际，要高度重视公平问题，并采取有力措施在提高效率的基础上解决公平问题。因而，对待具体问题应具体分析，只有统筹兼顾公平与效率的关系，使二者之间保持适当的张力，才能处理好二者之间共时性和历时性的具体关系。

二、公平与效率理论在中国高校自主招生中的体现

分析公平与效率理论在中国高校自主招生中的体现，难免要从教育公平

---

① 阿瑟·奥肯：《平等与效率：重大的抉择》，王奔洲，等译，华夏出版社，1987 年，第 83～84 页。

② 袁贵仁：《效率与公平·序》，万光侠：《效率与公平》，人民出版社，2000 年，第 1～5 页。

与效率视角来谈，因为高校自主招生就是教育领域中的一个问题。由前面的论述可知，教育公平是公平的一个下位概念，是社会公平价值在教育领域的延伸和体现，指的是公平原则在教育中的适用，或者说是“社会公正的标准（规范）对教育平等状况的推断”。在现代民主社会，教育公平已经成为教育现代化的基本价值取向，成为世界各国教育政策的基本出发点。因此，我们首先来谈教育公平理论，并顺带提出效率问题，以便对公平与效率二者的关系进行整体分析。

教育公平问题产生的根源在于社会所能提供的教育资源不能满足每位公民受教育的需求，在这种情况下，必然会导致满足了一部分人受教育的需求，而剥夺了另一部分人受教育的权利，教育公平问题就凸显出来了。从这个意义上说，除非人类社会发展到物质极为丰富，否则任何社会都不可能完全解决公平问题①。追求教育公平是人类社会古老而美好的理想。从孔子的“有教无类”、柏拉图的民主教育到资产阶级启蒙思想家的“教育平等”、“教育自由”、“教育人性化”，教育公平理念的形成和成熟经历了一个漫长的历史过程。

关于教育公平的论述，比较有代表性的是瑞典的教育家胡森，他认为教育公平有三层含义：教育起点的公平、教育过程的公平、教育结果的公平。起点公平强调的重点在受教育的机会上，过程公平强调的重点在接受教育过程中平等地享受教育媒介，结果公平强调学业成就重点在教育质量上。另外，美国著名政治哲学家约翰·罗尔斯的公平理论的应用也极其广泛。他在《正义论》中，从公平正义入手，全面系统深刻地论证了自由与公平、个人与国家、机会与结果等广泛的社会政治问题，力图为现代西方社会重建“公平正义”的道德基础。

应该说，目前这些研究对教育公平问题都有不同程度的解释力度。但是，由于中国教育尤其是高等教育产生和发展过程的特殊性，这些理论直接用来分析和解释中国高等教育公平问题还不是十分贴切，涵盖力也不是很强。因此，面对中国的高等教育公平问题，我们需要通过一些政策调整，从教育公平的价值判断出发，控制或调整高等学校的招生政策。

目前，中国普通高校招生考试制度主要依据高考分数，分数是衡量考生

① 黎军、朱峰：《关于高等教育公平问题的探讨》，《教育理论与实践》2006 年第 3 期，第 6～7 页。

能否进入高等学校深造、能否获得较高利益报酬的硬性标准。但是，越来越多的人开始意识到，这种仅凭高考分数录取学生的做法是不公平的。表面看来，分数是一个客观标准，“分数面前人人平等”保证了基本公平，但随着人们对不公平的敏感度逐渐提高、承受度逐渐降低，人们对公平的要求也越来越高。人们开始看到“分数面前人人平等”背后的不公平。分数这一硬性标准没有考虑到人们的个性差异，没有给予人的多元智能以恰当的地位与体现，只是用一个偏执一面的标准来衡量所有的人。更为严重的是，有时这一标准保证不了选才效率，所选拔出来的人才并不能满足选拔的初衷。在这种情况下，人们期望一种更为公平、公正的选拔方式来代替目前的仅凭高考分数选才的机制。

2003年中国推行高校自主招生改革试点，对传统上通过统一高考选才的方式进行了改革，这是中国高校招生领域改革的“破冰之旅”。高校自主招生改革试点以高考分数作为主要的参考标准，另外，高中成绩、平时表现、他人评价、自我评价、成长记录等因素也作为高校选拔人才的参考因素。运用公平与效率理论分析中国高校自主招生改革不难发现，在高校自主招生实施过程中，与公平相关的其实不外乎两个方面的考虑：一是针对考生内在要素考虑的公平问题；二是针对考生非内在要素考虑的公平问题。前者如招生中如何看待考生的统一考试分数、专业特长和其他专业技能、兴趣、爱好等；后者包括如何对待民族、城乡和家庭教育水平的差距等公平问题。教育公平始终是高校自主招生中的核心问题。

在教育公平理念的指导下，高校自主招生改革试图解决统一高考招生方式所带来的一些公平问题。统一高考把着眼点放在考察记忆能力和运算能力上，对考生的测试存在偏颇，无法反映出学生全面综合的素质，或者某一方面的特殊才能。在提倡素质教育的今天，这种选拔方式对部分考生体现出了不公平性，他们的受教育权没有得到很好的保障。而自主招生改革试图通过高校招生自主权的发挥，引入多元化的选拔机制，兼顾公平和效率，在入口上实现高等教育的公平公正，使各类人才获得应有的接受高等教育的机会。

然而，高校自主招生改革在保证了一定程度的教育公平的同时，政策本身又产生了新的教育不公平。总的说来，高校自主招生的公平性问题主要表现在以下两个方面：

第一，自主招生的可比性问题。高校自主招生打破了人们通常认为的

“分数面前人人平等”这一标准，不同学校所选取的考试内容不同，方式不同，减弱了招生过程中的可比性。于是对录取标准尽管有公示要求，但操作起来却是相当困难，又由于在更大范围内不具有可比性，录取谁不录取谁就成为一件相当繁琐的事情①。目前，自主招生过程有几个关卡，特别是2006年复旦大学、上海交通大学试行的自主招生改革模式中所采取的面试方法，可能会对城市或者较富裕家庭出身的学生比较有利，因为像博雅教育与举止风范这些方面，如面对教授考官泰然自若、侃侃而谈的能力可能与是否“见过世面”息息相关，这种文化资本通常很难在正式的学校教育中取得。另一方面，考生心理素质、沟通能力虽然也是很重要的素质，但对于技术、研究等专业或行业就相对不那么重要，这对那些性格内向、不善口头表达的学生是一种新的不公平。可见，在中国现阶段，高校实行多元入学新方案未必就会使教育机会更公平②。社会大众把焦点指向高校自主招生的公平问题源出于此。

第二，自主招生的高成本问题。当前的高校自主招生，学校都要求学生到本校面试，这样做无疑是必要的。但高校的出题、面试、考核评价、组织管理、公众监督都是有资金投入、应计入成本的。为了节约成本，高校一般采用一定名额限制的推荐形式来确定招生对象，此间产生的诚信问题不再赘述。另一方面，即便高校能承担得起这笔开支，而往返的食宿路费等经济、心理负担，则不一定是每个学生都能承受得起的。过高的费用实际上抑制了低收入阶层子女参加高校自主招生的可能性。这也是人们对高校自主招生公平性质疑的原因之一。

此外，效率也是高校自主招生改革必须考虑的一个关键问题。效率通常是指资源配置效率。效率的含义很丰富，包括多方面的效率，如微观效率、宏观效率、规模效率等。有关高校自主招生改革的效率也有两种：一是人才选拔方面的效率，即如何提高自主招生的信度、效度和区分度，准确地测验出应试者的实际水平，将优秀者选拔出来供高等学校挑选；二是指如何使自主招生本身做到高效、经济，能够简便易行，省时、省事、省力。从这两方

① 庞守兴：《质疑高校自主招生改革方案》，《教育发展研究》2003年第10期，第26～28页。

② 刘海峰：《高考改革中的公平与效率问题》，《教育研究》2002年第12期，第80～84页。

面的效率来看，高校自主招生改革在第一种效率方面优点突出，在第二种效率方面则优劣兼具。在目前社会形势下，高校自主招生改革应同时考虑两种效率问题①。

总之，公平与效率是高校自主招生改革过程中一直难以调适的一对矛盾。高校自主招生改革是公平优先、兼顾效率还是效率优先、兼顾公平，抑或是公平与效率同时兼顾，这需要我们通过深入思考，在改革实践中得出科学、合理的结论。

三、效率优先、兼顾公平：中国高校自主招生的选择

十一届三中全会以来，中国的经济改革始终坚持的是“效率优先、兼顾公平”原则。这一理念对教育改革产生了重要影响。改革开放以来，教育改革主要也是奉行“效率优先、兼顾公平”的理念。在这种理念指导下的教育改革发生了重大转变：由精英化高等教育阶段转向大众化高等教育阶段。但是，教育改革毕竟不同于经济改革，两者所属领域不同，改革理念和路径应该有别。当前中国的法治文明还不发达，诚信缺失、腐败之风依然盛行，高校自主招生改革缺乏必要的公信度。因此，高校自主招生不仅要适应社会，还要引领社会，自主招生各个环节如果做得好，也可带动和促进整个社会大环境诚信等风气和机制的形成。

中国试行的高校自主招生改革在目前还是小范围试点，它的一个目标就是为高校选拔优秀人才。在当前形势下，统一高考承担了为高校选拔大规模人才的任务。它的改革理念应考虑中国社会现实的需要，从公平角度出发，在实施过程中考虑效率问题。而高校自主招生改革作为统一高考制度的有益补充，则理应采取“效率优先、兼顾公平”的改革理念。只有这样，高校自主招生改革才能够将最有天资、最有深造前途的学生招收到适合自身发展的大学加以培养，最大限度地发挥优质教育资源的作用，也即合理配置人才和教育资源。

当然，我们在提倡高校自主招生改革应效率优先的同时，也不能忽略公平问题。它是高校自主招生改革能否取得成功的一个非常重要的影响因素。高校自主招生改革应充分关注传统的高校招生制度下的教育不公平现象，而

---

① 刘海峰：《高考改革中的公平与效率问题》，《教育研究》2002 年第 12 期，第 80～84 页。

不是以新的不公平代替旧的不公平，甚至导致更加严重的不公平。当然，“公平性”的内涵需要与时俱进。“分数面前人人平等”是一种公平，但仔细想一想，这对一些有特长而又“偏科”的学生来说，是否有些不公平呢？我们应通过更加科学合理的制度安排，形成全面的监督和制约，促进和保障教育公平。

总之，公平与效率是两个难以同时兼顾的方面。高校自主招生改革的初衷固然是有效地选拔人才和配置资源，但效率并不是它的唯一目标，公平也是要考虑的重要方面。维护公平竞争、杜绝考试作弊、准确区分优劣，归根结底都是为了提高选拔人才的效率，或者说通过维护公平而达到提高效率的目的。在现实中，高校自主招生改革试点离这一目标还相距甚远。只有在社会环境发生重大变化的前提下，通过我们的不断努力，才能探索出既体现一定的公平性又体现一定的时效性的高校自主招生制度。

第四节　多元智能理论对高校自主招生的捍卫

多元智能理论是美国哈佛大学心理学家霍华德·加德纳（Howard Gardner）教授创立的关于人类智能及其性质和结构的理论。它的建立是对传统智力理论的多方面突破，是一次对传统智力理论的革命，它不仅对世界范围内的教育改革提供了新的思维框架和理论依据，也对中国的教育改革产生了重要的影响。多元智能理论的科学性与实践性已经被世界各国的教育家所重视，成为推动当代世界教育改革的重要理论基础之一，对中国当前新课程改革中教育评价的理论与实践产生深远的影响，同时也对新课程背景下的高校自主招生改革具有积极的启示作用。以下拟从素质教育的视角，探讨多元智能理论对高校自主招生改革的捍卫。

一、多元智能理论的内涵

在实施素质教育的今天，如何发展学生的智能优势，挖掘学生的智能潜力，使每一个学生都能得到全面发展，是全社会都关注的问题。在这样的时代背景下，多元智能理论给我们带来了改革的契机，它不仅诠释了素质教育的内涵，为改革提供了理论支撑，也使我们对智能有了更深层次的思考，而且为高校自主招生改革提供了方法论的指导。如何将此理论运用于中国高校自主招生改革实践，是摆在我们面前的一项重要任务。

（一）多元智能理论的提出

传统的智商理论和皮亚杰的认知理论认为，智力是以语言能力和数理—逻辑能力为核心、以整合的方式存在的一种能力。传统的智力测验虽然能够让测验人直观、便捷地采集测验数据，并对被测验人的智商指数进行评估，但由于理论与测量方法的偏失而产生严重的后果。传统的智力理论通常仅将智力的范围局限在语文与逻辑方面，并认为个体特质能被单一的、标准的、可量化的数据所描述，从而忽略智力的多元发展，造成许多在音乐、体育等方面有才能的学生被埋没。同时，也导致用单一的标准化考试来对待所有学生，忽视了不同学生之间智力的差异以及同一学生不同智力的差异，学生的个性不能得到充分发展。

1979 年，霍华德·加德纳教授参与哈佛大学“零点方案”研究计划。该研究探讨了人类潜能的本质与实现，研究成果为《智能的结构》一书。霍华德·加德纳在书中将智能定义为：“在某种社会和文化环境的价值标准下，个体用以解决自己遇到的真正难题或生产及创造出某种产品所需要的能力。”这一定义有三方面的含义：①智能离不开实际生活情景，离开环境孤立而抽象地谈智能是毫无意义的；②智能应能解决实际问题，它不是仅仅储存在人头脑里的东西，它必须而且只有通过解决实际问题才能体现；③智能与创新分不开[①]。同时他认为，一方面，智能不是一种能力，而是一组能力；另一方面，智能不是以整合的方式存在，而是以相互独立的方式存在。

在此基础上，1983 年，霍华德·加德纳在批判智力单因素理论的基础上，从神经生理学的研究出发，提出了多元智能理论。他认为，人的智能是多元的、动态的，是可以发展的。他指出，世界上没有两个人具有完全相同的智能组合，每个孩子都是一个潜在的天才儿童，只是经常表现为不同的方式[②]。霍华德·加德纳提出，每个人都至少拥有包括音乐智能、身体—动觉智能等在内的七种智能，1995 年和 1999 年又分别增加第八种自然观察智能、第九种存在智能。这九种智能分别是：

（1）音乐智能（Musical Intelligence）。这种智能主要是指个人感受、

---

① 赖志群：《多元智能理论及其对教育的启示》，《太原城市职业技术学院学报》2006 年第 3 期，第 81～82 页。

② 霍华德·加德纳：《重构多元智能》，沈致襄译，中国人民大学出版社，2008 年，第 36～37 页。

辨别、记忆、表达音乐的能力，表现为个人对节奏、音调、音色和旋律的敏感，以及通过作曲、演奏、歌唱等形式表达自己的思想或情感的能力。

(2) 身体—动觉智能 (Bodily-kinesthetic Intelligence)。这种智能主要是指运用整个身体或身体的一部分解决问题或制造产品的能力，表现为用身体表达思想、情感的能力。

(3) 逻辑—数学智能 (Logical-mathematical Intelligence)。这种智能主要是指运算和推理能力，表现为对事物间各种关系（如类比、对比、因果和逻辑等关系）的敏感，以及通过数理运算和逻辑推理等进行思维的能力。

(4) 语言智能 (Linguistic Intelligence)。这种智能主要是指人对语言掌握和灵活运用的能力，表现为个人能顺利而有效地利用语言描述事件、表达思想并与他人交流的能力。

(5) 空间智能 (Spatial Intelligence)。这种智能主要是指在头脑中形成一个外部空间世界的模式并能运用和操作这一模式的能力，表现为个人对线条、形状、结构、色彩和空间关系的敏感，以及通过图形将它们表现出来的能力。

(6) 人际智能 (Interpersonal Intelligence)。这种智能主要是指与人相处、交往的能力，表现为觉察、体验他人情绪、情感和意图并做出适当反应的能力。

(7) 自我认知智能 (Intrapersonal Intelligence)。这种智能主要是指认识、洞察和反省自身的能力，表现为能够正确地意识和评价自身的情绪、动机、欲望、个性、意志，并在此基础上有意识地调适自己生活的能力[①]。

(8) 自然观察智能 (Naturalist Intelligence)。这种智能主要是指观察自然界中的各种形态，对物体进行辨别和分类，能够洞察自然或人造系统的能力。

(9) 存在智能 (Existential Intelligence)。这种智能主要是指提出并思考与生命、死亡及终极本质相关的问题的能力[②]。

霍华德·加德纳认为，这九种智能是人类最基本的智能，每个人都具

---

① 霍华德·加德纳：《多元智能新视野》，沈致隆译，中国人民大学出版社，2008年，第8～19页。

② 霍华德·加德纳：《多元智能新视野》，沈致隆译，中国人民大学出版社，2008年，第19～23页。

有这些智能潜力，只是各项智能在每个人身上的表现和发挥程度不同。在不同的情况下，运用某一种智能，则某一种智能就可以发展。然而，大多数人只能在一两种智能上表现特别出色，其余智能则一般。霍华德·加德纳的多元智能理论在智力理论的发展上有许多进步之处。它丰富了智能的概念，强调了智能评价的情境化和社会化，拓宽了我们观察人类智能表现的视野。

（二）多元智能理论的基本观点

具体来说，多元智能理论主要有以下几个基本观点：

1. 智能是多元的和有差异的

“世界上没有智能结构完全相同的两个人”是霍华德·加德纳关于人类智能理论的第一个观点。人类具有九种彼此独立的智能，而且智能组合也是千差万别的。这些智能通过组合和重复结合，还会产生出更多的智能种类。霍华德·加德纳认为，人类个体不但在自己的智能强项和弱项上存在着极大的差异，在认知的方式上也存在着不同。因此，多元智能理论要求我们认真地考虑智能的多元和个别差异。

2. 各种智能既独立又共同起作用

这九种智能是彼此区别的独立系统，每种智能都源于大脑中的一个独特部分。智能的这种独立性，意味着即使一个人有很高的某一种智能，如逻辑—数学智能,却并不一定有同样程度的其他智能，所以就像霍华德·加德纳曾经说过的“智能在相当程度上是彼此独立存在的”①。尽管每种智能彼此独立，但在解决问题时是相互作用的，常常需要几种智能在同一事上共同发挥作用。事实上，几乎具有任何程度文化背景的人，都需要运用多种智能的组合来解决问题。

3. 各种智能是平等的

人的智能表现在各个方面，每种智能都有同等重要的作用，并不一定要在一个领域成功才是智能高。霍华德·加德纳认为，将逻辑—数学智能和语言智能置于中心位置，反映了西方文化的价值观。他说：“从更高的奥林匹克山上俯视，全部九种智能应有相同的地位。将其中有些叫作才

---

① 霍华德·加德纳：《多元智能》，沈致隆译，新华出版社，1999年，第7页。

能，有些叫作智能，就是偏见。如果你愿意，可以把它们叫作才能，或者全部叫作智能。”①

4. 智能的创造性

霍华德·加德纳认为，智能是解决问题和制造产品的能力。这种对智能的理解具有很强的创造性。因为创造性就是在新的情境下，解决新的问题，制造新的产品。我们发展多元智能，实质是要培养每个人在新的情境下的创造性，从而更好地适应和改造环境。这种观点在今天这样一个飞速发展的社会中，是非常有必要的，创新是社会发展的动力。

5. 智能的文化性和情景性

霍华德·加德纳还指出，智能受文化背景的影响，在不同的历史发展时期和不同的文化背景中，强调不同的智能组合。在古老的社会，人们很重视身体运动、空间和人际交往的能力，比如狩猎时期的狩猎技巧和熟知地形，就比学习快速加减重要得多。在现代社会，人们十分关注语言能力和数理逻辑能力，通常的智能测验也主要测量这两方面内容，学校的考试称这两项是“基础的基础”。霍华德·加德纳预测，在不久的未来，由于计算机在生活中的普遍运用等因素，作为程序设计的数理逻辑能力和作为自我控制的自我意识能力将会变得尤其重要。这反映了智能的文化性②。

总体上来说，多元智能理论重视的是多维地看待智能问题的方法。在霍华德·加德纳看来，承认智能是由同样重要的多种能力而不是由一两种核心能力构成，承认各种智能是多维度地、相对独立地表现出来而不是以整合的方式表现出来，是多元智能理论的本质所在③。霍华德·加德纳认为，个体身上存在的前述九种智能并非一成不变，个体身上也可能存在除此以外的其他智能。他所提出的九种智能虽然比较准确地反映了人类智能的特点，但在某种程度上还只是一个理论框架或构想，重要的不是几种智能，而是一种多维度地分析智能问题的方法。在这个意义上，霍华德·加德纳不仅不否认其他智能的存在，而且认为个体身上可能存在着其他的智能，如灵感、直觉、

---

① 霍华德·加德纳：《多元智能》，沈致隆译，新华出版社，1999 年，第 38 页。

② 钟祖荣：《人人有八能，扬长育成才——加德纳多元智能理论基本观点》，《北京教育》2003 年第 11 期，第 28～30 页。

③ 梁爱民、周莉莉：《多元智能理论与多元化大学英语教学模式研究》，《山东外语教学》2006 年第 5 期，第 80～83 页。

幽默感等。个体到底具有多少种智能是可以商榷和改变的，随着支持或不支持某一智能的科学研究成果的出现，我们掌握的证据可能会使现有的智能增加或减少。

二、多元智能理论在高校自主招生中的体现

多元智能理论提出了人类思维的新观点，比人们过去在认知领域研究中所接受的观点更广泛、更深刻、更全面。它提倡高校采取因材施教的教育方式，鼓励用多元的评价手段和选拔标准来录取新生。多元智能理论为中国的高校自主招生改革提供了科学的理论依据。它使我们不得不再一次思考自主招生的内涵，思考未来高校自主招生的模式，帮助我们辨认和培养那些在传统招生考试中不被承认和没有被发现的智能强项，促使我们开发和试验新的评价手段和选拔标准。因此，学习、研究多元智能理论对高校自主招生改革有着重要意义。

现阶段，社会逐渐进入了一个多元、开放的时代，人们对高校自主招生改革有了更全面、更积极的期待，而这种期待的动力恰恰来自人本身，来自对开发自身潜能从而实现人的全面发展的主观意愿。多元智能理论为高校自主招生提供了心理学的依据，即高校应根据考生的特点进行招生。因此，高校自主招生改革应当树立“以生为本”的理念，尊重学生之间的个性差异，努力挖掘每一个学生的优势智能，为其取得最终成功打好基础，进而促进社会的发展。

就目前来说，高校自主招生改革试点通过引进多元人才选拔标准，改变了高考成绩和高校招生的过度相关性，推动了基础教育发展模式向素质教育转变，同时促进了高等教育的发展。然而，高校自主招生改革执行的现实状况，是否有效开辟了多元化人才的发展空间，是否体现了人的多元智能理论，尚存疑问。下面我们不妨运用多元智能理论，分析目前三类高校自主招生的实践情况。

第一类是自 2003 年以来开展的重点普通高校自主招生改革试点。教育部推行这一试点，一个重要的目的就是为中小学发展素质教育创造良好的环境，使一些“偏才”、“怪才”能充分展示自己的才能，促使其素质得到全面提高，个性得到充分发展，并使他们都能进入理想的高校。因此，这类高校自主招生改革不仅对考生的高考成绩有一定的要求，还通过面试等其他方式综合考察考生的素质。可以说，这种以国家统一考试录取为主，与多元化考

试和多样化选拔录取相结合的高校自主招生改革试点，在一定程度上体现了多元智能的理念，招收了一大批高素质的新生。但由于对统一高考成绩过分注重，而高考成绩所评估的智能并不能代表智能的全部，充其量只是与学业成就有关的能力罢了，并不能显示人的创意、艺术、人际交往等方面的潜能，也不能预测未来事业的成就或生活的圆满。简单地用高考分数设限，将使部分具有某方面特殊才能的考生落榜，这是有违高校自主招生改革初衷的。

第二类是自 2005 年以来开展的高职院校自主招生改革试点，普遍采用笔试与面试相结合的方式选拔录取考生。在很多高职院校的自主招生方案中，中学阶段成绩、特长表现、获奖情况等都被记入总成绩。高职自主招生的考试科目和方法、录取标准和程序完全由学校根据自身特色自主制定，打破了之前依据高考成绩进行录取的办法。高职院校的自主招生改革试点，对于挖掘和培养学生的职业素养和特色奠定了基础，很好地体现了多元智能理论所蕴含的理念。然而，目前高职院校的自主招生改革试点仍存在不少问题，受旧有观念的影响，没有建立起科学合理的评价手段与选拔标准，没有体现出各高职院校的办学特色和对考生的特殊要求。毋庸讳言，当前的高职院校自主招生也没有很好地体现多元智能的理念。

第三类是自 2006 年以来开展的复旦大学、上海交通大学自主招生改革。为给全面实施素质教育创造更好的条件和环境，使学生有更多的机会发挥和展示自己的能力，为高校自主招生探索更多的新路子，经教育部批准，复旦大学和上海交通大学 2006 年在上海市实施自主招生改革方案，该方案最大的特点是使面试成为录取考生与否的关键。在这几年的实践过程中，两校以本校自行举办的笔试和面试成绩为录取标准，高考成绩仅作为一个比照与参考。当然，两校通过对申请者资格的考察、文化课笔试、面试的选拔了解了考生的综合信息。显然，这种招生方式考察了考生的多种智能，体现了多元智能的理念。但在现实中还存在诸多争议，争议聚焦在教育公平上。在失去了分数刚性约束的前提下，没有标准答案的面试综合评价的公平公正性将是一个很难解决的问题。

总的来说，目前高校自主招生改革试点在体现多元智能理念方面存在很大的漏洞。在自主招生改革几年来的运作中，人才选拔标准和评价手段尚不完善。通过何种技术、手段、程序和环节才能准确地测量和检验学生的各种能力、特点和潜力，以选拔出真正需要的人才，是高校目前面临的一大挑战。各高校常用的手段是通过笔试和专家面试，或辅助心理测试，而要保证其信度和效度，还需要较长时间的摸索。在实际操作中，各校都偏爱能力全面、综合素质高的学生，所提出的招生标准大同小异，甚至大有向保送生标准看齐的趋势。

显然，高校自主招生改革试点的最初目标在实施过程中发生了偏离，没有很好地体现人的多元智能的理念。客观地看，高校也有自己的难处。很多试点高校招生负责人认为，在招生过程中遇到的所谓“偏才”、“怪才”实际上非常少，从小学到中学长期的应试教育体制下，“偏才”、“怪才”的生存空间很有限。再加上掌握多元化标准的难度，很多高校自然倾向于招收更多文化考试成绩高的学生①。对于一直是通过国家统一命题，根据分数高低录取学生的中国高校，要实现独立的自主招生，真正根据各自的办学特色、资源情况、学科特点等确定录取标准，呈现出应有的个性化特点，还需要做很多努力。

三、多元化招生：高校自主招生的追求

多元智能理论着眼于人的智能开发，其核心观点是通过正确认识、评价和开发学生多元智力的潜能，促进人富有个性的全面发展，这与中国素质教育的目标相一致。多元智能理论将人们的教育视野向人的发展可能性聚焦，通过开发人的潜能来塑造人的健全人格，达到提高人的素质的目的。它揭示了学生身心发展和教育发展的客观规律，为素质教育的实施提供了理论与实践的重要支持②。根据霍华德·加德纳的多元智能理论，人的智能是多元的，不同的人有不同的智能组合，从而表现出不同的优势智能。因此，多元智能理论对于人才评价观和考试观产生了极大的影响，对于中国高校自主招生改革具有重要的理论指导意义。

随着新课程改革的不断深化，以素质教育为引领、以多元智能等诸多科学理论为基础的高校自主招生改革，将更加符合学生身心发展的规律，满足学生富有个性、全面发展的需要，更加符合高等学校多样化科学选才的需

① 特古斯：《多元智力理论的内涵及其教育价值》，《内蒙古师范大学学报》（教育科学版）2004 年第 9 期，第 20～22 页。

② 李旭、陈献：《多元智能理论与高考改革》，《教育评论》2007 年第 6 期，第 139～140 页。

要。因此，在多元智能话语权下，高校自主招生改革应树立多元的人才观和智力观，建立多维度的人才评价手段，通过多种渠道、采取多种形式，从多方面观察、评价和分析学生的智能水平，结合高校专业需求，选拔出符合学校培养目标的优秀人才。具体来说，中国高校自主招生改革应在考察学生的语言、数理逻辑等基本能力和素质的基础上，兼顾学生在口头表达、动手能力、创新意识、人际交往、自我认知、自然观察等智能发展方面的表现，根据学生所表现出来的不同智能优势，录取到适合其自身发展和符合学校办学特色、培养目标的高校。

总之，多元智能理论不仅启示我们应根据考生个性特质采取不同水平、不同形式的考试，也为探索科学、公正、合理的高校自主招生制度提供了新视角。

小　　结

本章分析了支撑中国高校自主招生改革的四个基本理论：一是权力制衡理论；二是治理理论；三是公平与效率理论；四是多元智能理论。在这几年的高校自主招生改革实践中，这些理论所蕴含的理念是否得以体现，在将来自主招生改革的调适和完善过程中，如何更好地遵循和体现这些理念，这是值得我们重视的问题。

首先，本章提出了各种权力在高校自主招生改革过程中的制衡关系。高校自主招生的顺利推行，既需要明确各权力之间的促进与制约，还需要在权力的源头上和限度上有进一步的突破。其次，对于各权力如何应对高校自主招生改革的运行，本章提出了治理的理念，摒弃了传统意义上政府管理的做法，对于政府、高校与社会三方如何治理高校自主招生提供了政策建议。再次，公平与效率的关系是高校自主招生改革的重要目标，自主招生改革既不能因为公平问题而止步不前，也不能因为效率而不顾及公平，而应该通过更加科学合理的制度安排，形成全面的监督和制约机制，促进和保障高校自主招生的顺利实施。最后，人的多元智能是高校自主招生改革的基本理念，多元智能理念要在高校自主招生改革过程中更好地得以体现，给各种各样的人才提供接受高等教育的机会，还需要有效地开辟多元化人才的发展空间，需要多方面的配套措施，以提供人才培养的良好土壤。

当然，这些理论自身也存在一定的缺陷，如权力制衡理论所体现的是一种理想的理论体系，在现实中如何保证不产生权力倾斜现象是一个非常困难的问题；治理理论是一种不太成熟的理论，比较适合于西方式的民主政治和社会，而在中国社会现实和政治历史背景下，则存在一定的阻滞因素；公平与效率理论对绝对公平的追求存在理想色彩，没有绝对的公平，只有在一定社会条件下的相对的公平，效率可能受到其他因素的影响；多元智能理论所划分的类别是否全面、科学，也还有待实践验证。在此，我们并非全盘接受这些理论，而只是吸收这些理论中的合理因素，来分析中国高校自主招生改革，以使这一改革在理论与实践相结合的道路上顺利前进。

第二章　中国高校自主招生的历史回顾

中国高校自主招生[①]的历史源头，可以追溯到清朝末年。中国自有近代意义的高等教育以来，高校就是采用自主招生的方式选拔录取新生的。清末在引进西方教育模式的同时，也建立了中国早期的高校自主招生模式。到民国及新中国成立初期，自主招生制度为众多高校选拔新生提供了保障，其中一些特长生的招录典故（如 1929 年，钱钟书虽然数学只考了 15 分，但国文和英语都是名列前茅，被清华大学破格录取。两年后的 1931 年，吴晗的数学考了 0 分，同样因异常优异的文史成绩被清华大学接收。类似的特长生招录也在其他大学发生，如卢冀野入东南大学、臧克家入青岛大学等[②]），更成为一代佳话，流传至今。可以说，在这一百多年的发展历程中，我们没有停止过对自主招生的探索与尝试，虽然断断续续，但高校招生的自主性一直受到人们的关注，成为高校招生改革必须考虑的一个重要因素。因此，探析高校自主招生制度的发展轨迹和历史特点，有助于我们全面认识中国高校自主招生的演变规律，并为当前的改革提供有益借鉴。

第一节　清末高校自主招生的尝试

自 19 世纪中叶开始，在西方资本主义列强侵略下，中国社会发生了翻天覆地的变化，逐步沦为半殖民地半封建社会。在此历史背景下，社会矛盾

---

① 在 20 世纪 90 年代之前，中国的高校“自主招生”一般称为“单独招生”、“单独招考”或“自行招生”。本文在描述当时高校自主招生情形时，也按历史原貌记述，以免造成误解。

② 张亚群：《从单独招考到统一招考——民国时期高校招生考试变革的启示》，《中国教师》2005 年第 5 期，第 24～26 页。

日趋激烈，传统教育观念不断受到冲击，新的知识价值观、人才观和教育指导思想逐步形成。为了挽救摇摇欲坠的帝制王朝，清朝统治阶级内部的洋务派掀起了一场轰轰烈烈的“富国强兵”运动，在军事、技术、经济、文化教育上学习西方，由此推动了传统高等教育向近代新式高等教育的转型①。由于社会形势的变化和改革人士的推动，中国高校自主招生模式受到西方高校招生模式的直接影响而逐步形成。

一、洋务学堂的招生：高校自主招生的雏形

西方教育模式的引入，促使一批具有近代意义的高等院校诞生。清政府出于“自强”与“御侮”的需要，于19世纪60年代创办了具有近代高等教育性质的洋务学堂。洋务学堂在教育制度、培养目标、教学内容与方法等方面，与传统高等教育存在明显的差异，标志着近代高等教育的兴起。

19世纪60年代至90年代中期是中国近代高等教育的起步阶段。这一阶段，清朝中央部门和地方政府为了培养实用的实业人才，先后创立了20余所洋务学堂。洋务学堂主要分为语言学堂、军事武备学堂与实业（电报、采矿、医学等）学堂。由于这些学堂大量引进西方科学课程，因而，其招生难以沿用旧的科举考试方法，而采用新的招生考试方法。同时，洋务学堂聘用不少西方教习，他们在传播和建立新的招生考试制度中发挥了重要作用。

这一时期，最具代表性的当属京师同文馆。1862年，京师同文馆的设立是中国传统的封建教育向近代高等教育转化的历史起点。京师同文馆是中国近代第一所外国语学校，仿照俄罗斯文馆旧例，目的在于培养翻译人才。京师同文馆在招生考试方面有自己的特色，在洋务学堂中具有一定的代表性。但在京师同文馆最初的招生办法中，具有明显的出身资格限制，“应由八旗满、蒙、汉闲散内，择其资质聪慧、现习清文、年在十五岁上下者，每旗各保送二三名，由臣等酌量录取，挨次传补”②。

与京师同文馆类似的还有上海同文馆和广州同文馆。它们是适应两处通商口岸的人才需求而先后设立的，其特点在于打破京师同文馆只招收八旗子弟的限制，规定可以招收汉人子弟肄业，从而扩大了洋务教育的范围。上海

① 张亚群：《科举革废与近代中国高等教育的转型》，华中师范大学出版社，2005年，第40页。

② 杨学为，等：《中国考试制度史资料选编》，黄山书社，1992年，第433页。

同文馆试办章程第一条规定："由官绅有品望者保送，取具年貌籍贯三代履历，赴监院报名注册，随时呈送上海道面试，择时文之稍通顺者，记名备送四十名，入馆肄业。"① 对于它们的招生范围，李鸿章奏言："惟多途以取之，随地以求之，则习其语言文字者必多；人数既多，人才斯出。彼西人之擅长者，推算之学，格物之理，制器尚象之法，无不专精务实，泐有成书，经译者十才一二，必能尽阅其未译之书，方可探赜索隐，由粗浅而入精微。"② 另外，其他各类学堂由于受到诸多限制和缺乏实践经验，因而其招生方式具有较大差异。

从整体上来说，招生考试改革成为清末高等教育转型的基本环节。其考试目的在于选拔合格新生，培养外语及科学技术专门人才，因而突破了科举选官考试的樊篱。在这一阶段，各类洋务学堂的招生考试，完全由学堂主办者自行举办。主办者一般根据培养洋务人才的需要，结合本学堂的办学要求，通过面向社会公开考试招收学生。另外，也会在一定范围内保送、选调合格的学生入学。由于当时还没有配套的中等教育支持，最初洋务学堂的生源十分缺乏，学校主要从八旗子弟中挑选生员，或是从科甲正途出身的举人及恩、拔、岁、副、优贡中选拔。在知识的考查上，洋务学堂的招生考试打破了科举考试重文轻艺的传统，考试内容不仅检测中国传统人文知识及读写基本能力，主要为中外语言文字、初等算学和天文知识，而且还考查一些粗浅的近代自然科学知识③。各类学堂的考试科目通常包括一定程度的外语及普通科学文化知识，如优级师范学堂入学考试科目为中国文学、算学、地理、历史、格致④。

由于洋务学堂是封建教育体制下出现的一种新兴教育形式，它的招生方式不可避免地受到了科举考试的束缚和影响。这主要体现在考生的投考标准上，许多洋务学堂对考生有严格的出身限制。因此，当时的洋务学堂招生考试尚处于摸索、尝试之中，变动性大。总之，洋务学堂的招生考试方式虽然

---

① 杨学为，等：《中国考试制度史资料选编》，黄山书社，1992 年，第 446 页。

② 朱有瓛：《中国近代学制史料》（第一辑上册），华东师范大学出版社，1983 年，第 45 页。

③ 刘海峰，等：《中国考试发展史》，华中师范大学出版社，2002 年，第 195 页。

④ 吴惠龄：《北京高等教育史料》（第一集近现代部分），北京师范学院出版社，1992 年，第 111 页。

保留了传统科举考试的一些痕迹，如要求应考者身家清白，由官绅担保，以时文考试区分其水平高下，但已表现出明显差异，多采用新式考试办法[①]，招生考试由学堂主办者自行举办。因此，洋务学堂招生考试的创立，使中国近代高校自主招生考试制度粗具雏形。

二、新式学堂的招生：高校自主招生的发展

1894 年中日甲午战争的溃败，宣告了洋务派“富国强兵”梦想的破灭，新一轮的教育改革浪潮在资产阶级维新派的推动下迅速兴起。但是，这一时期创办的具有近代意义的高等学校的性质却具有两面性。由于新式高等教育的倡办者是封建统治阶级内部具有改革意识的官僚士绅，他们既要学习西方近代高等教育之长，又不愿触动传统高等教育的基础。这就使中国近代高等教育自产生之日起，就交织着新学与旧学、中体与西用的矛盾，形成了一系列过渡性特征。尽管新式高等教育受到封建顽固势力的摧残，但经过“维新运动”的启蒙，民习已开，追求新学的风气势不可挡。资产阶级的维新运动在推动清末教育发展的同时，也初步确立了中国近代高校的自主招生考试制度。

1898 年，作为新式高等学堂的集大成者，京师大学堂于“百日维新”期间正式创立。京师大学堂是中国近代史上第一所由中央政府建立的综合大学。成立之初，它不仅是全国最高学府，而且是全国最高教育行政机关，统管各省所设立的学堂。京师大学堂章程规定，学生来源分为两项：一是从翰林院编检到候补、候选道府州县等原有官职者以及大员子弟、八旗世职、各省武职后裔；二是各省中学堂毕业生[②]。但是，京师大学堂成立后不久，便发生了义和团运动和八国联军的入侵，终致“戊戌变法”的失败，科举旧制恢复，新式教育及招生考试改革受到严重阻碍。因此，这个时候京师大学堂很难有所作为，只是在某种程度上维持新式教育的形式，仍以制艺、策论作为入学考试的内容。

1902 年 1 月 10 日，清政府任命张百熙为京师大学堂管学大臣，整顿、办理京师大学堂，负责制定大学堂章程。同年 8 月 15 日，由张百熙主持拟

① 刘海峰，等：《中国考试发展史》，华中师范大学出版社，2002 年，第 192 页。

② 刘海峰，等：《中国考试发展史》，华中师范大学出版社，2002 年，第 208 页。

定的《钦定学堂章程》[①]（又称“壬寅学制”）正式颁布。《钦定学堂章程》详细规定了各级各类学堂的目标、性质、年限、入学条件、课程设置及相互衔接关系等。它是全国统一学制的开端，但由于清末各种矛盾的摩擦碰撞和条件限制，导致《钦定学堂章程》未能有效实施。该学制虽未实行，却为其后张之洞等人重新厘定学制提供了一定的参考。

1903 年 6 月 27 日，清廷命张之洞会同京师大学堂管学大臣张百熙、荣庆重新厘定已有的各项学堂章程。1904 年 1 月 13 日，张之洞等人略仿日本学制，重订学堂章程进呈后获准颁行，此即《奏定学堂章程》，又称“癸卯学制”。新学制的立学宗旨仍未脱离“中体西用”之窠臼，强调“无论何等学堂，均以忠孝为本，以中国经史之学为基，俾学生心术之一归于纯正，而后以西学瀹其知识，练其艺能，务期他日成材，各适实用”[②]。可见，这一学制具有明显的封建政治色彩。但是，它毕竟第一次系统地引入了西方近代学校教育制度，把西方资本主义教育之长与中国传统的科举制度结合起来。

随着新学制的实施和科举制的废止，国内新式中小学的办学逐步规范化地发展起来，这为高等专门以上学堂的招生考试改革创造了前提条件。近代高校招生考试由此进入一个新的发展阶段。根据《奏定学堂章程》和《改定各学堂考试章程》的规定，清末高等教育逐步建立起一套新的招生考试制度。从高等学堂及其他同等学堂，到分科大学、大学选科，其升学办法概由所升之学堂自行考试，分别去取，以期程度划一，并将所招学生姓名、年岁、籍贯、三代及毕业学校造册，呈报学部备案[③]。因在推广新学制之初，科举刚废，新旧教育体制不相衔接，普通教育刚刚兴办，符合入学条件者少而超过年龄失学者多，清政府只得暂定变通考选办法，如高等学堂可酌选品行端谨、中国经史文学确有根柢者，入读预科。先补习历史、地理、算学、格致、图画、日语、英语、体操各种普通学一年，然后升入正科[④]。

这一时期，高等教育从第一级的高等学堂及其他同等学堂，以迄第二级

---

① 《钦定学堂章程》具体包括《钦定蒙学堂章程》、《钦定小学堂章程》、《钦定中学堂章程》、《钦定高等学堂章程》、《钦定京师大学堂章程》及《钦定考选入学章程》。

② 《命定学堂新章并递减科举事宜》，沈桐生辑：《光绪政要》（四），卷二九，江苏广陵古籍刊印社，1991 年（影印本），第 42 页。

③ 刘海峰，等：《中国考试发展史》，华中师范大学出版社，2002 年，第 211 页。

④ 杨学为总主编，王戎笙、王天有、李世愉主编：《中国考试通史》（卷三明清），首都师范大学出版社，2004 年，第 474 页。

各分科大学，其招生考试均由各校自行举办，学部充其量只能给予原则性的规范①。例如，学部为避免学生欲求进入名声较隆之学堂而越级跃升，乃于1908年5月5日奏准《各项学堂招考限制章程》，规定凡奏定学堂章程所定分科大学、大学选科，非高等学堂、大学预科毕业学生及与高等学堂程度相等之学堂毕业学生，不得考升；大学实科、高等学堂、高等农工商实业学堂、优级师范学堂、译学馆、方言学堂以及未列专章之邮电、路矿暨法政学堂正科属于高等教育者，一概不得招收未经中学堂毕业之学生，以期深造②。但仍暂准优级师范选科，二三年内可考选曾在中学或程度相等之学堂中肄业二年以上，及曾习初级简易科之学生，并举、贡、生员经史文学确有根柢者，先入预科一年，再入本科。

这些规定使新式学堂招考制度渐趋规范，进一步促进了各类新式学堂水平的提高。这有利于规范新式学堂的学业标准和办学秩序。但新式学堂如何招考学生，则仍由各学堂自行负责，学部并未干涉。例如，京师大学堂除了面向八旗子弟招考以外，还向广东和上海的外国语学堂招收精通西语、西文才识出众的学生。优级师范学堂对学历未合格的考生，录取条件变通为："酌照学业成绩凭单所陈素习何学，即就所长命题考试；考毕后仍面试问答，以鉴其学知气概。"③ 面试成绩优异者，同样可以被录取。军事学堂多从传统书塾及科举初级功名获得者中招考学生，也有从香港、通商口岸新制学校招收少量学生④。新式学堂的招生考试是自行确定科目和内容等并组织考试的。考试科目主要有经史、政治、法律、中外文论、物理化学、算学比例、代数和浅近英文、日本文等⑤；考试内容不仅大量引进西方自然科学和技术，而且在一定程度上考查学生的西方社会科学知识。

这一时期，各新式学堂的招生主要通过面向社会公开考试或在一定范围内进行选调，择优录取合格者。部分新式学堂取消了具有等级性的入学资格

---

① 郭廷以：《近代中国史纲》，香港中文大学出版社，1980年，第368页。

② 《政治官报》，光绪三十四年（1908年）四月初六日，折奏类，《东方杂志》第五年（光绪三十四年）第8期，第9～11页。

③ 吴惠龄：《北京高等教育史料》（第一集近现代部分），北京师范学院出版社，1992年，第111页。

④ 刘海峰，等：《中国考试发展史》，华中师范大学出版社，2002年，第200页。

⑤ 冯敏：《"五四"前后的教育改革与中国近代学校考试制度的建立和发展》，《民国档案》1999年第2期，第69～73页。

和出身限制，而是自主决定招生区域和考生身份。因此，新式学堂的招生考试具有极大的自主性与近代性。

三、对清末高校自主招生的思考

清末是传统高等教育体制逐渐完成向近代高等教育体制的过渡期。在近代高等教育体系形成之初，国内社会动荡不定，全国高校性质、层次和规模差异显著，中等学校毕业生数量不足，各类学堂无法用同一标准招收到合格新生。因此，国内社会政治局势、高等教育培养目标与课程结构的重大变革，促使适应新式高等学校的自主招生方式的产生。清末的高校自主招生，既是引进西方教育模式的自然延续，也是这一时期教育发展的必然选择。

但是，从清末高校招生考试的实践可以看到，这个时期的新兴高等学校的招生也不是完全自主型的。它虽然在组织考试等方面是各校单独举行，但其招录等环节要受到清政府的规定与限制。因此，可以说，中国高等学校自诞生之日起，其招生方式就是在自主与规范（统一）之间求生存。

第二节　民国时期高校自主招生的实践

民国时期的高校招生考试制度是在批判和继承晚清考试制度的基础上形成的。自清末确立新式学校的独立地位后，其招生考试备受社会的广泛关注。它不仅关系到广大读书人的出路，而且与人才培养质量、社会发展需要直接相连。民国时期，高等学校招生考试的演变分为两个不同源流：一是从北洋政府到南京国民政府统治期间，高校招生方式由自主招生逐步转向政府计划与统一招生考试，后又转为自主招生三个阶段①；二是中国共产党在土地革命、抗日战争和解放战争时期，先后创办一些高等学校，其招生考试方式灵活多样，考试内容经历多次变革②。高校招生考试的这种发展演化是政

---

① 也有的学者从民国时期高校招生考试的时间跨度上，以 1933 年、1941 年为两个分段线。高耀明：《民国时期高校招生制度述略》，《高等师范教育研究》1997 年第 4 期，第 69～74 页。

② 革命根据地和解放区的高校招生考试，包括 1927 年—1937 年的苏区学校考试、1937 年—1945 年的抗日民主根据地的学校考试、1945 年—1949 年的解放区的学校考试。在本章节中，限于本文所要阐述的内容和观点，未对这部分内容进行详细论述。

治、经济、文化、教育诸因素共同作用的结果，适应了不同培养目标和教学改革的需要，各高校招生考试内容、类型有了新的发展①。

本节结合史实，对民国前期和中后期高校招生考试的基本规制、主要特点及发展动因，做了进一步的考察分析，尤其着重分析民国时期高校招生考试的自主性，以对目前中国高校自主招生改革起到历史参照的作用。

一、民国前期高校自主招生阶段（1912 年—1932 年）

辛亥革命后，不论在社会政治领域还是在文化思想领域，都引发了剧烈的变化。1912 年 1 月 1 日，以孙中山为首的资产阶级革命派推翻了清王朝，结束了封建帝制，建立了中华民国。中华民国建立后，新政府立即对旧的教育制度进行了革新。当时，担任临时政府教育总长的蔡元培起草了一系列教育法令，为中国新式教育制度进行了奠基工作。由于北京临时政府对教育经费投入有限、控制较弱，高等教育相对较为自由，遂形成民国初期的自由学风，高校招生方式也较为自由。

（一）北洋政府时期

1912 年 7 月 10 日，全国 23 个省及华侨代表 82 人会集北京，召开了中华民国中央临时教育会议，就学校系统、各级学校规程、社会教育以及教育行政等问题进行了详细讨论。9 月 3 日，中华民国第一个《学校系统令》公布，史称“壬子学制”。它规定学堂改称学校，学部改称教育部，考试改称试验②。10 月，由蔡元培起草、北京临时政府教育部颁布的《大学令》规定，大学各科学生入学资格为“须在预科毕业或经试验有同等学力者”。1913 年 1 月 12 日，教育部又颁布了《大学规程》，规定：大学本科入学资格，须在预科毕业或经试验有同等学力者。预科生入学资格，须在中学校毕业，及经试验有同等学力者③。同时也明确规定，中学校毕业生如超过定额时，应进行竞争测验。

1913 年 8 月，北京临时政府教育部又陆续颁布各种学校规程，对新学

① 刘海峰，等：《中国考试发展史》，华中师范大学出版社，2002 年，第 224 页。

② 杨学为总主编，王奇生主编：《中国考试通史》（卷四民国），首都师范大学出版社，2004 年，第 268 页。

③ 《大学令》、《大学规程》，中华民国教育部编：《中华民国教育法规》（1919 年 5 月）。

制做了补充和修改，教育史上称“壬子癸丑学制”①。这个学制在民主主义精神的鼓舞下，批判继承了清末学制合理性的一面，又增添了新的时代内容，具有明显的进步性。“壬子癸丑学制”将高等学校分为大学院、大学、专门学校三个层次，建立起了新的学校制度。在学校招生考试制度建设方面，只针对不同层次的高校招生的生源入学资格做了一些规定，取消了封建特权等级和繁琐的入学资格限制，为不同层次高校招考新生提供了依据，而对其招生方式与考试方法则未多加限制。除了高等师范院校试行“划片”招生外，一般大学和高等专门学校均实行单独招生考试。各校招生考试形式与录取方式灵活多样，没有统一标准，通常为：先公布招生章则，通告招生人数、投考资格、考试科目、时间地点和入学有关事宜，有时甚至连学费也一并列出；再组织命题考试，确定标准，择优录取。招考次数及考点设置往往随录取情况而定。可见，高校享有较大的招生自主权，教育部在其中只是扮演了一个宏观调控的角色。

从当时的实施过程来看，北京大学、清华大学、上海交通大学等一些知名大学坚持严格招生，入学考试较难。但也有不少学校降格招生，尤其是对同等学力的标准把握不严。各类高校之所以准许同等学力者参加考试，一方面主要是因为民国初期，新式教育尚未普及，一些适龄青年没有系统接受过新式教育，而自学成才者不乏其人。为了给这部分青年接受高等教育的公平机会，故允许他们以同等学力的资格参加入学考试。另一方面，当时中等教育规模十分有限，各高等学校的生源受到限制。为扩大招生范围，提高招收学生质量，便允许同等学力者参加入学考试。但是，一些高等学校在具体的实施过程中，往往借“同等学力”而对学生网开一面，虽然规定了同等学力者要经过试验，但很多学校实际上并不重视对其进行甄别，“致令程度不齐之学生，受同等之教育，事倍功半，实效难期”②。

为杜绝这种现象，1914 年 7 月 8 日，教育部通令直辖各专门以上学校校长，此后招收新生，“除于应行升学之毕业生从严甄拔外，其遇有同等学力之学生，尤应严行甄录，以杜冒滥。切勿稍涉瞻徇，致妨学务”③。

① 王炳照，等：《中国近代教育史》，台北五南图书出版公司，1994 年，第 208 页。

② 《教育杂志》第 7 卷，第 7 号记事，1915 年。

③ 《教育公报》第三册（1914 年 8 月），公牍，第 64 页。潘懋元、刘海峰：《中国近代教育史资料汇编·高等教育》，上海教育出版社，2007 年，第 783 页。

1915 年 6 月 8 日，教育部又饬令“专门学校招生务须一律从严，所录各生同等学力者不得逾中学毕业生十分之二”，以昭核实①。实际上，各类高等学校仍然招收大量的同等学力生。直至 20 世纪 20 年代初，越等办学、越等招生问题才逐渐缓解。

中华民国成立几年后，各高等学校各专业所招收的学生数也有了一定的变化（见表 2-1）。

表 2-1　全国高校学生数历年比较表（1912 年—1916 年）　　单位：人

<table>
<tr><th colspan="3" rowspan="2">学校类别</th><th colspan="5">年度</th></tr>
<tr><th>民国元年（1912）</th><th>民国二年（1913）</th><th>民国三年（1914）</th><th>民国四年（1915）</th><th>民国五年（1916）</th></tr>
<tr><td colspan="3">高等师范</td><td>2 304</td><td>2 298</td><td>2 076</td><td>2 357</td><td>1 998</td></tr>
<tr><td rowspan="6">专门学校</td><td colspan="2">法政</td><td>30 808</td><td>27 848</td><td>23 007</td><td>15 405</td><td>8 803</td></tr>
<tr><td colspan="2">医学</td><td>233</td><td>353</td><td>637</td><td>900</td><td>950</td></tr>
<tr><td colspan="2">农业</td><td>1 341</td><td>1 554</td><td>1 274</td><td>1 305</td><td>985</td></tr>
<tr><td colspan="2">工业</td><td>2 312</td><td>2 394</td><td>2 488</td><td>2 558</td><td>1 807</td></tr>
<tr><td colspan="2">商业</td><td>1 236</td><td>1 034</td><td>987</td><td>940</td><td>680</td></tr>
<tr><td colspan="2">外国语</td><td>554</td><td>641</td><td>316</td><td>202</td><td>283</td></tr>
<tr><td rowspan="8">大学校</td><td colspan="2">预科</td><td>1 595</td><td>1 713</td><td>2 478</td><td>2 239</td><td>2 163</td></tr>
<tr><td rowspan="7">本科</td><td>文</td><td>130</td><td>30</td><td>107</td><td>176</td><td>260</td></tr>
<tr><td>理</td><td>11</td><td>22</td><td>35</td><td>47</td><td>74</td></tr>
<tr><td>法</td><td>81</td><td>1 059</td><td>358</td><td>419</td><td>638</td></tr>
<tr><td>商</td><td>35</td><td>33</td><td>—</td><td>212</td><td>98</td></tr>
<tr><td>医</td><td>—</td><td>—</td><td>—</td><td>—</td><td>—</td></tr>
<tr><td>农</td><td>66</td><td>52</td><td>—</td><td>—</td><td>—</td></tr>
<tr><td>工</td><td>158</td><td>175</td><td>230</td><td>365</td><td>376</td></tr>
<tr><td colspan="3">其他</td><td>845</td><td>880</td><td>561</td><td>605</td><td>806</td></tr>
<tr><td colspan="3">总计</td><td>41 709</td><td>40 086</td><td>34 554</td><td>27 730</td><td>19 921</td></tr>
</table>

节录自《中华民国第五次教育统计图表》第 64 页；潘懋元、刘海峰：《中国近代教育史资料汇编·高等教育》，上海教育出版社，2007 年，第 822 页。

1917 年，陈独秀创办《新青年》杂志，标志着新文化运动的开始。新文化运动时期，思想界空前活跃。教育界对中国应该建立一个什么样的教育

① 《教育公报》第二年（1915 年 7 月）第三期，公牍，第 115 页。潘懋元、刘海峰：《中国近代教育史资料汇编·高等教育》，上海教育出版社，2007 年，第 784 页。

体制的争论非常激烈。招生考试制度作为教育评价和选拔人才的手段，对教育制度的形成有着导向作用。如何建立有效、合理的高校招生考试制度的问题，成为这场争论的重要内容。西方的教育理论、教育方法、教育制度、教育模式被大量引进，也启发了人们的思考，促使人们对高校招生考试制度进行重新审视，提出了一系列改革建议，并进行了大胆的改革实践。这一时期，虽然新式教育兴起，对中国教育制度包括高校招生考试制度所存在的种种弊端进行了批判，但科举制遗留下来的陈规陋习仍有很大的影响。

为此，1917 年 9 月 27 日，教育部又修订了《大学令》，明确规定："大学设预科，其学生入学资格须在中学校毕业或经中学毕业同等学力试验，得有及格证书者，但入学时应受选拔试验"；"大学本科学生入学资格，须在预科毕业、或经预科毕业同等学力试验及格者"①。此后，中学生升入大学预科需受试验成为定制，以入学考试甄选进入大学或预科就读的方式得到确认。其时颁布的《专门学校令》也规定，"入学资格须在中学毕业或经试验有同等学力者"②。

那时的《大学令》和《专门学校令》对各高等学校招生资格提出了规范，但对招生方式和考试方法则未加限制。因此，各高等学校在招生及考试上享有相当大的自主权，一般大学及高等专门学校均实施各校单独招生考试。在考试科目上，各类高校也不统一，以北京地区高等专门学校为例，除国文、英文、数学为必考科目外，如法政专门学校，增设历史、地理等科；工业专门学校，增设理化、图书等科；医学专门学校，增设理化、博物等科。至于大学预科则多要求考查上述所有科目③。综合而言，高等学校的招生考试科目相当灵活、多样。

这个时期，除大学院招生以外，高等学校招生一般都分预科和本科两个阶段。其中预科的考试科目与内容基本上是中学的学习内容，根据所报专业和学校的不同，有不同的考试科目。大学预科的考试分初试和复试，初试不及格者，不能参加复试。关于所考科目的程度，开始并没有规定，由各个学校根据自己的需要来确定。为了让中学教学和高等学校招生考试衔接，1919

① 1917 年 9 月 27 日，教育部颁布《修正大学令》。潘懋元、刘海峰：《中国近代教育史资料汇编·高等教育》，上海教育出版社，2007 年，第 381 页。

② 《专门学校令》，《教育杂志》第 4 卷第 10 号（1912 年 1 月），第 33 页。

③ 《大事记》，《教育杂志》第 5 卷第 3 号（1912 年 5 月），第 18～20 页。

年，教育部公布《各专门学校大学校中学校招生办法训令》，要求“各高等专门学校及大学校预将招生程度详细昭示，其一年级生或预科生所读何书，以若何程度为课程之开始，函达各省教育厅，于每年寒假中通知各校，俾早预备，以便衔接”①。之后，各专门学校、各大学在招生时，将考试科目与内容分别加上了程度说明。

这里需要对高等师范学校的招生方式另加说明。高等师范学校的招生和考试同普通大学相比，有自己的特点。同普通大学招生完全由学校自主相比，高等师范学校招生体现了国家计划和学校自主相结合的原则。具体做法是：将全国划分为几个高等师范区，每一区设一所高等师范学校。高等师范学校招生采取“招考划一”原则。各省选送名额占 3/4，学校自主招生的比例占 1/4。各高等学校在分配名额给各省时，以各省省份大小，距离学校之远近，及其省区内有无高师为标准。自主招生则不分省界②。如果各省分配名额达不到招生的标准，可以酌量增加自主招生的名额。各省选送学生考试办法，由各省自定操行、体格及学科标准，经各省教育长官考录，送到学校后，再行复试，复试合格后，再定录取与否。

此一时期，由于高校招生考试内容是由各校自主确定，因而出现了与中学教育脱节的现象，给中学教学造成了很大困扰。1919 年，教育部召集全国中学校长会议，根据中学校长们的陈述可知，高校招生考试与中学教育之间的落差以及考试领导教学的情形，一直存在于竞争型的升学考试之中。在施考者与受试者权力不相等的情形下，受试一方往往只能提出柔性诉求。而在高校招生自主的原则下，教育主管机构只能扮演沟通协调的角色，特别是民初教育权尚未集中于教育部之手，当时教育部仅能对各大学院校发布训令③。为此，教育部公布《各专门学校大学校中学校招生办法训令》，对考试科目分别做程度说明，规定以后各专门学校及大学预科招生，“命题概须依照中学毕业程度，勿使太多不及，而与中学衔接有所妨碍”；“各高等专门学校及大学招考新生，除外国语外，其他各学科，应以本国文命题。考生考

① 《各专门学校大学校中学校招生办法训令》，《教育杂志》第 11 卷，第 3 号法令，1919 年。

② 《教育部通令各高等师范学校招考学生办法》，《教育杂志》第 10 卷，第 7 号记事，1918 年。

③ 杨学为，等：《中国考试制度史资料选编》，黄山书社，1992 年，第 579 页。

试，应用本国文，但能以外文作答者，听便”[①]。同时，教育部也令各中学在教学时须认真授课，以使毕业生具有相当程度，适应高校的招生要求。

1922年，教育部又颁布了新的学制，引进了美国的教育模式，但美国的教育精神一时还难以在中国扎根。在之后的几年内，中国高等教育有了较大程度的发展。从1922年到1926年，公立、私立大学由13所增至51所，5年之间增加了近3倍；其中公立大学由5所增至37所，私立大学由8所增至14所。在校学生人数，1925年大学及专科在校学生数为36 321人，比1916年增加了1.1倍[②]。同样，中国高校的招生考试方式仍然基本维持单独招考这一状态，而没有大的变化。多数高校根据本校专业特色、已有教学设备、办学资金以及往年报考生源情况等，决定招生省区及各省区的招生名额。以私立厦门大学为例，1922年7月，厦门大学在厦门、上海、北京、福州、广州、新加坡、马尼拉各处招收文理教育商医新闻各学部预科新生共152人。8月又增收师范部文科、师范部理科及商学部预科新生共38人[③]。私立厦门大学以后几年也是同样在各处设考点招生，如遇第一次招生考试招收的生源不足，还会再择日期举行第二次、第三次招生考试。其他各高校的招生方式虽然各有不同，但其基本形式仍是单独招生考试。

具体来说，北洋政府时期高校的招生程序，一般包括这样几个内容与步骤：一是学生投考资格的规定，高校招生除符合教育部关于考生资格的规定外，学校往往还有关于学生品行、体格等方面的规定；二是招生的科目、内容和招生的数量、时间、地点都由学校自主决定，对考试科目的程度和考试范围都明确写在招生简章上，供学生考前预备；三是报名程序，学校将招生简章向社会公布后，学生在规定时间内向应考学校报名；四是考试与录取，学生报名后，在规定时间、地点参加考试。考试一般分初试和复试，初试合格后才能参加复试。考试合格的考生名单一般在报纸上公布。被录取的学生在规定的时间内到校报到，入学时填写志愿书，并连同保证人来校填具保证书[④]。

---

① 《各专门学校大学校中学校招生办法训令》，《教育杂志》第11卷，第3号，1919年。

② 郑世兴：《中国现代教育史》，台北三民书局，1981年，第146页。杨学为总主编，王奇生主编：《中国考试通史》（卷四民国），首都师范大学出版社，2004年，第284页。

③ 《厦门大学布告》（1924—1925），第三卷，第二册，第18页。

④ 杨学为总主编，王奇生主编：《中国考试通史》（卷四民国），首都师范大学出版社，2004年，第279页。

民国初期，高校享有极大的招生自主权，既有积极的一面，又有消极的一面。从积极的一面看，考试权归学校，可以让高校招生具有一定的灵活性和多样性。高校可以根据自己的具体情况和自身特点，招收符合自己学校条件的学生。自主招生还可以让学校不拘一格录取一部分特长生。而对于那些办学水平不高的学校来说，自主招生可以降格以求，避免招不到学生。但高校自主招生的消极作用也是明显的。各个学校根据自己的需要进行招生考试，任意提高或降低招生标准，使中学和高校之间无法有序衔接。

民国初年的高校自主招生是多种因素综合作用的结果：第一，当时的新式教育虽得到较大发展，但发展不平衡，给统一考试造成困难。尽管在1922年的新学制中，制定了全国统一的学制标准以及统一课程设置等，但在具体实施过程中，许多学校都难以达到新学制所要求的水平。第二，当时中国的教育体制受西方影响很大，高校自主招生同直接学习西方的学制和考试制度有很大关系。第三，北洋政府时期中央政府的权威有限，没有足够的力量进行全国范围内的选拔和水平考试。这是北洋政府时期高校实施自主招生的根本原因①。考虑到民国初期的各种现实情况，高校自主招生应该说是符合当时中国国情的。

（二）南京国民政府前期

1927年4月，南京国民政府成立，1928年12月，经过两次北伐后，国民党实现了形式上的统一。国民政府建立之初，基本延续了北洋政府时期的高等学校招生体制，但不久就对其进行了一系列的调整。国民政府曾尝试法国大学区的试验，期望能维持学术自主，然而大学区的试验最终失败，教育权重新回到国民政府的手中。由于外在的政治、社会、经济等局势均有变化，国内政局较前期稳定，中央对地方的控制得以强化，政府税收增加，财政渐上轨道，对教育的投资增加，因此政府对教育的控制亦相对加强。此时期，国民政府在政治上实行训政，在教育上则以党化教育作为宗旨，并采行中央集权管理的方式，逐步统一教育权，以实现教育控制之目的。这给教育和高校招生考试制度带来了一些新的变化，增强了国家对高等学校招生的宏

① 杨学为总主编，王奇生主编：《中国考试通史》（卷四民国），首都师范大学出版社，2004年，第274页。

观控制，使高等教育适应其集权统治和社会发展的需要。

南京国民政府成立后，各高校仍然采用自主招生方式，每所高校设置专门的招生考试机构。尽管这一时期国民政府已有意收回高等教育权，也开始透过部分规范介入高等教育，但自民国初年以来高校的独立自主形象已深入人心。因此，为避免引发高校反弹，教育部并未对高校招生方式积极介入，而是授权各校自主招生。依据 1929 年 8 月 14 日教育部公布的《大学规程》第十四条规定："入学试验，由校务会议组织招生委员会，于每学年开始以前举行之。各大学因事实上之便利，得组织联合招生委员会。"[①] 招生委员会根据学校的需要命题、阅卷和录取，而考生则自主选择报考学校，参加由各高校组织的考试。同时也规定了大学和独立学院的招收对象资格，"须曾在公立或已立案之私立高级中学或同等学校毕业，经入学试验合格者"；专科学校招收曾在公立或已立案之私立高级中学或同等学校毕业，或具有高中毕业同等学力，经入学试验及格者[②]，录取同等学力的比例不得超过录取总数的 1/5。

南京国民政府成立之初的几年间，高等学校在招生程序、试题拟定和录取等方面和北洋政府时期没有多大区别，都是以院校为单位进行自主招生。自主招生使各个高校具有较大的自主活动空间，有利于发展各个高校的办学特色和保持独立的办学方针。但从国家教育行政管理的角度而言，高校自主招生使国家失去了利用高校招生考试这一杠杆，调节高等学校的办学方针和统一规划高校发展布局，更好地贯彻国家教育宗旨的功能。同时，各个高校自主招生，没有统一的标准，录取学生宽严不一，往往对本地学生网开一面，这就不能保证所有考生在平等的基础上参与竞争，同招生考试的公平、公正原则相背离。例如，有的高校对本校的附属中学学生，常常不经过考试就直接录取到大学本部深造。更重要的是，各高校往往站在自己利益的基础上，没有也不可能考虑国家人才培养的整体目标，从而难免导致高校结构出现畸形发展的趋势[③]。这主要表现为文理科比例

---

① 《大学规程》，《教育法令汇编》（第 1 辑），商务印书馆，1946 年，第 124～127 页。

② 《修正专科学校规程》，《教育法令》，中华书局，1947 年，第 173 页。

③ 杨学为总主编，王奇生主编：《中国考试通史》（卷四民国），首都师范大学出版社，2004 年，第 318 页。

失调、高校地理布局极不平衡，同北洋政府时期的高校自主招生所产生的负面影响类似，只是它的严重性更加突出。

由于科举传统的影响，当时青年学生“学而优则仕”的观念仍然根深蒂固。相当多的大学生认为，做官的名和利要远远高于工厂管理、医学和工程建筑等技术性职业。在这种观念主导下，学习文法科的学生多，学习理工科的学生少（见表 2-2）。文理科学生比例的严重失调，造成文法科人才过剩、农工商实用人才奇缺的矛盾①。

表 2-2　1928 年—1932 年全国专科以上学校招生概况统计表②　　单位：人

年 度	实科类学生数	文科类学生数	未分院系学生数	共 计
1928	6 749	18 286	163	25 198
1929	7 797	21 254		29 121
1930	7 375	28 191		37 566
1931	11 227	32 940		44 167
1932	12 007	30 070	633	42 710

注：实科类包括理、工、农、医；文科类包括文、法、商、教育、艺术。

此外，高校用同一标准招收不同地区的学生，经济文化落后省区的升学率远低于发达地区，加剧了各地入学机会的不公平。尽管教育部提出试行区域配额制等调节建议，但由于高校自主招生，仍难收实效。因此，高校实行自主招生对高等教育学科结构、区域发展产生了直接的负面影响。尽管民国前期教育部已开始加强实科建设，控制文科的发展，但两者比例仍严重失衡。

1931 年，全国高校在校学生中就读文、法、教、商等科学生约占总数的 3/4。这种情形引起了当时国民政府教育部乃至国民党中央有关方面的注意。国民政府深感问题的严重性，1931 年 5 月，南京国民政府邀请国际联盟行政院组织的一个专家考察团来华考察教育。考察团由德、英、法、波兰的 4 位教育家组成。他们先后考察了上海、南京、天津、北平、杭州、苏

① 毛礼锐、沈灌群主编：《中国教育通史》（第 5 卷），山东教育出版社，1988 年，第 294 页。

② 《专科以上学校历年招生概况》，国民政府教育部：《第二次中国教育年鉴》（第五编“高等教育”），商务印书馆，1948 年，第 42～76 页。杨学为总主编，王奇生主编：《中国考试通史》（卷四民国），首都师范大学出版社，2004 年，第 321 页。

州、无锡、镇江、广州和河北定县的教育情况，最后形成了一份考察报告《中国教育之改进》。国际联盟的教育专家建议，南京国民政府应该在全国建立统一的高校招生考试制度，考试范围包括多门基础性的科目。针对中国高校基础理论性专业的学生比例偏低，以及高校地理分布不均等问题，专家建议中国政府应采取强有力的措施加以合理地调整，以避免差距的进一步扩大。

根据国联专家的建议和中国教育的实际情况，1932 年 5 月，陈果夫提出《改革教育方案》，认为当前高等教育“重文轻实”的病态应立即纠正，并提出改革方案 9 条。其中最引人注目的是第 2、3 条：“全国各大学及专门学院自本年度起，一律停止招收文、法、艺术等科学生，暂定为 10 年为限”，“在各大学中如设有农、工、医等科，即将其文、法等科之经费移作扩充农、工、医科之用；其无农、工、医科者，则斟酌地方需要，分别改为农、工、医等科，就原有经费，尽量划拨应用”①。但是，陈果夫的意见没有被教育界普遍接受。由于教育界一些人的反对，国民党中央政治会议在议决陈果夫的提案时，做了如下修改：文法科办理不善者停止招生；艺术学院加强实用艺术课程，以促进工商业发展；除边远省份为养成法官和教师外，内地各省一律不再新设文科。从 1932 年起，根据上述精神，教育部每年制定高校招生计划，以限制文法等科招生数的办法，逐步使大学文科、实科学生比例持平②。这也是政府渗入高校招生事务，通过制定招生计划，达到控制高校招生目的的一个典型例子。

随着新式教育的逐步推广，升学与考试问题逐渐凸显，引起时人的关注与批评。当时人们对高校自主招生的批评，除了高校招生考试的内容与中学教育脱节外，还有高校自主招生方式出现了种种不公平的现象。例如，插班生、保送生、特设捐款学额等，自主招生易受人为操弄。另外，这一时期的高校招生也过于浮滥。

由于高校自主招生带来诸多隐患，从 1932 年起，南京国民政府教育部

---

① 《中委陈果夫氏之改革教育方案》，《中华教育界》，第 12 卷第 2 期，第 88 页。杨学为总主编，王奇生主编：《中国考试通史》（卷四民国），首都师范大学出版社，2004 年，第 320 页。

② 杨学为总主编，王奇生主编：《中国考试通史》（卷四民国），首都师范大学出版社，2004 年，第 320 页。

开始采取措施逐渐加强对各高校自主招生事宜的管理。可以说，民国教育部对高校自主招生进行统一规划和管理的动议，其目的一方面固然是想通过操纵高校招生的来源来达到进一步控制全国高校的目的；另一方面也是因为“九一八”事变后外辱日甚而感到有必要培养更多的实用科学人才来加强国家建设及应付日后持久抗战的非常局面，于是便更多地插手高校招生并对此在全国范围内进行统筹安排。

（三）对民国前期高校自主招生的总结与思考

民国建立的前20年（1912年—1932年），高校实行的是自主招生模式：高等学校自主决定招生人数，自主命题、考试、阅卷，自主决定录取标准，自主录取新生。这首先是由于当时各类大学和高等专门学校的招生标准难以统一；其次是由于当时基础教育薄弱，高校只有结合自身情况自主招生，才能招收到足够的生源；再次是由于当时混乱的社会形势；此外还有很重要的一点是，新文化运动和教育独立运动给大学自治提供了必要的思想基础，而大学的自治理念和制度，为自主招生提供了条件和保障。

1. 自主招生的特点分析

综观这一时期的高校招生，有这样几个特点：

(1) 设立自主招生机构。为了录取到符合各校学业程度较高、专业基础扎实、具有特长的新生，公立、私立高等学校都设立了专门的招生委员会，授予自主招生的职能与权限。尽管之后由于局势的变化，采取过联合招生、划区招生等招生方式，但无论哪种招生方式，各校都建立了相应的招生机构，以负责履行招收新生和转学生的职能①。众多高校的招生委员会中，以私立金陵大学的招生委员会最有代表性。根据《金陵大学总章程》规定，校长有权任命招生委员会成员。其职责是负责各科和学校招收新生工作。招生委员会在以下方面享有决定权：举行入学考试的日期、地点和方法；新生报到入学日期；交纳入学考试费用的日期；申请入学的标准；学生在其他院校如获得学分的话，其最高学分的数目；各本科和中学录取新生的基础标准②。

(2) 自行决定招生方式。公私立高等学校在招收新生时，根据本校工作

---

① 杨学为总主编，王奇生主编：《中国考试通史》（卷四民国），首都师范大学出版社，2004年，第310页。

② 《金陵大学总章程》，《金陵大学史料集》，南京大学出版社，1989年，第111页。

的进展决定招生考试时间，根据生源情况选定招生区域，表现出极大的灵活性。一般说来，考试时间多由各校根据招生工作准备情况和历史传统决定；在考场设置方面，各高校多根据报考生源情况确定。高等学校一般在校本部设考场，外地视生源多少而定，或者一省设一个考场，或者相邻数省共一个考场。遇到特殊原因时，如广告宣传不到位，考生程度不理想等，招生名额未能完成，各个高校一般不会降低标准完成招生名额，而是迅速组织第二次招考。如私立厦门大学创办的第一年（1921 年），分别于 2 月、3 月、8 月和 9 月举办了四次招生考试。另外，《国立北京大学入学考试简章》规定，每年招考文、理、法三院各系一年级学生，每年在北京及外埠同时招考一次。报名日期临时登报公布。私立北平协和医学院每年夏季在北京招考一次，如有多数学生在外埠投考，也可指定地点，但要“派员前往监试”①。具体的招考次数，由学校根据录取的实际情况而定。另外，大学招生委员会有权决定招生省区。私立南开大学招生面向全国，学生来自各个省区，使创办不久的南开大学很快跃升为全国的知名大学。自主择定招生区域范围，使国立浙江大学得到了快速发展。浙大的生源原来以太湖地区即苏、浙、闽为主，由于杭州沦陷，浙大在流亡过程中自主招收全国各地流亡学生，使浙大成为全国性的大学，在流亡过程中奇迹般得到了发展②。

（3）自行确定考试内容。民国前期，各公私立高等学校的专业发展方向不同，学科特色迥然有异，人才培养规格不同，为确保能录取符合各自要求的新生，多数学校从本校的专业要求出发，设置相关考试科目与内容。各科目测试的难易程度和侧重点都是自行确定，没有统一标准。如前所述，高等专门学校的招生除国文、外文、数学为必考科目，法政专门学校增设历史、地理；工业专门学校增设理化与图画；医学专门学校加试理化、博物③。

（4）自行决定录取标准。高校在招生考试后，一般由学校考试委员会组织阅卷，由招考委员会根据考生的成绩进行择优录取。招生标准同样由高校根据招生需求自行决定。在自主招生过程中，部分高校不拘泥于成绩，而是

---

① 《私立北平协和医学院简章》，吴惠龄：《北京高等教育史料》（第一集近现代部分），北京师范学院出版社，1992 年，第 239 页。

② 熊贤君：《20 世纪上半叶中国高等学校自主招生的回顾》，《教育研究与实验》2001 年第 4 期，第 39～42 页。

③ 刘海峰，等：《中国考试发展史》，华中师范大学出版社，2002 年，第 226 页。

不拘一格选人才。当时，有的名校根据需要，曾破格录取了一些在文史、英文学科方面特优的考生。如前所述的钱钟书、吴晗等被大学破格录取，都成为民国高校自主招生史上的佳话。

2. 自主招生实施的成效

从高校自主招生的实施来看，它在一定时期内取得了较好的成效。由于各公私立高等学校享有自主招生权，各校可以从自身实际出发，确定各校人才培养的规格，制订招生考试人才测试的尺度，从而突出重点，发展自己的特色学科，增强自身的竞争力。自主招生的实施，也有利于高校招生考试制度的改革，形成灵活的招生机制。1920 年 2 月，北京大学首次招收 9 名女子旁听生，冲破了中国高等学校男女不能同校的禁律。受其影响，全国各地高等学校纷纷仿效，从此，“男女同校、男女教育平等”蔚然成风。

高校自主招生虽然具有很多优势，然而在实施过程中，由于高校自身的原因及外部环境因素的影响，也出现了很多缺陷：

第一，各校招生标准宽严不一。由于学校间的录取标准差别很大，竞争程度也有相当差异。北京大学 1922 年录取 163 人，而报名者2 488人，录取率只有 6.5%；上海交通大学在 1925 年的招生录取率只有 7.8%。而同年南方大学录取率高达 64%，华北大学录取率为 62%①。当时很多二流、三流的高校，为了吸引生源，尽量降低录取标准，特别是对同等学力入学把握不严。而少数名校为了保证生源质量，录取标准又难免设置过高。

第二，从学生来源看，民国前期的高校招生存在严重的地域不均衡现象。高校自主招生，导致经济文化落后地区的升学率远低于发达地区，加剧了不同地区入学机会的不平等。以 1922 年北京大学的招生情况来看，它向福建、云南、甘肃、黑龙江、热河、绥远、察哈尔等边远省份招生，结果没有一人够录取标准，直隶、浙江、江苏、河南、四川、湖南 6 省均在 10 人以上②。这种状况也间接影响了地区之间长远发展的协调性。为了解决录取边疆省区及落后地区的考生问题，北洋政府教育部第 10 届教育联合会曾提出国立专门以上学校招生宜酌定各省区名额建议案，建议各校在招生时，将一定的名额分配给边远省份。但是，由于各校自主招生，这一问题一直没有很好解决。

---

① 谢青、汤德用：《中国考试制度史》，黄山书社，1995 年，第 525～530 页。

② 《北京大学民国本年度招生统计》，《教育杂志》第 15 卷第 12 号，1922 年。

第三，自主招生对高等教育的学科结构产生了负面影响，导致文理科比例失调。因为考虑到文科所需的科研经费较少，且毕业生进入仕途较易，很多学校文科的招生规模居高不下。文科特别是法政学科招生人数多，而工程、理化等实科学生很少。民国元年全国专科学校共计 39 633 人，而法政科学生为 30 808 人，占 77.7%；1914 年全国专科学校学生共计 31 346 人，而法政科学生为 23 007 人，占 73.3%①。高等学校的这种设置，自然影响到中等教育的发展，进而给整个国家的教育和人才培养乃至经济建设带来影响。这种局面仍要归因于招生考试权在学校，教育行政干预力量单薄。

第四，自主招生的公正性有待考量。民国前期，高校自主招生所带来的高额学费和考试成本（如当时考试地点一般都设在大学所在地的少数几个大城市，交通、食宿以及报名费等都是一笔不小的开支，足以将贫寒子弟拒之考场门外），使很多青年学子与大学无缘。从自主招生的实施过程来看，还在一定程度上存在着徇私舞弊的不正之风，公立与私立学校的不平等竞争等问题②。

总的来说，1912 年中华民国建立以来，除清华大学在 1924 年以前由各省经过初试保送学生入学以外，其他各大学和高等专门学校在招考形式上沿袭旧制，招生考试的管理和实施权大都集中于学校。各级各类高等学校都自设招考处或招生委员会等招生组织机构，命题、考试、阅卷、录取等均由学校自行办理；教育部没有制定一个全国通用的学生入学考试规程，仅制定有关招生原则进行协调和监督。随着高校自主招生在实施过程中暴露出来的一些问题，政府不断介入高校自主招生事宜，以规范高校自主招生的运作模式。因此，由于高校自主招生本身无法克服的弊端和国家政治、经济的需要，1933 年，中华民国的公立大学开始实行计划与统一招生考试模式。

二、民国中后期高校计划与统一招生考试的尝试（1933 年—1940 年）

自 1905 年废止科举制度以来，科举在时人眼中无疑是腐朽的传统，有

① 杨学为总主编，王奇生主编：《中国考试通史》（卷四民国），首都师范大学出版社，2004 年，第 286 页。

② 熊贤君：《20 世纪上半叶中国高等学校自主招生的回顾》，《教育研究与实验》2001 年第 4 期，第 39～42 页。

百害而无一益。在新式教育发展过程中，大型统一考试往往被视为科举遗毒而力加反对，与民国初年大学所标榜的自由学风及自主精神有所冲突，使人不敢轻易恢复统考。随着教育和社会的发展，高校自主招生的消极影响日益显露。因此，从20世纪30年代初开始，为了纠正高等教育的畸形发展，试行了以高校计划与统一招生为取向的新一轮招生考试改革。

（一）高校计划招生：自主招生功能的扩大

1931年“九一八”事变之后，中国华北局势骤变，事态迅速恶化，客观条件使得高校自主招生难以为继。另外，高校自主招生的弊端也越来越明显，包括招生考试内容与中学教育严重脱节、招生标准把握不严等。最为突出的问题是，文科毕业生大量失业，而实科人才极度缺乏。为了克服高校自主招生衍生的诸多弊端，加强培养现实所急需的实科专业人才，南京国民政府在整顿各级教育行政组织、增强中央教育财政力量初显成效之后，开始强化政府对高校招生的宏观控制。

国民党从宣布实施训政开始，就把招生考试当作国家控制教育发展的重要手段，通过控制高校招生考试来规范和引导高等教育的发展方向。一方面加强国家对高等教育的宏观调控，改变北洋政府时期国家对教育的放任主义政策，同时通过整顿考试来整顿学风；另一方面也希望通过强化考试的政治导向，来灌输其“一党专政”理论，为推行“以党治国”服务。例如，1932年北京大学规定，报考文、理、法三院的考生，都必须考党义，且必须及格才能录取①。当时的私立大学也概莫能外，私立厦门大学的招生简章中就明确标出试验必考科目为党义、国文、外国语②。

1933年5月，中华民国教育部颁布各大学及独立学院招生办法，以学院为单位，实行“按比例招生法”。规定凡设有文、实两类院系的大学或学院，文科类院系所招新生数，连同转学生在内，不得超过实科类院系新生数；专办文科类的独立学院，招生不得超过该学院1931年的新生数。次年，又以学系为单位，限制文科类学院各系招生不得超过50人。1935年，教育部参照国家需要及前两年招生实际情形，改以“实际名额控制法”取代“按比例招生法”。规定大学文科类学院每一学系，所招新生及转学生之平均数

① 《国立北京大学入学考试规章》（1932年4月修订）。

② 《厦门大学招生简章》（民国十九年七月），《厦门大学一览》（民国十九年至二十一年）。

不得超过 30 人。

1935 年，教育部还对前两年高校招生考试试题难易情况做了规定，对公私立专科以上学校发布训令：专科以上学校招考新生，所有考试科目及各科程度，自民国二十二年（1933 年）起，仍照现行高中课程暂行标准办理。“……查各校上次所送招生试题，或较宽易，未能达到规定标准，自系不合，而若干学校试题，后有超越标准者，尤以算学等科为甚，或于外国文以外之科目全用外国文命题，并限用外国文作答，亦均属失当，兹特重行通饬，本年各校招生考试科目，务按上项暂行标准命题，以符程度，并将各科试题全份于考毕后送部备查。除分令外，合行发给高中课程暂行标准教材大纲一份，仰各遵照。”①

这是教育部对高校招生考试标准的控制，因此，被许多学者称为“计划招生阶段”。但是，由于这一时期处于新旧体制的转型期，时局混乱，政府的控制相对较弱，各高校在录取新生数量、专业设置等方面拥有相当大的自主权。虽然各高等学校（含各国立、省立、私立之大学、独立学院及专科学校）接受教育部的建议，实行计划招生，但各高校采取的依然是自主招生的方式，命题、考试、阅卷、录取仍由高校依据本校情况自行决定。这种通过制定招生计划、控制各高校学科结构与发展规模的措施，是从自主招生走向统一招生的过渡。

1937 年，中华民国教育部令国立中央大学、武汉大学、浙江大学、北京大学、清华大学等校试办联合招生。后由于“七七事变”，北京事态迅速恶化，遂决定由中央大学、浙江大学、武汉大学三校先行实施联合招生②。笔者认为，这次实施的联合招生是建立在学校个体之上，其实质是学校自主招生功能的扩大。

（二）统一招生考试与自主招生并存

在前期教育部试行委托招生考试、划区招生考试和统一招生考试的基础上，1938 年 6 月，教育部设立统一招考委员会，颁布《国立各院校统一招考办法大纲》，规定国立各大学独立学院（除上海国立院校外）一年级新生均由教育部统一招考录取后再分发至各院校。各校的招生计划权、命题权、

① 《厦大周刊》，民国二十四年（1935 年），第 22 期，第 1 页。

② 国民政府教育部：《第二次中国教育年鉴》（第五编高等教育），商务印书馆，1948 年，第 12 页。

考试权和录取权均由学校收归教育部。该大纲还就统一招生的行政管理、考试科目、考生资格、录取标准、保送比例、命题阅卷等各方面做了相当详尽完备的说明。统一招考从此登上了近代高校招生的历史舞台。1939 年、1940 年的招生政策都是在此基础上修订而成的。

此时的统一招考并未完全替代高校自主招生方式，参加首次（1938 年）统一招生考试的主要为国立高校，共计 22 所，只占当时专科以上院校（共 97 所）的 22.7%①。其他大部分省立和私立高校以及沦陷区的上海国立院校仍自行招考新生。并且，统一招考在实践中也存在命题覆盖面窄、题型单一、录取标准宽严不一、统一分发困难等不足。在此后试行统一招考的两年里，自主招生的高校比例还是多于统一招考②，通过自主招生方式进入高校的学生数量仍占多数。

高校统一招考施行只有三年，但在这三年的时间里，统一招考经历了一个从不成熟到比较成熟的过程，在统一过程中不乏多样性与灵活性，可以说是中国近代高校招生制度改革的一次重要尝试。值得一提的是，三届统一招考均未超出公立专科以上学校的范围，私立大学及独立学院和部分公立专科以上学校仍实行自主招生，教育部只做了部分原则性规定。

民国中后期，高等学校所施行的计划招生和统一招考都是在艰难的社会环境下产生的，不可避免地带有战时色彩。在高校计划招生阶段，教育部对其招生计划等做了一定的限制，但在具体的招生过程中，仍是一种自主招生模式，只不过是自主招生功能的扩大，高校仍拥有相当大的招生自主权。在高校统一招考阶段，教育部开始加强对公立院校的统一招生工作，但对其他大部分公立院校和私立院校及独立学院没有明确的规定，仍让其施行自主招生，只是对其招考做了部分原则性的规定。因此，民国中后期的计划与统一招生与新中国成立后所施行的统一招考有着不同的特点。因其所覆盖院校的范围不同、对高校所做出的规定有别，这一阶段的高校招生仍带有相当大的自主性。

① 大塚丰：《现代中国高等教育的形成》，黄福涛译，北京师范大学出版社，1998 年，第 266 页。

② 1939 年，中国专科以上院校共 101 所，自主招生院校有 47 所；1940 年，专科以上院校共有 113 所，自主招生院校有 73 所。熊明安：《中华民国教育史》，重庆出版社，1997 年，第 372～373 页。管美蓉：《从自主到统一——抗战前期大学入学考试的发展（1938—1940）》，《国史馆学术集刊》（台北）2008 年第 16 期。

三、民国末期高校招生形式的多样化（1941 年—1949 年）

1941 年抗日战争进入相持阶段，因战事严峻、各地交通不便及政府财力和人力不足，该年公立各院校统一招考决定暂停举行一年，归由各公立大学及独立学院自主招生。教育部对此颁发了《公立各大学及独立学院招生办法》，规定各公立大学及独立学院可自行招考，但是招生名额和专业设置仍须呈交国民政府教育部核准，由其在总体方面宏观调控。

从 1941 年到 1945 年抗战胜利，教育部曾几度想恢复统一招考，终因交通困难等原因无法实现。在艰难的条件下，教育部为顾全学校及考生便利起见，决定 1942 年由部分考区指定区内各院校实行划区招生、联合招生和自主招生并举的办法，将全国划分为重庆区、昆明区、贵阳区、浙赣区等十个区，分别委托各区影响较大的院校招生委员会为召集单位。举行联合招生的各区，组织联合招生委员会，以召集学校校长为召集人。联合招生委员会负责招生考试的命题、考试安排和阅卷事项，学校按照成绩自行录取新生。之后，各高等院校招考方式基本上每年因时局关系有所改动。虽然以后各年在分区数量上有所增减，但是分区联合招生考试的形式一直沿用下来。这一招生方式同样是建立在学校个体基础上的，仍然属于自主招生的性质，只不过属于自主招生的另一种模式。

抗日战争胜利后，国民党忙于内战，统一招考仍无法实行。教育部在保留招生名额控制权及对入学考试科目、命题标准做必要限制的前提下，重新给予各高等院校招考的自主权。这个阶段，高校招生采取多样的招生方式，主要有单独招生、联合招考、委托招生①、成绩审查②及保送免试 5 种，由各高校酌量采用。以国立厦门大学③为例，1946 年，厦门大学奉令与暨南大学、中正医学院和福建省立农学院举办福建区公立各院校联合招生。厦门大学为召集学校，设长汀、永安、建阳、南平、福州、晋江、龙溪、上饶、

---

① 所谓委托招生，乃指不在本区之各院校，征求他区之同意，委托他区代为招生。受委托之区，可于本区考试后举行试验，不必与本区同时考试。委托校区之间关于考试的具体事宜，由校区之间自行商定。

② 所谓成绩审查，据当时教育部的规定，举行联合招生之各院校，除考试外，并可在未设招生分处的地区采取成绩审查办法，但以优良高中的优秀毕业生为限。成绩经甄审合格者，通知其来校参加复试。复试成绩合格者予以录取。

③ 厦门大学于民国二十六年（1937 年）由私立改为国立。

屯溪、壶镇、宁都、梅县十二考区①。

总之，从1941年抗日战争进入相持阶段直至国民党政权在大陆崩溃前夕，因受战争环境影响，统一招考一直无法恢复，但国民政府教育部仍竭力维持不同程度的"统一招考"，并像变戏法似的推出各种各样的招考形式，所以这一时期的考试科目、招生计划以及其他有关招生事宜多种多样。就其招考性质而言，其实都属于自主招生的范畴。而各私立大学和独立学院长期以来一直实行自主招生模式，教育部只是依照有关法令对其招生名额与程度做一定限制。这种自主招生的形式一直沿用到新中国成立初期。

综观民国高校招生制度的演变，我们可以清楚地看到，高校招生制度的演变是高等教育对内部变化和外部环境的主动调节和被动适应的直接反映②。从二十余年各自为政的自主招生转变为统一招考，政策的骤变能够得以贯彻，从另一方面也说明了在国家危亡之际，效率优先的价值取向自然地取得了各利益集团的认同——高校招生必须向效率倾斜，以应战局对人才之需③。之后，统一招考之所以被停止，战争起了决定性的作用。

民国时期高校招生制度的探索，是中国近代高校招生的重要变革阶段。它的招生考试形式是多元的，既留下了高校自主招生的经验，也昭示了统一招考的必然性④。可以说，中国现阶段高校自主招生的种种改革措施，都曾以"胚芽"状态存在于民国时期。因此，我们借鉴民国时期高校自主招生的经验，既要客观辩证地看待它的积极作用和历史适应性，也要考虑它的历史局限性，从而扬长避短，为现实的高校自主招生改革提供经验与参考。

第三节　新中国成立后高校自主招生的实践与争论

中华人民共和国成立伊始，为保证教育的衔接与过渡，在对国民政府遗

---

① 《厦大校刊》，1946年1月1日，创刊号，第11页。

② 高耀明：《民国时期高校招生制度述略》，《高等师范教育研究》1997年第4期，第69～74页。

③ 孙华：《百年来高校招生政策中的效率分析》，《黑龙江高教研究》2007年第5期，第62～64页。

④ 张亚群：《从单独招考到统一招考——民国时期高校招生考试变革的启示》，《中国教师》2005年第6期，第24～26页。

留的旧学校充分改造和对外国在华教会学校全面接管的同时，经过对解放区原有大学所做的正规化建设，中央人民政府提出“维持现状，立即开学”的原则①，各高等学校招生方式仍沿旧制——自主招生。在此后的两年间，政府又尝试过区域的联合和统一招考，直至1952年建立全国普通高校统一招生考试制度。在实施统一招考的前几年，社会上掀起了一股“统一招生”与“单独招生”的争论，结果还是统一招生占了上风。20世纪80年代初，教育部又开始尝试给高校一点招生自主权，允许个别高校进行单独招考试点。但各高校基于省时省力的考虑，没有哪所大学愿意尝试。在接下来的几年间，招生的自主权不断下放，最终有了当前的高校自主招生改革试点工作的开展。

一、新中国成立之初高校自主招生的延续

新中国成立之初，百废待兴。当时，高等学校性质复杂多样，既有在解放区干部学校基础上创办的革命大学，又有借鉴苏联经验举办的大学，还有南京国民政府遗留下来的部分公立、私立大学。为了对旧的教育制度进行根本改造，完成向社会主义高校的过渡，中央政府根据《中国人民政治协商会议共同纲领》的有关规定，接管了中国境内大陆地区的所有高校。

此时，高校招生考试制度改革也处于过渡阶段。针对当时新中国的实际情况，为保持高等教育的连续性和稳定性，按中共中央指示，对公立大学采取了“维持现状、立即开学、逐步改革”的方针。在这种情况下，除北京大学、清华大学、南开大学、北平师范大学及北洋大学等少数几所高校在1949年实行非实质性的联合招生（即为减轻在外地招生的工作量以及为外地考生提供方便，委托外地高校代为招考，但命题、阅卷、录取均由本校负责，与个别大学的自主招生并无太大差异）外，全国200多所高校由于深受内战和解放初混乱局势的影响，没有采取与华北和上海同样的联合招生或统一招生形式，还是沿用以前的办法进行自主招生，招生计划、招生条件和录取办法都由各高校自行决定，各校享受了最大限度的招生自主权。华北和上海的部分学校实行的联合招生，其实也只是在考试时间和地点上对各区考生进行了统一的规定，命题、阅卷、录取还都由各校自行负责。因此，日本学者大塚丰认为，这种联合招考也是单独招考方式，目的只在于减轻高校的外地工作

① 蒋超主编：《中国高考史》（创立卷），中国言实出版社，2008年，第285页。

量，也为外地考生提供方便①。

为了解决新生报到率低的问题，方便考生参加考试，更为了克服新中国成立之初教育工作的混乱状态，使招生逐步纳入国家计划管理的轨道，1950年，政务院通过《关于高等学校领导关系问题的决定》，确立了政府管理部门在高等学校宏观管理和微观管理中的领导地位，并对高等学校的直接管理工作做了明确的分工，高校的招生权力开始逐渐转归政府部门。同年5月26日，中央人民政府教育部发布了新中国第一个高等学校招生文件《关于高等学校一九五零年度暑期招考新生的规定》，指出："本年度高等学校招生，可由各大行政区分别在适当地点定期实行全部或部分高等学校联合招生或委托招生，如统一招生有困难，各大行政区可在符合本规定之基本精神范围内，允许部分高校自行招生或单独招生，各校招生名额由各大行政区负责审核。"这项规定的主要意向是促进高等学校招生的统一性和规范化，但由于自主招生操作上的惯性以及政治上的不稳定性，该年度高等学校的招考方式仍是五花八门，既有校际的联合招生，又有各大行政区的统一招生，还有学校的自主招生，体现了过渡时期招生形式的复杂多样性和政策的不稳定性。

这一年，在全国201所公立、私立高等学校中，仅有东北、华北、华东三大区73所院校（占总校数的36.3%）实行联合招生②。总的来说，1950年的高校招生考试基本达到了预期的目标，取得了较好的效果，其联合性或统一性较之以前有所加强。前一年各校招生不足额的情况得到了很大改善，大部分学校一次招生即招满足额。当然，多数高校还是按照本校的具体情况采取单独招生③的方式，但采取的形式各不相同。

自1950年东北、华北、华东三大区实行联合招生以来，关于全国是采用统一招生考试还是学校单独招生的问题，一直都有两种意见：一种意见认为，统一招生考试不过是解决考生少、招生多这一临时困难的过渡办法，苏联的高等学校单独招生才是招生工作的正常轨道；另一种意见认为，在当前

---

① 大塚丰：《现代中国高等教育的形成》，黄福涛译，北京师范大学出版社，1998年，第253页。

② 《大公报》（上海版），1951年7月18日。参见大塚丰：《现代中国高等教育的形成》，黄福涛译，北京师范大学出版社，1998年，第262页。

③ 此处的"单独招生"和下文的"单独招考"意同"自主招生"，本章开篇即已点明。

考生少、招生多的情况下，唯有全国统一招生考试才能完成任务，比高等学校单独招生节省人力、经费、时间。不过，持第一种意见的人很少，绝大多数学校、地方都主张实行全国统一招生考试。因此，自 1950 年以来，就迅速地从学校单独招生到大区联合招生、统一招生，转变为全国统一招生考试①。

1951 年，在 1950 年三大区联合招生的基础上，教育部发布了《关于高等学校一九五一年度暑期招考新生的规定》，要求高校招生继续沿用前一年的办法，各高校尽可能实行联合招生或大区内统一招生，并要求统一招生在单独招生之前举行。《规定》对统一招生的范围和程度做了新的补充，即“为进一步改正各校自行招生所产生的混乱状态，减少人力、物力及时间上的浪费，各大行政区教育部（文教部）可根据各地区的具体情况，分别在适当地点，争取实行全部或局部高等学校统一或联合招生，要求统一或联合招生在单独招生之前举行，考试科目统一为一类，录取形式是各校根据考试成绩，单独直接录取；如有困难，仍允许各校单独招生；在其他地区招生时，应尽量采取委托的办法进行”。

在这一政策的引导和推动下，1951 年统一招生的规模迅速扩大，全国 214 所公立、私立高校中参加统一招生的学校达 149 所，大部分完成了录取计划②。虽然这一年的招考规定仍允许各校实行自主招生，但是由于当时招生中出现了一些混乱现象，比如各校新生报到率高低不一，最高的只达录取数的 75%，少数学校仅有 20%③，这样就造成了人力、物力的极大浪费。

总结这两年的高校招生情况可以发现，新中国成立初政局不稳、社会经济形势薄弱，高校实行的自主招生是一种过渡性质的招生方式。自主招生在当时为迅速恢复高等教育的各项工作起了很大的作用，也使各校得以通过考试命题、形式和录取等体现各自的办学特色。然而，由于各大学条件和报考人数的差异，各校之间招生结果出现了极大的不平衡现象。因此，选择统一

① 杨学为：《中国高考史述论（1949—1999）》，湖北人民出版社，2007 年，第 25 页。

② 大塚丰：《现代中国高等教育的形成》，黄福涛译，北京师范大学出版社，1998 年，第 259 页。

③ 中国教育年鉴编辑部：《中国教育年鉴（1949—1981）》，中国大百科全书出版社，1984 年，第 337 页。

招生形式已成为绝大多数高校和考生的一种共识。

二、20世纪50年代对“单独招生”的争论与试验

1952年，中国开始院系调整，将私立大学全部改为公立归国家管理。在总结前几年招生经验的基础上，党中央明确提出由各大行政区范围内的统一招生过渡到全国统一招生的方针。教育部于1952年6月发布了《关于全国高等学校一九五二年暑期招收新生的规定》，明确规定自该年度起，除个别学校经教育部批准外，其余高等学校一律参加全国统一招生考试，采取统一领导与分省、市、自治区办理相结合的招生办法。

1953年的高校招生方式延续了前一年的做法。另外，高等教育部颁布了《关于修订高等学校领导关系的决定》，规定“全国高等学校应执行中央高等教育部颁布的全国高等教育建设计划（包括高等学校的设立、停办院系及专业设置、招生任务、基本建设等）、财务计划和制度、人事制度、教学大纲、教学计划、生产实习规程以及其他重要法规、指示或者命令”。这样，中国高校的管理权限基本上都收归到了中央政府。后来由于权限太集中，就把一些高校划归到地方政府管理。但是，无论管理权限在中央还是在地方，其招生权限都不在高校。虽然其间也有保送和推荐等招生政策的实施，但是保送和推荐对象基本上都是按照政治标准进行的。

由于高校招生考试建制之初国家统得过多过死，较少考虑到不同类型院校、系科和考生的特点，加上长期自主招生的思维定式作用，1953年以后连续几年，尤其是1954年至1958年，高教部高层内部曾发生了两次有关全国统一招考与高校单独招考的激烈争论。当时主持全国统一招生工作的高教部认为，统一招考是解决生源不足的临时措施，一旦条件具备即应终止，恢复学校单独招生。因此，高教部提出“是否单独招生”供各高校讨论，想将招考权放归各高校①。

1954年，为了解决统一招生与各高校专业特点、国家招生计划与考生志愿之间的矛盾，高教部研究了世界上几种高等学校招生制度，提出了中国可以考虑的六个方案：其一，仿效苏联，政府统一制定政策，各校单独招生；其二，先统一招生，但对未实现所报志愿的考生，并不采取统一分配学校（专业）的办法，而由没招满额的学校再单独招生；其三，先由学校单独

---

① 杨学为：《纪念高校招生实行全国统考50周年》，《湖北招生考试》2002年第12期，第1页。

招生，没招满的学校再统一招生；其四，统一考试，两次录取，即第一次录取时落选的考生，再第二次选报未录取满额的学校；其五，分批联合招生；其六，统一考试，学校单独录取①。最终由于没有确定具体的实施方案，因此，高等教育部（简称“高教部”，为当时教育部下的分设机构）、教育部总结了1953年的招生工作，进一步指出全国统一招生考试的必要性，决定当年的高校招生实行“中央统一计划、大区组织执行、学校录取新生”② 的工作体制。

到了1955年，对高校招生考试的改革意见又有了新的变化。1955年3月20日，主管高等学校招生工作的高教部人事二司向部领导呈送了《关于一九五五年高等学校招生工作的几个主要问题的意见》。《意见》提出了“联合招生”与“统一招生”两个方案，征求各高等学校的意见。

第一个方案：“中央统一计划，省（市）领导下的各高等学校联合或委托招生。”即由高教部、教育部制定全国高等学校招生调配方案，规定各校在各地招生的控制数；在规定的范围内，以学校为主，性质相同或相近的可以组织联合招生，或单独招生；全部工作，包括报名、考试、评卷、录取，由学校自行办理。第一次招不满的学校，可以在学校所在省或邻省第二次招生。人事二司认为，这是从统一招生到学校单独招生的过渡形式。

第二个方案：“中央统一计划，省（市）组织领导，高等学校参加，在原大行政区范围内统一录取。”这是1954年的改进方案，由大学组织领导改为省（市）组织领导。方案指出，民族院校、以招收干部为主的中国人民大学、艺术与体育院校实行单独招生，其他学校仍实行统一招生。

这两个方案经过一个多月的部内部外讨论，特别是经过高教部人事二司先后召集北京16所各个类型的高等学校、3个业务部门（教育部、文化部、体委）和出席全国工农速成中学教育会议的46所高等学校的教务长或院校长、代表座谈征求意见，大家基本都认为：单独招生是高等学校招生工作的前途，联合招生是从统一招生到单独招生的一种过渡形式。

但是，在参加座谈的62所学校中，绝大多数学校主张继续采用全国统一招生，不同意联合招生的方案。理由是：考生来源少，联合招生完不成计

---

① 杨学为总主编，杨学为、于信凤主编：《中国考试通史》（卷五当代），首都师范大学出版社，2004年，第45页。

② 《关于全国高等学校一九五四年暑期招考新生的规定》，1954年5月18日。

划；联合招生，考生可报志愿少，限制了考生志愿；联合招生、分散录取，新生水平不齐，质量难以保证；联合招生，学校负担重；考生几次应试，负担也重；不能按时开学。另外，也有不同的声音：清华大学、交通大学、中山大学、北京大学和四川医学院五所高等学校主张联合招生。他们的意见主要是：高等学校招生的前途应是学校单独招生，联合招生是向单独招生的过渡；学校录取可以保证质量；两次招生，取消统一分配，可以照顾考生志愿。但是，他们也担心一次招生完不成招生计划，校内各系难于调剂①。

1955 年 4 月 20 日，高教部就“1955 年高校招生工作”请示国务院，拟采取“中央统一计划，省（市）组织领导，高等学校参加，在原大行政区范围内集中录取分配的全国高等学校统一招生的办法”。至此，讨论似乎已经结束。但 5 月 7 日，高教部又提出了与 4 月 20 日完全相反的《招生工作几个主要问题的意见》。《意见》认为，统一招生虽然保证了招生计划的完成，但是由于统一分配对学校的特殊要求与考生的志愿注意不够，影响了部分学生的学习积极性。为了根本解决统一招生中存在的问题，使学校直接选拔学生，以保证新生质量；取消统一分配，以发挥考生的积极性；逐步使招生工作步入单独招生的“正常轨道”，拟终止全国统一招生，而实行中央统一计划，省（市）领导下的各高等学校单独招生②。《意见》还提出了实施上述方案的具体做法。

1955 年 5 月 10 日，高教部再次召集京津 25 所高校和教育部、文化部、体委的有关同志座谈，就《招生工作几个主要问题的意见》征求意见。结果，除个别学校主张实行单独招生外，绝大多数学校都主张实行统一招生。理由是：如果实行单独招生，师范、俄文及理、工、农、医的个别专业可能完不成招生任务；绝大多数学校一次招不足，提出二、三次招生，将推迟开学日期，打乱正常教学秩序；不能设考区，考生所报志愿也少，于考生不便，限制了考生的志愿；学校政审、体检困难；学校人力不足③。

经过近半年的反复讨论，1955 年 6 月 8 日，高教部、教育部发布了《全国高等学校一九五五年暑期招收新生的规定》，仍基本上实行 1954 年的

① 杨学为：《高考文献》（上），高等教育出版社，2003 年，第 70～81 页。

② 杨学为：《高考文献》（上），高等教育出版社，2003 年，第 91～95 页。

③ 杨学为总主编，杨学为、于信凤主编：《中国考试通史》（卷五当代），首都师范大学出版社，2004 年，第 48 页。

办法，由中央统一计划，省、自治区、直辖市组织领导，高等学校参加，基本上以原大行政区为单位统一录取。

1956 年 2 月 23 日，经国务院审批同意的高教部《一九五五年高等学校招生工作情况及对一九五六年高等学校招生工作意见和请示报告》对 1956 年拟采取的统一招生办法和不宜采取单独招生方式进行了分析思考：关于 1956 年高等学校招生工作仍实行全国统一招生或改变为各校单独招生的问题，曾经反复征求了 1955 年各地区招生工作委员会和大部分高等学校的意见，各个招生工作委员会和绝大部分学校都赞同仍采取统一招生的办法。

赞成的主要理由是：

第一，1956 年高等学校招生任务为 18 万余人，而高中毕业生仅 15 万余人，远远不够招生的需要。各地区的学生来源与各区高等学校招生任务也相差更远。各校分别到外区单独招生，需要很大的人力，不少学校难以完成任务。又由于目前高等学校间的条件相差悬殊，报考学生的志愿大多集中在条件较好的少数学校或专业，如各校单独招生，则很多学校或专业由于报考人数少，又不能集中进行统一调配，一次招不满额，势必二次、三次招生，结果大部分学校不能保证招收学生的数量和质量。同时又会有很多合格的学生因集中报考条件较好的学校，没有录取而又赶不及报考他校，失去了学习的机会。而在条件较差的学校，由于报考人少，部分降低录取新生的条件，否则不能足额。

第二，单独招生，各校必须自行负担随意流动的报考学生的政治审查工作，在中学没有普遍建立起学生人事档案制度以前，这是有很大困难的。

第三，单独招生，各校既难在全国各地广设考区，学生又难免自由流动，势必集中到少数较大城市，不仅旅费负担过重，而且由于学生过于集中，很难解决考生的食宿问题。另一方面，不设考区的中小城市和边远地区，因交通不便、经济困难，考生势将难于应考①。

高等教育部考虑了上述理由，认为 1956 年高等学校招生工作，除过去已实行单独招生的各校外，仍以采取统一招生办法较为合适，只是在具体措施上尽可能加以改进。

1957 年，高校的招生情况发生了很大变化。高校计划招生 12 万，而高中应届毕业生就有 19.9 万（包括工农速成中学毕业生 0.9 万），改变了

① 杨学为：《高考文献》（上），高等教育出版社，2003 年，第 161～162 页。

1952年以来招生多、考生少的状况。因此，高教部认为“由全国统一招生过渡到联合或单独招生的基本条件已经具备”，拟从1957年开始“采取多校以联合招生为主、单独招生为辅的办法”，并于1956年12月6日提出《关于一九五七年高等学校招生办法的初步意见》①。《意见》提出，为了充分发挥高等学校的积极性，充分照顾考生志愿，拟从1957年开始，从全国统一招生过渡到学校单独招生或联合招生。统一招生有很多优点，但也存在着一些难以克服的缺点，主要是不能充分照顾考生志愿，学校也不能根据自己的特点和要求选拔学生。为了克服统一招生所带来的缺点，1957年高等学校招生，在学生来源比较充裕和其他基本条件已经具备了的情况下，可以考虑实行联合或单独招生的办法。联合或单独招生的办法，有很多好处：第一，可以充分发挥高等学校的积极性，学校可以根据本校的特点和要求来挑选学生。第二，学生可以直接报考高等学校的具体专业或系科，报考志愿可以得到更好的照顾。第三，由统一招生在工作中所带来的缺点，采取联合或单独招生办法以后，基本上可以得到克服。当然也有不少人反对实行高校联合或单独招生，认为联合或单独招生是方向，但目前具体条件尚不成熟，不能贸然采用。

经过反复斟酌讨论，1957年3月21日，国务院批准了高教部《关于一九五六年全国高等招生工作情况和对一九五七年招生工作的意见的请示报告》②。根据绝大多数学校的意见，高教部提出，除已实行联合或单独招生的学校外，1957年仍实行全国统一招生考试，但改为省、自治区、直辖市统一录取，有些地方仍以原大行政区或邻近几省统一办理招生工作。4月24日，高教部、教育部发布《全国高等学校一九五七年招考新生的规定》，对统一招生考试采取了一些改进措施。

1958年，举国上下轰轰烈烈地开展“工业革命”，而且还伴随着一场无序的“教育革命”，提出了“多快好省地发展教育事业”及“教育必须为无产阶级政治服务，教育必须与生产劳动相结合”的教育方针，并“争取在15年左右的时间内，基本做到使全国青年和成年人，凡是有条件和自愿的，都可以接受高等教育”等不符合当时经济发展条件的目标，导致全国高校由1957年的220多所猛增到1958年的1 200余所，远远超过了当时国家经济

① 杨学为：《高考文献》（上），高等教育出版社，2003年，第228页。

② 杨学为：《高考文献》（上），高等教育出版社，2003年，第240页。

和高等学校的承受能力，使刚刚走上正轨的招生制度又陷入了困境。

受“反右斗争扩大化”和“大跃进”的影响，为强调政治条件，1958年，全国曾一度实行学校单独招生或联合招生，分省、市进行命题和考试。4月4日，中共中央发出《关于高等学校和中等技术学校下放问题的意见》，提出改变统一招生制度，一般的高等学校和中等技术学校可以就地招生。某些综合大学和带有全国性的高等和中等专业学校可以到外地设考区招生。各个学校招考时间不必划一，并且允许学生投考两个以上学校。在全国体制下放的形势下，教育部提出，为了便于地方党委加强对高等学校招生工作的领导，充分发挥地方和高等学校办学的积极性，拟改变全国统一招生，实行学校单独或联合招生。

6月28日，教育部发出《关于做好今年高等学校招生工作的通知》，除原来实行单独招生和少数准备实行单独招生的学校外，绝大多数学校实行以省、市、自治区为单位的联合招生。但是，即便是各校单独招生，高校招生权也还是集中在政府手里，因为1958年的招生规定还特别指出：“对于工农速成中学毕业生、工人、农民、工农干部和参加革命工作较久的老干部，经审查认为符合条件的，可以采取保送入学的办法。”从中可以看出，单独招生或者不单独招生，其招生权都是在政府手中，全国高校基本上是“以教育为无产阶级政治服务”为特征的。正如刘海峰教授所指出的，“那次高考受挫完全是政治运动的结果，是‘左’倾错误路线第一次严重干扰高考制度，使社会政治身份开始取代文化考核成为大学入学的主要标准，为以后乃至‘文革’中批判、废止高考埋下了伏笔”①。

1958年7月3日，《人民日报》发表社论指出：“以往几年，高等学校是采取全国统一招生的办法这对保证全面完成招生任务和保证新生质量方面，有一定的好处。但是由于统得过多和过分集中，就影响了地方和高等学校充分发挥积极性和主动性。特别是在目前改进领导体制、中央权力下放和社会主义建设大跃进的情况下，全国统一招生的办法已经不能适应新形势下的要求。为了便于加强地方党委对高等学校招生工作的领导，更好地贯彻因地制宜、因校制宜的原则，充分发挥地方和高等学校办学的积极性，决定改变统一招生制度，实行学校单独或者联合招生的办法。”

① 刘海峰、李立峰：《高考改革与政治经济的关系》，《教育发展研究》2002年第6期，第34～38页。

但是在全国招生工作会议上，绝大多数代表认为实行学校单独招生有困难。结果，1958 年，由教育部统一规定报名条件、考试种类与科目、时间、录取原则、政审标准、体检标准等；各省、自治区、直辖市根据教育部颁发的《考试大纲》命题、组织考试、评卷；改变以原大行政区为单位统一录取为省、自治区、直辖市为单位统一录取①。这一年共有考生 27.4 万人，录取数达 26.56 万人，录取率高达96.9%②。这种招生办法也就进行了一年，造成新生质量严重下降，此前几乎每年自发进行的关于“统一招生好还是单独（自主）招生好”的争论，自 1959 年恢复统一招生后也不再出现。

1958 年后一直到 1976 年“文革”结束，“以阶级斗争为纲”还是“以经济建设为中心”两种根本对立的指导思想，在全国统一招生考试中反复、激烈地斗争，主要表现为肯定还是否定考试的作用，其中经历了“文化大革命”时期高等学校取消考试，采取推荐与选拔的历史倒退，最后以 1977 年恢复统一高考而告终。高校自主招生在此阶段已经逐渐淡出了历史舞台。

三、20 世纪七八十年代对高校自主招生的讨论与探索

1977 年冬，废止十一年的高考恢复了它应有的地位。1978 年 12 月召开的十一届三中全会，是新中国成立以来具有深远意义的重要会议。在十一届三中全会精神的鼓舞下，中国高等教育进入一个“加速发展、拓展办学形式”的新阶段。这一期间高校面临的主要矛盾是：社会急需人才，高校渴望发掘自身潜力为社会多做贡献，但又深感现有的高等教育管理制度和规章把高校的手脚捆得“过死”，权力高度集中，高等学校作为主管部门的行政下属，对教学、科研、招生等事务缺乏自主权，直接影响了学校活力和教育质量的提高。

所以，当时社会上出现了一股强烈的“扩大高校办学自主权”的愿望和要求。其突出标志是：1979 年 12 月 6 日《人民日报》刊登了复旦大学校长苏步青、同济大学校长李国豪、华东师范大学校长刘佛年、上海交通大学党委书记邓旭初四位大学校长、党委书记发表的关于《给高等学校一点自主权》一文。《人民日报》还为此加了编者按语：学校（包括大专院校和中小

---

① 蒋超：《中国高考史》（创立卷），中国言实出版社，2008 年，第 514 页。

② 为之：《中国高考与社会、经济的关系》，《中国考试》1997 年第 1 期，第 42～44 页。

学校）应不应该有点自主权，应该有哪些自主权，教育体制如何改革才能更好地适应工作重点的转移？这是很值得探讨的问题，希望大家积极提出建设性的意见。

四位大学校长和党委书记对办好大学、扩大高校自主权问题的看法和意见主要是：

复旦大学校长苏步青说："如果让我这个校长在复旦大学做主的话，在招生考试和教学方面，就不一定完全按照全国统一规定来办。这样，说不定办得更有特色，更有效果。"

同济大学校长李国豪发出相同的声音："现在学校没有什么主动权。这种权力过分集中的现象，可以说是几千年封建社会的残余。"

华东师范大学校长刘佛年提议："招生制度中的大学入学考试除用统考外，是否可以联合招生，或允许他们自招一部分学生，这样可以让某些专业更加适应有专业特点的学生。"

上海交通大学党委书记邓旭初说："要想把大学办好，得给大学以适当的自主权。全面铺开，容易搞乱，可否先试点？我不是反对统一，有些大事应该统一。现在的情况是，该统的没有统，不该统的反而统得死死的。"

这份呼吁和这条按语，在高等教育界引起了强烈共鸣。在此文的带动下，政府与高教界开始了以"扩大高校办学自主权"为核心的管理体制改革。但是，随着计划经济体制的实行，高校与政府间依然是一种行政依附关系，不具备独立的法人地位。高校仅仅作为政府机构的附属部分，缺乏自主决策和活动的能力与权限，影响了功能的发挥。在高校招生领域，高考一直保持着在全国高校招生考试制度中的主导地位，高考的改革主要围绕其本身的考试内容、考试科目和考试方式等展开。

1982 年 10 月 4 日，《文汇报》在第一版发表了著名科学家谈家祯呼吁扩大高等学校办学自主权的文章。为此，教育部开始尝试给高校一些招生自主权，允许个别高校进行单独招考试点。但各高校基于省事省力的考虑，没有哪所大学愿意进行尝试。

之后几年，教育行政部门和社会各界认识到扩大高校办学自主权的重要性。这一问题日益提上了中国高等教育改革的议事日程。为调动高校的办学积极性，教育行政部门陆续提出了一些简政放权的措施。例如，为扩大高等学校的招生自主权，在原来的录取办法基础上增加了投档比例，即招生部门按多于录取数20%的比例向招生学校提供考生档案，录取与否由招生学校提出意见、报招办审核批准，遗留问题由招办负责处理。除了统一高考外，1984年，教育部开始实行保送生制度，由确定的中学推荐、保举成绩优秀或有特长的学生，经高等学校考核同意，免予他们参加全国统一高考而直接进入高等学校学习。但是，保送生制度是高校按照国家既定的标准招收优秀生源的一种方式，其本身并没有体现出高校更多的自主权。

1985年，《中共中央关于教育体制改革的决定》的颁布，是新的历史时期中国教育改革的起点。《决定》指出，教育体制的主要弊端是“政府有关部门对学校主要是高等学校统得过死，使学校缺乏应有的活力”；认为“要从根本上改变这种状况，必须从教育体制入手，有系统地进行改革。改革管理体制，在加强宏观管理的同时，坚决实行简政放权，扩大学校的办学自主权”。在招生方面，《决定》提出要“改变高等学校全部按国家计划统一招生”的办法，将招生计划分为国家计划招生（后改为国家任务）、用人单位委托培养招生和自费培养招生三种办法①。在执行国家的政策、法令、计划的前提下，高等学校有权在计划外接受委托培养学生和招收自费生，作为扩大高等学校办学自主权的一项重要内容②。改变国家统一的计划招生模式，使高等学校在招生方面得到一定的自主权，这是1985年以后高等学校招生制度改革的一个方向。

为了落实高等教育的简政放权，扩大高校的招生自主权，在之后的几年里，政府部门颁布了多项政策措施③，其中多与保送生制度相关。这些政策措施使保送生工作从此步入正规化、法制化和制度化轨道。笔者认为，虽然保送生制度也体现了高校一定的招生自主权，但它与高校自主招生还是存在着较大的差别。

总之，“文革”结束后的一段时间内，由于国家正处于计划经济体制改

① 杨德广：《中国教育的回顾与展望》，上海交通大学出版社，1990年，第131页。

② 中华人民共和国教育部：《共和国教育50年》，北京师范大学出版社，1999年，第692页。

③ 1985年，国家教委发出《关于做好普通高等学校试招中学保送生工作的通知》；1986年，国务院颁布《高等教育管理职责暂行规定》、国家教委提出《普通高等学校试招中学保送生的意见》；1987年，国家教委颁布《普通高等学校招生暂行条例》、教育部提出《普通高等学校招生制度“七五”期间改革规划要点》；1988年，国家教委颁发《普通高等学校招收保送生的暂行规定》；等等。

革时期，这一阶段高校招生自主权的扩大受到计划经济体制的影响而不能得到有效地拓展。但这一时期提出的高校招生自主权，对以后的高校自主招生实践有一定的影响，起到了舆论与政策先行的效果。

四、20 世纪 90 年代以来对高校自主招生改革的尝试

20 世纪 90 年代以来，政府虽然也提出了一些体制改革的目标，取得了一定的成绩，但总体而言，教育的重心是在数量增长和规模扩张，以及通过多种方式筹集教育资源上，体制改革缺乏实质性的进展。由于体制改革滞后，在教育大发展的过程中，那些原有的体制弊端如权力过分集中、政府包揽过多的问题并未改变，在有些方面反而呈强化之势。高度行政化、官本位的管理，削弱了高校的自主性，在一定程度上影响了高校按其办学特色进行招生的现实责任。

20 世纪 90 年代初，上海市高教局着力推动以扩大高校招生自主权、实施多样化选拔新生的办法为目的的高校招生制度改革。当时，单独招考有了一个新的称谓——“自主招生”，并由上海工业大学（现上海大学的前身之一）率先实践。1993 年初，上海工业大学等 7 所高校经上海市政府、教育局的批准，进行了自主招收自费生的试点。

上海工业大学之所以能在全国首次跨出改革的第一步，主要基于三方面的原因：一是党的十四大提出建立社会主义市场经济体制的目标后，扩大高等学校的办学自主权成为改革的必然趋势；二是上海作为全国改革的重点地区，教育改革也必须先一步、深一层；三是上海工业大学是地方性大学，之前已完成了综合改革的第一阶段任务，当年 9 月开始全面实行学分制，因此具有良好的改革基础①。

为保证招考的公平与效率，上海工业大学采取了一系列有力措施以确保招考的顺利实施，成立了以党委书记为主任的招生监察委员会，对招考进行全面监督。在录取标准上，采用四元综合评价体系，即五门课程会考成绩、九门课程会考等第、加试成绩以及学生综合特长等。录取程序十分严密，先进行校级的选拔录取，然后再分批进行院（系）录取。确定的被录取的新生名单，还要经过学校招生委员会的审核，最后才正式公布发榜。当年的招考

---

① 王一鸣：《自主招生引发的思考》，《机械工业高教研究》1994 年第 2 期，第 84～86 页。

效果是比较好的，据上海工业大学有关院系反映，该年自主招生选拔出来的学生质量普遍优于往年①。

从另一方面来说，当时的改革，既是为了适应市场经济体制，推动招生"并轨"改革，从而缓解高等教育财政危机；也是为了满足上海市社会经济发展的人才需要。和当前的高校自主招生相比，上海工业大学等高校在当时的招生过程中有一套独立于统一高考的招生评价标准，拥有较大程度的招生自主权。但是，从试点范围来看，当时的试点学校多为上海的市属地方性高校，招生范围也大多限于上海地区，地区差异性小，便于操作，且影响范围也较小。

上海工业大学的自主招生改革，引起了社会强烈的反响。上海市高等教育科学研究所"上海市高校招生考试制度改革"课题组曾对此做过一项调查。调查结果显示，民众对自主招生改革普遍持赞同态度，有 81.16%的调查对象支持上海工业大学自主招生改革，只有 10.95%的人认为其无推广意义（见表 2-3）。

表 2-3 上海市民对上海工业大学自主招生改革的态度 单位：%

改革态度	总数	学生	家长	中学	大学
有推广意义	39.58	52.70	28.03	37.93	20.93
应该改，还需完善	41.58	36.26	48.86	49.86	51.16
无推广意义	10.95	8.11	12.97	10.34	13.95
其他	1.26	1.13	1.26	1.15	2.33

表格数据来源：郑挺、肖庆璋、陆勤：《上海高校招生制度改革的调查报告》，《上海高教研究》1993 年第 4 期，第 30～40 页。

经历了 1993 年的自主招生改革尝试之后，1994 年上海市颁布了《关于 1994 年上海市扩大普通高校自主招生改革试点的意见》，上海市试行自主招生的高校增加到 17 所。17 所高校可以根据不同的专业要求，自主确定高考考试科目（不少于 3 门）、录取标准和录取办法。当时上海准备用三年左右的时间逐步取消统一招生考试，后由于多种原因，这一设想并未实现。一方面是因为统一高考具有高效、公平的强大优势；另一方面也是因为全面推行自主招生的条件尚不成熟。

① 肖娟群：《我国高校自主招生考试的历史考察与现状研究》，厦门大学硕士学位论文，2008 年，第 34 页。

在上海市高校自主招生改革试点的带动下，社会上掀起了对高校自主招生的讨论。1997 年 7 月 19 日《人民日报》刊出调查问卷“回首话高考”，调查社会各方面对“高考制度要不要进行改革？怎么改？”的意见。其中，问卷的第 11 题是：对于目前的高考制度，您认为应首先改革（可多选）：(1) 考试科目；(2) 考试日期；(3) 全国统一录取分数线；(4) 变全国统考为高校单独考试或联考；(5) 命题标准及题型；(6) 阅卷方式；(7) 其他(请注明) ________。

从第 11 题的调查结果来看，被调查者认为目前的高考制度应首先改革“变全国统考为高校单独考试或联考”的占全体总人数的 35.8%。在选项中，仅比选择最多的“考试科目”选项低 0.4 个百分点（选择首先改革“考试科目”的占全体总人数的 36.2%）。可见，在当时，不少人已经感觉到了统一高考在高校选才上的缺陷，认为应当由高校根据本校特色单独组织招生考试或实行跨区、跨校联考制度。这次问卷调查也引起了教育主管部门的重视，在接下来的高校招生改革中，逐步还权于高校，使高校在招生过程中体现出一定的自主权。

1998 年 8 月 29 日颁布的《中华人民共和国高等教育法》对高校办学自主权做出了规定：学校应面向社会依法自主办学，根据社会需求、办学条件和国家核定的办学规模，制定招生方案，自主调节系科招生比例。这样就更进一步推动了对高校办学和招生自主权的下放。高等教育实现其功能和价值无非是两种方式：一是直接的成果，二是培养出更多的人才。而要实现为社会服务的多种功能，就要求其拥有与社会接触、接洽、合作与服务谈判的权力；要实现培养多元价值的人才，就要求能招收多元素质的学生。这样一来，就要求给予高校一定程度的办学自主权和招生自主权。

在随后的教育政策中，提高高校办学和招生自主权的声音变得十分频繁。如 1999 年 6 月 13 日发布的《中共中央国务院关于深化教育改革，全面推进素质教育的决定》中，明确提出要“切实落实和扩大高等学校的办学自主权，进一步扩大高等学校招生、专业设置等自主权力”，“进行每年举办两次高等学校招生考试的试点。扩大学校的招生自主权和考生的选择机会。逐步建立具有多种选择的、更加科学和公正的高等学校招生选拔制度”。

在这个时期，我们还不得不提到已经实行了十余年的保送生制度。保送生制度虽然可能比考试考察得更全面（甚至有些方面更准确），但保送生工作基本上是依靠中学、大学的主观判断，因而更容易舞弊。在实行多年之后，社会上对保送生工作的批评越来越多，其主要原因在于相当一部分中学“推良不推优”。这与目前我们试行的高校自主招生改革试点遇到的情况类似，在中学的推荐名额上，也同样存在“推良不推优”的现象。因此，20 世纪 90 年代末期，教育部曾一度打算废除保送生制度，但最后还是把它保留了下来，而增加了对保送生由教育部统一命题的综合能力测试，并以此成绩作为录取的重要依据。2001 年 3 月，教育部又对保送生工作做出了“压缩规模，严格标准，严格管理”的规定，将 2001 年的保送生规模压缩控制在 5 000 人，并在较大程度上提高了保送的标准和条件。保送的本质是不必参加考试，尤其是统一考试。然而，现在却须由统一实施的综合能力测试来“保证”保送生的质量，从一定意义上说，保送生制度已失去了其本来的意义。

进入 21 世纪后，高校办学自主权的有效实施已是高等教育发展的一个趋势。教育部出台各种文件从多方面规定并保证了高校的办学自主权，并且高校自主招生改革试点已经循序渐进地开展起来。

通过上述描述与分析，我们看到，新中国成立以来，高校自主招生的构想与尝试都受到历史条件的限制，没有得到很好的实施。随着社会经济形势的变化，中国政府正在逐步扩大与落实高校的办学（招生）自主权，但受中国长期集权思想的影响，高校办学（招生）自主权的真正落实还有一段很长的路要走。无论从理论上还是从实践上来看，高校办学（招生）自主权的落实都还需要付出很大的努力，尤其是政府主管部门要转变管理观念和行为模式。否则，法律所赋予大学的办学（招生）自主权就会出现“虚化”，不能真正落到实处。尽管我们在推进一项改革时，注意到了“理论先行”的重要性，但理论也需要在实践中得到检验。当前的高校自主招生改革试点也适应这一论断，只有理论与实践紧密地结合起来，才能更好地推动这项改革。

小　结

回顾中国历史上高校自主招生的演变历程，它的产生、发展和变化都是适应社会政治、经济变化和高等教育发展需要的。高校自主招生在高等教育人才选拔方面发挥了积极作用，同时在实践中也留下了深刻的经验与教训，可以为我们当前的高校自主招生改革提供有积极意义的历史参照。

一、自主招生是高校招生的必要方式

中国高等教育的发展是一种后发外生型模式，迅速发展的捷径是通过学习和借鉴他人做法。清朝末年，洋务学堂与新式学堂的教育基本上是采用西方教育模式，同时也吸收了西方的高校招生模式。当时，西方的高校主要通过单独考试招收新生，因此单独招生考试成了中国高校招生考试发展的必然开端。加之时值科举考试制度被废，整个社会心理也期盼着寻求新的招考模式。高校单独招生考试在一定程度上满足了高校选拔人才的实际需求，有力地促进了新式教育和社会的发展，因而获得了广大民众的认可。

民国期间，高等教育逐渐由规范而定型。这些高校的层次和规模都有很大差异，在招考标准和要求方面必然有所不同。从当时的社会经济文化水平和高等教育发展来看，高校单独招考具有很大的适应性。它使大多数高校得以通过考试命题、组织考试和组织录取等体现各自的办学特色，招收到符合高校自身办学要求的学生，进而推动了社会政治、经济、文化等各项事业的发展。

新中国成立后，政府接管了民国时期的所有高校。新中国成立初期的高校单独招考方式是由于受当时社会条件的制约而延续了民国时期高校招生方式，但它保证了高等教育的平稳过渡。在统一高考制度确立后出现的几次对“单独招考”的争论与实践，一方面是源于对民国时期高校招生方式的留恋；另一方面也是因为统一高考所表现出来的缺陷。随着人们权利意识的不断觉醒，便要求高等教育办学自主权得到落实，并在高校招生上有一定的自主权。

由此可见，清末、民初两个时期，高校单独招生考试制度之所以能够产生、存在与发展，既是因为其本身具有得天独厚的优点，也受益于当时多元的政治、经济与文化土壤的培植作用。高校单独招生考试是教育内外部关系规律运行的必然结果，是近代中国高校招生考试发展的必经阶段①。新中国成立后，对高校单独招考的延续、争论与实践，说明了单独招考在高校招生方式上的价值所在。因此，高校自主招生（单独招考）应是高校招生的一种必要方式。

① 薛成龙：《近代中国高校招生考试研究》，厦门大学硕士学位论文，1999 年，第 29 页。

二、自主和灵活是高校自主招生的两个基本特点

自主和灵活是高校自主招生的两个基本特点。高校实施自主招生模式，各个高校可根据学校的办学和招生需求，其考试不拘一格，多层次、多次数、多方位招考学生，体现了一定的灵活性，给学校带来了各式各样的生源①。可见，自主招生在一定程度上满足了高校选才的要求。但是，高校单独招考在历次实施过程中没有把自主和灵活很好地结合起来。自主和灵活都向另一个极端发展，而忽视了自律的因素。所以，高校单独招考出现了某种程度上的混乱，并最终被统一招生考试所代替。

三、统一招考可以弥补自主招生的缺陷

清末、民国时期，随着政治、经济的发展变化，高校单独招考开始出现一些无法克服的弊病，如造成文、实两科人才比例的失衡，加剧了区域之间入学机会的不平等。就此类问题，国民政府曾经推行计划与统一招考方式来弥补自主招生所暴露出来的缺陷。事实证明，统一招考达到了预期的效果。统一招考有效地控制了高校科系发展不平衡的现象，也在一定程度上实现了区域公平。新中国成立初期的单独招生考试，虽保证了高等教育发展的平稳过渡，但也暴露出单独招生考试一些固有的缺陷。一是考试成本高，考生到处“跑考”，报名费、交通费、食宿费成为考生的沉重负担。与此同时，考生还要承担四处投考的身心压力。二是各校新生报到率高低不一。针对这些问题，教育部重新考虑各高校采用统一招考进行招生。经历了“单独招考—联合招考—统一招考”的三年过渡时期后，1952年，单独招考被统一招考完全替代。

统一招考替代单独招考既受特定时势的推动，又有其独特的文化成因；既受制于当时社会的政治和经济需要，又受制于考试自身的发展规律。从外部因素看，新中国成立之初，社会政治和经济建设发展急需大量高级专门人才。此外，1952年的院系调整，也是一个不可忽视的因素。为了使调整后的各类院校能招收到合格足额的新生，巩固全国高等教育重新布局的成果，也亟须加强高等学校招生的计划性。从内部因素看，统一招考在经济效益、

① 肖娟群：《我国高校自主招生考试的历史考察与现状研究》，厦门大学硕士学位论文，2008年，第33页。

考试权威、招考公平方面都要比单独招考高效得多。在观念上，悠久的科举考试形式所积淀的文化上的“统一考试”基因，也为广大国民接受和认同统一考试制度奠定了深厚的心理和文化基础[①]。综上所述，统一招考可以弥补自主招生的不足，两者可达到一种共赢的局面。

四、统一与自主兼顾是高校自主招生改革的必然选择

通过考察中国高校招生的发展历史可以看到，单一的招生考试制度不能适应人类社会的多样化、人才需求的多元化的要求。任何单一的制度，都不适合鉴别、录取多样化人才，都不能满足高校和国家的需求。一个好的高校招生制度，应是统一与多样、统一与自主相结合。自主招生与统一考试各有利弊，相互之间可以弥补各自的缺陷，是一种不可分割的关系。我们应当明确，在高校自主招生改革中，统一考试可以作为录取标准的一个参考依据，而不应该成为自主招生中的决定性因素。而且，由于中国历史积累下来的文化底蕴和现实社会的影响，我们应重视统一考试的作用。因此，合理兼顾统一与自主应是高校自主招生改革的理想之所在。

① 刘海峰，等：《中国考试发展史》，华中师范大学出版社，2002 年，第 336～337 页。

第三章　高校自主招生的其他国家及我国台湾地区的考察

我们在考察其他国家和我国台湾地区高校的招生制度时，不难发现由于历史、政治、经济和文化等方面的差异，其运作模式也不尽相同，它受制于自身深层的社会背景，从而呈现出不同的特点。但它们追求的目标是一致的，即努力探索和建立一个科学合理、与时俱进的高校招生模式，为本国或本地区的高等教育发展服务。为了解其他国家和地区高校招生制度的历史脉络、现状及发展走向，本章选取了美国、英国、日本、韩国四个国家及我国台湾地区作为研究的对象，以便吸取它们在高校自主招生运作上的有效做法。

为什么要借鉴其他国家和我国台湾地区的高校招生模式？首先需要厘清一个概念：借鉴不是复制，不等于拿来；还要明确一条基本原则：借鉴是为了汲取适合中国国情的合理经验。美国、英国与中国政治、经济和教育制度的异质性，日本、韩国及我国台湾地区与中国大陆在文化与教育传统上具有极大的相似性，是本章选择它们作为比较研究对象的主要原因。

第一节　美国、英国高校招生模式的探索

一、美国高校招生模式解析

美国是世界上高等教育最发达的国家之一，但其高等教育的发展历史不长，从殖民地时期算起，迄今只有三百多年。美国的高等教育之所以发展如此迅速，其高校招生模式功不可没。与其他发达国家的高校招生模式相比，美国高校招生模式自成一体，具有鲜明的特色，并作为成功的典范受到国际高等教育界的广泛关注。虽然中美两国有着不同的高校招生模式，但也存在许多相通之处和必须共同遵守的规律、原则以及相互可资借鉴的经验。学习

美国模式中科学、先进、合理的东西，对中国的高校自主招生改革将起到积极的推动作用。

（一）美国高校招生模式的历史沿革

美国是实行分权制的国家，因此，自治传统下的教育制度也具有分权的特性。教育制度或教育体系的整体改革（包括从中学教学、高校招生政策、人才培养模式，乃至教育教学管理水平）是影响高校招生模式的重要因素。

1. 口试招生

美国在南北战争之前是英国的殖民地，它的教育也是英国教育的移植。当时，美国的高等院校大多是地方性的小学校，数量少、规模小，且多由教会控制，承袭英制，高等学校带有浓厚的封建色彩。当时各校的招生模式大体相同，由各校自己甄选，甄选的方式一般是由各学校自主举行口试。口试的科目通常是希腊文、拉丁文和数学等。口试时，由校长和一些教授主考，最后由校长做出录取与否的决定。这种口试招生的方式，适应了当时高校规模小、招生少的实际需要。

2. 证书录取制

南北战争以后，美国工业的迅速崛起对人才提出了数量和规格上的需求，美国国会在 1862 年通过了《莫雷尔法案》，要求联邦政府大力资助地方发展高等教育，开始了所谓的赠地学院运动。随着赠地学院运动的发展，高校数量增加、办学规模扩大、学生人数激增，原有的适应小规模院校的口试招生方式无法满足高校大规模招生的需要。在此情况下，许多高校为了招揽更多的学生，效仿德国，采取证书录取制①。证书录取制②加强了中学与大学间的联系，推动了中学致力于提高教学质量。开始时，采用证书录取制的主要是西部的州立大学。1897 年，证书录取制的运用已遍及全国。当时，已有 42 所州立大学与 150 所其他教育机构采用了这种招生方式③。

---

① 王廷芳：《美国高等教育史》，福建教育出版社，1995 年，第 132 页。

② 大学每年对中学的师资水平、课程设置、教学设施等进行一次审查，审查确定一些重点中学，其毕业生可不经考试直接升入大学学习。后来出现了通过专门“认可”组织进行跨州认可中学的做法。

③ Broome，E. C.，Historical and Critical Discussion of College Admission Requirements，Mac Millan Co.，1992，pp. 117-118. 罗立祝：《高校招生考试政策研究》，华中师范大学出版社，2007 年，第 85 页。

3. 大学入学考试制度

证书录取制的推行陆续暴露出来一些问题。一是高校教师开始感到视察中学是个负担；二是中学渐失办学自主性，无法自主地决定开设课程，穷于应付不同高校对学校的视察和意见；三是中学所在的地方也感到对中学的控制被削弱；四是随着生产的发展对学校职业课程的需求，高校同中学之间的矛盾越来越尖锐。19 世纪末，高等院校林立，但水准参差不齐，这种状况影响到中学教育的发展，也降低了高校的学术水平。为了改变中学无所适从的混乱局面，大学开始寻求改革证书录取制度之策以解决中等教育标准的不一致，因此统一入学考试成为发展的方向。

1899 年，在哥伦比亚大学校长尼古拉斯·巴特勒（Nicholas M. Butler）的建议下，大西洋中部各州和马里兰大学与中学协会召开会议，决定成立大学入学考试委员会（CEEB），以统一大学入学考试。1901 年 6 月，该委员会首次举行了有 973 人参加的大学入学考试。这种考试称为“学业成绩测验”（Achievement Test，简称 AT）。随着时间的推移，越来越多的高校采用了这一标准性考试。

4. 综合选拔制和开放招生制

20 世纪初的一些研究表明，仅依靠考试并不能准确选拔最优秀新生，加上之前口试招生制及证书录取制对美国高校招生的影响，1919 年哥伦比亚大学率先采用综合选拔制录取新生，之后得到许多高校效仿。这其中也有别的原因：随着美国社会的急剧变化，外籍学生、新移民、有色人种占了相当比例。哥伦比亚大学、哈佛大学等为排斥或限额犹太人等移民，制定了录取新生的综合选拔标准，主要包括个人背景、中学表现、领导能力、兴趣、动机和大学入学考试成绩等。之后，美国各个高校纷纷起而仿效，逐渐取代了过去的证书录取制度和大学入学考试制度。

二战结束后，美国高等教育获得了迅速发展，原有的高校招生方式已经不能满足社会经济发展对高等教育大众化的需求。美国经济的高速发展需要大批高级专业人才和高素质劳动者，不仅战后出生的“婴儿潮”冲击着高校，而且黑人和其他有色人种以民权运动的方式要求教育机会均等，高等教育已成为普通青年人提升社会经济地位的优先选择。打破基于优秀、成就和潜能的传统选拔标准，要求平等接受高等教育成为美国社会面临的长期挑战。1947 年教育考试服务中心（ETS）举办的 SAT 考试的成绩和 1959 年美国大学入学考试中心举办的 ACT 考试的成绩，成为高校录取新生的主要依据之一①。

伴随着高等教育的迅猛发展，采取科学合理、灵活多样的入学标准与录取方式成为高校招生制度改革的主要方向。这时期一些市立大学和社区学院的开放招生成为实现高等教育大众化的重要渠道。随着院校间激烈的生源竞争，逐步形成了与分类型、多层次高等教育系统相适应的开放招生与选择性招生制并存的招生制度。

从以上回顾可以看出，美国高校的招生模式不是一成不变的。根据不同历史时期社会经济发展的需要，逐渐演化形成了口试招生、证书录取制、大学入学考试制度、综合选拔制以及开放招生制等招生方式。现在，美国仍然没有全国统一的高校招生模式，每所学校的招生方式各不相同。有的实行开放招生制，有的实行综合选拔制，有的实行证书录取制，各种不同的制度并行不悖。这是因为美国高等学校的招生模式是由学校自己制定的。有些州，尽管规定了州立高等学校招生的基本原则，但各校仍享有招生自主权。总体上看，美国的高校招生模式属于一种由校外考试机构主办入学考试、由高校从多方面独立衡量录取新生的招生方式。

（二）统一考试＋综合选拔：美国高校招生模式

美国是一个多元化的国家，各高校都有自己的招生理念②。正是因为受到这些招生理念的影响，美国高校的招生体系呈现出鲜明的自主性。

1. 美国高校招生政策

美国实行地方分权，各州拥有独立的教育管理权，学制、教学要求、课程内容都不一样。美国高校的招生模式与其高等教育的管理模式紧密相关。联邦与地方政府都不干涉或参与高校招生，高校招生完全独立自主，具体的

---

①　国家教育委员会考试中心：《美、日、法人才选拔与考试方法》，北京人民邮电出版社，1994 年，第 3 页。

②　根据美国高校董事会的统计，美国高校的招生理念主要有：招收有能力、准备充分的学生；招收适当比例的不同种族、民族、社会经济阶层的学生；招收一部分外国学生；不限制性别，但希望维持理想的性别比例；给予校友子女入学优惠；招收一些其家长是学校赞助者的学生；多招收对数学、科学有兴趣的学生；对有表演艺术、体育才能的学生给予特殊政策；对高校教职员之子女入学给予特殊考虑；招收更多致力于研究学问的学生。唐滢：《美国高校招生考试制度研究》，华中师范大学出版社，2007 年，第 69 页。

招生政策及录取标准由高校自主决定。

与美国多种多样、层次不同、水准各异的高等教育制度相适应，其高校招生制度也表现出阶层性和竞争性，这成为美国高校招生制度的特色。根据美国学者克拉克·科尔（Clark Kerr）的观点，美国的高等教育分为高度选择型、选择型和非选择型三种类型①。根据这三种基本类型，美国高校实行三种不同的招生政策②：

（1）综合选拔型招生政策。在美国，一些著名的综合性大学和州立大学具有世界一流的办学实力，有着崇高的学术声誉，这和它采取的招生方式是紧密相关的。这类高校的招生具有高度的竞争性。学校为了确保一流的科研和教学水准，对申请入学的考生进行非常严格的选拔，要求新生具有较高的智力水平和学习能力。各种因素都有其不同的重要性或者存在的理由，尽可能规范并做到数量化。如校友子弟，也只能是在同等条件下优先录取。社会服务工作量，有些学校要求进行量化。教师对学生的推荐，也要求给出等级评定等③。总的来说，综合选拔型招生政策关注学生整个高中阶段各个方面的发展过程，是一个终结性评价与形成性评价相结合的招生选拔方式。

（2）基准淘汰型招生政策。这类院校包括以培养工程设计人员、发展研究人员为目标的一般的综合性大学和四年制高校。这类高校只对考生进行一般性、不严格的选拔，凡满足基本入学条件者大都能被接纳，但新生入学后学校要根据要求对那些不够水准的学生进行逐年淘汰，因此称为“基准淘汰型招生政策”。

（3）开放型招生政策。绝大多数社区学院和部分州立大学采用这种招生政策。这类高校向所有具备高中毕业水准或同等学力的申请者开放，录取所有申请者。实行这种招生政策的高等学校，因开放程度的不同，又分为两种：一种是完全开放招生制。采用完全开放招生制的是大多数社区学院。所有居住在社区学院所在地区的高中毕业生或者没有高中毕业证书但通过了州

① 克拉克·科尔：《高等教育不能回避历史——21世纪的回顾》，王承绪译，浙江教育出版社，2003年，第84～85页。

② 邱洪昌、林启泗：《十国高等学校招生制度》，航空工业出版社，1994年，第165页。

③ 王晓阳：《美国大学的综合选拔招生制度》，《招生·考试·就业》2007年第1期，第79～84页。

的中学最低水平测验的学生，以及年满 18 岁的本地区的任何公民，都可以提出入学申请。学院对申请入学者，一般都予以录取。另一种是有限开放招生制。采用有限开放招生制的基本上是州立大学和州立学院，以及少数水平较低、规模较小的私立院校和教会学校。这些学校对本州或认可学校的高中毕业生，一般都全部录取，对其他中学的高中毕业生则有一些限制。

2. 美国高校招生的录取标准

美国各高校对其招生录取标准具有相当大的自主权，各大学招生时尤其注重考生各方面的素质，并且将大学的办学特色、发展方向和社会需求等因素考虑进来全面衡量，综合选拔。虽然各校之间的情况有所不同，但主要根据以下几个方面对学生进行综合选拔录取：

(1) 大学入学考试成绩。这里讲的大学入学考试成绩或者标准化测验成绩，一般是由民间考试机构主持的统一考试成绩，也有的是由学校自行组织的考试成绩。大多数高等学校要考生参加“学术评估测验”（Scholastic Assessment Test，简称 SAT）。SAT 是一种标准化的学习能力测验，目的不是检查学生在高中学了多少知识，而是确定考生是否具备大学学习的基本能力。SAT 测试的成绩是美国许多高校录取新生时的重要参考依据。SAT 考试不是由学校集体组织，学生何时参加全凭自愿。考试内容包括英文、数学和写作。SAT 考试每年举办七次，考生可以参加任何一次甚至每一次考试。SAT 考试根据社会发展的需要，近年来又分为 SAT Ⅰ和 SAT Ⅱ两类。般来说，高校都把 SAT Ⅰ的成绩作为录取的重要依据。各校对 SAT Ⅱ考试成绩的要求也有所不同。另外，美国高校测试中心主持的“美国高等学校测验”(American College Test，简称 ACT）和教育考试服务中心（ETS）主持的“学业成绩测验”(Achievement Test，简称 AT）的分数也被一些高校采用。除了上述三种高校入学测验外，美国有些大学在招生时还使用其他测验成绩。

(2) 推荐信。推荐信也是美国高等学校录取新生的重要的参考标准之一，与众不同的推荐信可以增加录取的砝码。多数高校都要求申请人提供由中学校长或教师写的两三封推荐信，用以了解考生的特点、才干、能力、在团体中的角色定位和与众不同之处。一般不再重复学校的学习成绩或采用华丽的表扬词语，而是用生动的具体事实向考生所申请的大学描述该生在高中阶段积极参加校内、校外各种活动的事迹，展现该生的综合素质。

(3) 高中成绩或排名。在美国，高中成绩一般被视为能够有效预测学生未来大学学业成绩的重要依据，因此成为高校招生的重要参考标准。各高校对高中成绩的要求标准不同，名牌大学基本上要求学生的高中各科成绩为全优。有的以学生在高中的名次为标准，例如，2003 年哈佛大学所录取的大多数学生的高中成绩在前 10%到 15%以内①。

(4) 高中修学课程。许多高校要求学生有每门课程的修学年限。一般来说，修学过高级英语、高等数学、科学、历史、外语等课程，而且在高三时持续修学这些课程者，最有希望被高校录取。很多名牌大学对考生在中学所修的课程都有一定的要求，很看重学生选择课程的难度，鼓励学生在可能的情况下多选修高级课程或大学预修课程，如 AP (Advanced Placement)、IB (International Baccalaureate) 课程等，修习并通过了这些高难度课程的统一考试，可以为大学申请成功增加不少筹码②。

(5) 面试。由于入学申请者数量过多，美国高校一般不要求学生到校面试。有些历史悠久、办学水平高的名牌大学，则建议考生接受面试以增加录取机会。也有的大学委托当地校友组成的委员会进行面试，并写出书面意见，然后把面试或面谈的情况和结果作为参考。在某些地区，尤其是海外，可能没有该高校的校友，面试就无法进行。因此，在美国高校招生过程中，面试并不是强制性的。

(6) 论文或自传。为了进一步了解学生，高校希望从考生所撰写的论文中更准确地评价学生的写作能力、兴趣、对生活的认识和创造性；从考生的自传中了解学生的经历与成长背景③。有的学校只要求写一篇自我介绍的短文，但一些名牌大学要求学生提交一篇论文。文章不仅要求文字优美，还要风格迥异、内容独特，能结合自身的实际工作或生活体会有感而发，能显示出考生的热情、智力、成熟、创造性和写作水平。

美国各高校因层次、性质、类型不同，其招生录取标准具有不同的特

---

① Harvard University, Harvard University: Admission Offices, Retrived 2003/ 3/25 from http://www.harvard.edu/admissions/. 罗立祝：《高校招生考试政策研究》，华中师范大学出版社，2007 年，第 91 页。

② 郑若玲：《我们能从美国高校招生制度借鉴什么》，《东南学术》2007 年第 3 期，第 156～160 页。

③ 唐滢：《美国高校招生考试制度研究》，华中师范大学出版社，2007 年，第 84 页。

点。对于以上提到的多种录取标准，有的学校会全部考虑，有的学校则只考虑其中几项。至于各个高等学校如何运用上述资料以及各项资料的相对重要性，各校则有其自定的原则，彼此差别较大。即使在同一学校之内的不同院系，也可能有不同的衡量标准。不同类型的美国高校在同类录取标准上的侧重点有较大差异。下面有一份对 2000 年美国四年制公立、私立大学招生录取标准平均重要性的一个统计调查（见表 3-1）和一份对 2005 年美国十所名校招生录取标准重要性的统计描述（见表 3-2）。我们可从中探知一二。

表 3-1 2000 年美国四年制大学招生录取标准的平均重要性

入学标准	四年制公立大学	四年制私立大学
高中成绩或排名	4.0	3.9
入学考试成绩	3.7	3.6
高中修学课程及学分	3.0	3.2
推荐信	2.0	3.0
论文或自传	2.0	2.9
个人资料（申请书、面试）	1.7	2.1

注：入学标准平均重要性的计算方式为：1＝不考虑，2＝较不重要因素，3＝普通重要因素，4＝非常重要因素，5＝最重要的单一因素。资料来源：Breland，H.，Maxey，J.，Germand，R.，Cunmming，T.，Trapani，C.，Trends in College Admission 2000，NACAC，2002，p. 67. 转引自罗立祝：《高校招生考试政策研究》，华中师范大学出版社，2007 年，第 92 页。

表 3-2 2005 年美国十所名校招生录取标准一览表

标准 \ 学校		哈佛大学	麻省理工学院	斯坦福大学	伯克利加州大学	耶鲁大学	加州理工学院	普林斯顿大学	杜克大学	康乃尔大学	芝加哥大学	合计
学术因素	中学选课难度	3	3	3	3	3	3	3	3	3	3	30
	班级排名	2	2	3	0	3	2	3	1	2	2	20
	推荐信	3	2	3	0	3	2	3	3	3	3	25
	标准化考试分数	2	2	3	2	3	2	3	3	3	1	24
	申请书	2	1	3	3	3	2	3	3	3	3	26

续表

标准 \ 学校		哈佛大学	麻省理工学院	斯坦福大学	伯克利加州大学	耶鲁大学	加州理工学院	普林斯顿大学	杜克大学	康乃尔大学	芝加哥大学	合计
非学术因素	面试	2	2	0	0	1	0	1	1	1	1	9
	课外活动	3	2	2	2	3	2	3	3	3	2	25
	才艺才能	3	2	2	2	3	1	3	3	3	3	25
	个性人品	3	3	3	2	3	2	3	2	1	3	25
	校友关系	1	1	1	0	1	1	1	1	1	1	9
	特定地区	1	1	1	1	1	0	1	1	1	0	8
	本州居民	0	0	0	3	1	0	0	1	1	0	6
	宗教信仰	0	0	0	0	0	0	0	0	0	0	0
	少数族裔身份	1	1	1	0	1	1	1	1	1	1	9
	志愿者工作	1	1	1	2	1	1	2	1	1	2	13
	工作经验	1	1	1	2	1	1	2	1	1	1	12

资料来源：根据《泰晤士报》（高教副刊）2005 年全球大学排行榜中的美国前十大名校公布的材料，笔者将这十大名校的招生标准整理成一张表。表中的数值，“3”表示“非常重要”，“2”表示“重要”，“1”表示“考虑”，“0”表示“不考虑”，“合计”是将这十大名校的以上数据逐项相加得到的结果，显示出这十大名校招生录取的基本倾向。转引自张晓鹏：《自主招生综合评价：美国名牌大学录取工作现状》，《上海教育》2006 年第 4B 期，第 33～37 页。

从表 3-1 中，我们看到四年制大学把高中成绩或排名作为招生的最重要因素，而申请书和面试则是最不重要的一环。从表 3-2 可以看出，美国名牌大学在招生时，在学术因素方面，最看重考生在中学选课的难度，其次是申请书，再次是推荐信，最后才是看标准化考试分数和班级排名；而在非学术因素方面，最看重考生的个性人品、才艺才能和课外活动情况，其次是看考生参加志愿者工作和有报酬的工作情况，另外还会适当考虑面试、少数族裔身份、校友关系以及照顾特定地区考生等因素。这两个表所反映的统计数据之所以有如此大的反差，可能跟所调查对象整体的层次有很大的关系。美国的名牌大学与一般性大学的录取标准侧重点应有所不同。

总之，美国高校招生政策及录取标准反映了他们的教育理念和价值取向：一是强调基础教育的合格性标准；二是注重学生学业评价的发展性，突出形成性评价的作用与特点；三是肯定标准化考试成绩的正向功能；四是以学习为中心，聚焦教学优异①。

3. 美国高校招生的自主性体现

我们分析了美国教育制度和高校招生模式的历史沿革，以及由此所衍生出来的高校招生模式的特点。从美国现行高校招生模式的特征与现实基础来看，其招生的自主性主要体现在以下几个方面：

(1) 招考分离。虽然美国由“教育考试服务中心”和“高校测试中心”提供统一的入学考试，但这并不意味着对高校招生自主权构成威胁。这些机构充其量只能在高校和学生之间充当中间人的角色，除了为高校提供有关招生录取的作业程序服务，为申请者提供有关升学与考试服务以外，并不能左右学校的自主招生。事实上，美国高校招生并不以入学考试成绩作为新生唯一的录取标准，而是采用综合选拔方法，兼顾对申请者的能力与成绩、特长与兴趣等其他因素的考量。

(2) 多样化的招生方式。美国各高校都有自己的招生机构，他们的招生原则、标准和理念各具特色，招生的方式五花八门，运作的过程各不相同，表现出极大的灵活性和多样性。美国高校通常有四种招生录取方式：提前录取、正常录取、滚动录取和开放录取。这种灵活性和多样性正是美国高等院校招生制度的鲜明特色。统一性是美国高校招生的又一显著特征。在 20 世纪 80 年代以前，这一特征并不外显，人们把它比喻成“一只看不见的手”。但是，从美国 80 年代的教育改革开始，统一性的特点已经清晰彰显。联邦政府的一系列教育改革政策对高校招生标准产生了直接的影响，许多高校，尤其是一些著名高校在招生要求中对申请入学者的英语、数学、科学和社会科学 4 门核心科目的修业年限和考试成绩提出了明确的规定。

(3) 综合性的招生录取标准。美国不同层次、不同类型高等院校的招生录取标准是各不相同的。各校自主选择招生方式与录取标准，全国没有统一的规定。各校针对自己的专业特点、培养需求和实际操作能力来进行新生的选拔工作。在诸多选拔要素中，除大学入学考试成绩（SAT、ACT 等）、推荐信等为各校一般通用的必备项目之外，其他部分采纳与否、数量的多少均由各高校自主选择制定。综合选拔在考核学生整体水平的同时还会兼顾学生

① 乐毅：《美国本科招生模式及录取标准：启示、借鉴与本土实践》，《现代大学教育》2008 年第 1 期，第 49～55 页。

的个体差异，学校也可能会因为学生的某一项才能特别突出而录取该名学生。对于考生的综合素质而言，不同的学校有不同的侧重。有的大学招生委员会将各种因素换算成分数计入多重回归方程按分数录取，有的通过招生人员阅读学生的材料做出主观判断，集体讨论全面衡量。

(4) 灵活的招生政策。美国高校有非常灵活的招生政策，它们既可以对优异的跳级生进行提前招生，也可以在学年中期招生；既允许校际转学就读，还允许被招学生延期入学。招生时间与招生政策的灵活性保证了美国各高校招生过程的连续性①。同时，招生也是招考双方的互动过程，高校有招生自主权，可以按自己的要求招收学生。而学生也有选择学校的自主权，学生在入学前会接受大量的、充分的升学指导，同时还能获得大量的大学招生信息，避免了他们在选择学校时的盲目性。这种双向选择既能最大限度地保证学生潜力的充分发挥，也能保证大学教育的顺利实施。

（三）美国高校招生的自主性分析

通过上述分析可知，美国高校的招生自主权完全在高校，联邦政府和州政府的教育主管部门基本上不干涉，只是进行政策性指导。招生计划和招生标准完全由高校自主决定。每所院校都设有专门的招生办公室、招生政策委员会或选拔新生委员会，分别负责制订招生计划、招生政策、招生数额、录取标准并甄选合格的新生。美国各类型、各层次的高校都有自己的定位，按照既定政策和标准招收符合院校人才培养目标的学生。研究型大学不承担高等教育系统底层能够完成的任务，采取高选择性、竞争性的招生录取政策，培养国家和社会所需要的精英人才。州立大学和社区学院为有需要的学生提供平等入学机会，承担教育和知识传播的功能，促进经济社会和个人的发展。因此，美国高校招生带有极大的自主性。

美国高等教育从1636年建立哈佛学院开始，继承了英国的大学自治传统，高校享有高度的招生自主权。然而，在财政拨款、学费、学生资助等方面，高校又受到来自政府强大的控制和干预。在研究美国高校招生模式的过程中，笔者明显地感觉到大学自治与政府干预两种力量之间的博弈，而这种矛盾的关系常常处于此消彼长的状态。

---

① 郑若玲：《我们能从美国高校招生制度借鉴什么》，《东南学术》2007年第3期，第156～160页。

大学自治是西方国家一种古老的高等教育管理理念。大学自治原则赋予大学招生自主权。但是，随着高校与社会的关系日益密切，政府通过各种途径和方式越来越多地对高校招生施加影响。尽管如此，由于大学自治传统的影响，政府对高校招生的影响和干预也并不是随心所欲的。政府只是在一定范围内以一定的方式对其进行管理和控制，这种干预的限度是保持大学自治与政府利益平衡的关键。美国政府对高校招生的有限干预主要表现在两个方面：首先，干预是基于尊重大学的法人主体地位和自我管理权利之上的；其次，干预大多是宏观和指导性的间接干预，而非微观和指令性的直接干预。因此，政府的有限干预与高校自主招生之间的内在张力，形成了美国高校招生模式的特色。

当然，美国高校招生模式也存在一定的局限性。大学入学考试多注重对智力与能力的测试，与高中课程相脱节，不利于引导学生在高中阶段认真学习，造成中等教育质量偏低，学生缺乏各项基本技能①。

（四）美国高校招生模式的启示

由美国高校招生模式的演变历程我们可以知道，一个国家的政治制度决定其教育制度，教育制度又在一定意义上决定了高校招生制度，导致高校招生模式的产生。中美两国不同的教育制度决定了两国不同的高校招生制度，两种高校招生模式都有各自存在的合理性。美国是地方分权式的教育行政体系，长期以来没有全国统一的中学教学大纲和教材，这种教育性质决定了其高校招生具有分权、自主、灵活、多样的特点。中国的教育体制则是中央集权型，全国或全省（市、自治区）使用统一的中学教学大纲和教材，这就为实行统一的高校招生考试制度提供了前提条件。但是，美国高校招生模式中也存在许多值得我们借鉴和学习的地方，对中国高校自主招生改革尤其有借鉴意义。

首先，美国分层次、分类型的高校招生模式值得借鉴。美国高校形成的分层次、分类型的招生模式是基于院校自治和市场竞争机制的结果。不同的高校有充分的招生自主权，才能按照自己的人才培养目标和培养特色来挑选合适的学生。而市场竞争机制的引入，不仅可以促使高等院校形成多样化的

---

① 李宁、刘本武：《美国大学招生考试制度的发展及其特点分析》，《世界教育信息》2008年第1期，第65～68页。

招生模式，而且有效地推动了社会化监督评价机制的运行，从而促使高校招生能够得以顺利进行。

其次，美国高校招生录取标准的多元化可供参考。美国高校因层次、性质、类型不同，招生录取标准各有不同。相对于中国试行的高校自主招生而言，美国高校在招生录取时，并没有把大学入学考试成绩作为录取的唯一条件，而只把它作为录取的参考依据之一。但在中国试行的高校自主招生改革中，高考成绩却成为一项决定性条件。因此，我们要学习美国高校招生模式所提倡的“既关注考生的终结性评价，又关注考生的形成性评价”。

再次，在中国的高校自主招生改革试点中，政府应转变职能，把招生的权力还给高校，而通过评估监督等手段对高校自主招生改革起到宏观调控的作用。

最后，近年来，美国高校招生模式进行了一系列改革，取得了较为明显的效果。美国正在尝试以下改革：加大统一考试力度；革新 SAT 考试内容。因此，我们应当深入了解与分析美国高校招生模式的变革趋向，为我们的高校自主招生改革提供有益借鉴。

总之，我们在探讨中国的高校自主招生改革时，应该客观公正地吸收、借鉴美国高校招生模式中科学合理的先进经验，为我所用。

二、英国高校招生模式解析

作为一个最早的西方资本主义国家，英国有着古老并具有其自身传统的历史与文化。它的教育制度和教育体系经过几百年的沿革，已经相当完善，在世界上享有极高的声誉。同其悠久的教育传统相匹配，英国也有着悠久的考试历史和传统，它的考试制度对世界上很多国家的考试制度都产生过重要影响。正如孙中山先生所说：“现在欧美各国的考试制度，差不多都是学英国的。”① 确实，英国的高校招生模式因其鲜明的特点对不少国家产生了极大的推动作用。因此，英国的高校招生模式应成为我们研究的对象。

（一）英国高校招生模式的历史沿革

自古以来，英国素有追求自由的传统，自治和自由一直是大学的基本逻

---

① 黄昌榖：《孙中山先生演说集》，民智书局，1926 年，第 35 页。刘海峰：《科举制与科举学》，贵州教育出版社，2004 年，第 173 页。

辑。在教育管理体制上，大学不受政府干预。这一方面是因为作为自由主义思想的发源地，英国政府行为受传统自由思想的束缚和制约；另一方面是大学自治传统思想的根深蒂固。只有到第二次世界大战结束前夕的 1944 年，英国根据国会颁布的《教育法》成立教育部，作为教育部行政首脑的教育大臣负责领导和监督地方当局的教育政策，才确立了英国教育实行“中央与地方共同合作”的教育管理体制。这其中，政府在高等教育管理上所扮演的是“守夜人”的角色：政府不直接管理高校，仅提供经费；而大学在管理、教学、研究、评价、招生等方面享有极大的自主权①。现行的英国高校招生模式也是经过长期发展演变而来的。因此，我们考察英国高校招生模式的发展历程时，有必要对英国的教育制度，特别是高等教育制度的发展历程和改革动向进行考察，为研究提供“制度记忆”。

1. “推荐＋教会审查”

在 19 世纪以前，高等学校建立之初并没有入学考试，对于国籍、社会成分、智力状况和语言等均没有明确要求。学校在招生考试上享有完全的自主权。牛津、剑桥两所大学的入学典礼（Matriculation）只标明学生注册就可成为大学的学生，甚至没有规定固定的入学时间，任何时候都可以入学，也没有最低入学年龄的限制②。随着宗教对英国高等学校控制力的加强，高校的招生必须经过教会的审查。当时能接受高等教育的人数只占英国总人口的 1%，全国只有 10 所大学，高校实行的是“推荐＋教会审查”的招生方式③。高校招生仅有的要求是申请入学者证明自己接受过天主教的洗礼，并提供品行的证明。中世纪后期，高校开始对申请入学者进行宗教测试、口头答问等要求，但也没有正式的书面考试。

2. 大学入学考试

经过 19 世纪初期的改革，传统上思想保守的牛津、剑桥大学逐步废除

---

① 徐小洲：《自主与制约：高校自主办学政策研究》，浙江教育出版社，2007 年，第 99 页。

② Ridder-Symoens，Hilde de Ridder-Symoens，A History of the University in Europe：Volume 1，Universities in the Middle Ages，Cambridge University Press，2003，p. 171.

③ Annette Hayton，Anna Paczuska，Access，Participation and Higher Education：Policy and Practice，Kogan Page，2002，p. 1.

了宗教测试的高校招生模式，采用更加实用的入学考评方法[①]。高校开始采用考试制度对学生进行正式的书面测评。一批批经过层层选拔考试的牛津、剑桥大学毕业生在各行各业的出色表现证明了这一制度的合理性。1858 年，在一些公学对高校招生标准的质疑声中，牛津大学成立了牛津大学地区考试委员会，主持作为具有大学入学考试功能的中学毕业证书考试，作为中学教学的导向。随后，剑桥大学也成立了剑桥大学地区考试委员会。1873 年，在文法中学校长会议的要求下，这两所大学成立了一个联合学校考试委员会[②]。在这之后，其他大学也仿效这两所名牌大学的做法，成立联合或单独的考试委员会[③]。这种考试委员会所主持的考试，不是大学的入学考试，而是中学毕业生的"普通教育证书"考试，获得高级水平的普通教育证书的学生，即可凭证书升读大学。所以，从实质上说，普通教育证书考试就是大学入学资格和中学毕业证书相结合的一种考试。这一高校招生方式为后来的改革奠定了基础。

3. 学校证书考试

19 世纪中期到 20 世纪中期，社会在发展，但大学显得比较保守，在社会进步面前少有作为[④]。为了使大学对社会经济发展起更大的作用，从 1881 年开始，政府以财政资助的形式介入大学事务。这一时期由于各类大学入学考试性质不同，英国的中学发现其课程内容很难满足所有学生应付各种不同考试的需要，于是大力呼吁不同考试的合并，统一进行一种甄选性的考试。1918 年，中等学校考试委员会推出学校证书考试和高级学校证书考试，交

---

① Jo Mortimore, Peter Mortimore, Secondary School Examinations: "The Helpful Servants, Not the Dominating Master", The Institute of Education, University of London, 1984, p. 11.

② 罗立祝：《高校招生考试政策研究》，华中师范大学出版社，2007 年，第 96 页。

③ 在牛津大学地区考试委员会、剑桥大学地区考试委员会、牛津和剑桥大学联合考试委员会成立之后，随着时间的推移，之后英国又成立了 4 个专门的考试委员会：伦敦大学入学及学校考试委员会（1880 年）、南方各大学联合考试委员会（1900 年）、威尔士联合考试委员会（1900 年）、北方五大学联合考试委员会（1902 年）。韩家勋、孙玲：《中等教育考试制度比较研究》，人民教育出版社，1999 年，第 14～15 页。

④ 虽然 19 世纪以前的英国大学曾起过多种重要的作用，但没有一项与技术有关，而为推动英国工业革命做出过巨大贡献的那些重大技术发明（如蒸汽机、纺织机和火车等）毫无例外地都是由大学以外人士做出的。

由各大学考试委员会具体实施。其中，高级学校证书考试相当于大学入学考试的水平。高级学校证书考试的目的之一就是通过实施统一的、相当于大学入学水平的证书考试来简化大学入学考试，证书持有者可视为达到大学入学标准。在接下来的二三十年间，高校一直采用学校证书和高级学校证书考试成绩作为录取新生的一个主要依据①。其间，大学拨款委员会作为一种“缓冲机构”，在协调政府与大学关系方面起到极为重要的作用。

4. 普通教育证书考试

1951年，政府着手改革考试制度，普通教育证书考试（GCE）取代学校证书考试。普通教育证书考试为单科性考试，分为两级：普通水平(O-levels)考试，供16岁及以上者参加；高级水平（A-levels）考试，供18岁及以上者参加。两级考试成绩在大学入学中都起作用。普通教育证书考试的实施标志着英国证书型高校招生制度的确立。后经修改、补充，逐步使这一制度完善，成为英国高校招生制度的传统。普通教育证书和以前的学校证书最大的不同在于，它是对考生个人进行测试的校外考试，而不是对学校教学质量的测评。另外，与原来的学校证书考试相比，普通教育证书考试更加灵活②。以前的学校证书和大学入学证书采用的是学科分组制，考生必须通过指定的若干门科目的考试才能获得证书，学生可选择的余地很小，不少考生仅仅因为无法通过一个学科组的科目考试，结果功亏一篑，无法取得证书。普通教育证书采用的是单科证书制，学生对考试科目选择的自主性大大加强，更具弹性，通过一科考试，就可以获得一个单科证书。

5. 改革的新趋向

进入21世纪后，英国高校招生模式不断加大改革力度。一是录取标准多元化。英国正开发一种帮助大学识别所有申请者的潜质和相对优势的全国统一考试，这种新考试被称为“学术推理思维能力测验”（简称ARTS)。学术推理思维能力测验与美国的学术评估测验（SAT）类似，侧重于考查学生的学术推理和思维能力。二是考试形式优中选优。为了选拔到最有才华的

---

① 王立科：《英国高校招生考试制度研究》，华中师范大学出版社，2008年，第96～98页。

② 王立科：《英国高校招生考试制度研究》，华中师范大学出版社，2008年，第99～102页。

学生，2006年英国政府在英国高级水平的普通教育证书考试（A-levels）中引入最高评分等级——“A*”。这项措施的出台意味着政府承认现有考试缺乏区分度，未能很好地拓展学生的能力。三是招生程序更加科学化①。2008年英国高校招生制度进行了历年来最彻底的改革，两年后的A-levels考生，若在成绩公布后发现考出意想不到的好成绩，可申请入读更好的大学，同时保留已录取学校的入学资格。

纵观英国高校招生模式的整个改革进程，自从1951年普通教育证书（GCE）考试正式实施以来，英国形成了“证书型”高校招生模式。之后虽历经多次调整改革，1988年用中等教育普通证书（GCSE）取代中等教育证书（CSE）和普通教育证书一般水平证书（GCE O-levels）的改革、资格证书“双轨制”和“三轨制”改革、在高级水平（A-levels）基础上增加高级补充水平（GCE AS-levels）考试的改革、《2000年课程》改革等，但是“证书型”高校招生模式没有发生本质性变化。

（二）证书＋综合评定：英国高校招生模式

在英国，高校招生主要由相关的考试机构和招生机构共同完成。但是，不同类型、不同水平的高校有着不同的招生方式。总体上讲，除开放大学外，英国的高校都把普通教育证书（GCE）考试所提供的成绩作为录取入学申请者的主要依据。

1. 考试机构与招生机构的相关职责

在英国，考试机构与招生机构是分开的，考试机构只负责考试，而招生事务主要由高校自主决定。同高校招生有关的考试机构，就是由大学联合组成或单独设立的考试委员会。这些考试委员会是经过政府批准成立的非营利性机构，它们所颁发的合格证书全国通用，成绩也是等值的。英国高校的招生由高等院校招生服务处（Universities and Colleges Admissions Service，简称UCAS）统筹，它是为英国全日制高等院校招生提供服务的机构，负责处理所有应届生的入学事务，也负责招收大学预科教育（Foundation）的学生。它本身并不设立大学入学标准，也无权决定学生的入学状况，但它为学生提供选择大学和专业方面的咨询，以及各大学各专业的入学要求等方面的

① 何家军：《英国高校招生管理体制及运作模式研究》，《教育与考试》2007年第2期，第34～37页。

信息。UCAS 其实是一个在学生和高校之间牵线搭桥的“媒婆”①，是一个服务机构，既不能干涉申请者的申请和决定入学注册的自由权，也不能干涉高校的自主招生权。

2. 英国高校招生的程序与办法

英国高校招生时，是把对考生的学业要求同普通教育证书考试结合起来进行的，一般不再举行单独的招生考试。在招生的实施过程中，高校主要由招生办公室或注册办公室负责招生事务。在规模较大的高校，招生机构分为学校与院系两级，校级机构负责接受、处理申请书以及协调各院系的招生，并制定全校性的招生工作计划和程序。院系级机构设专业录取导师，直接负责招生工作。英国高校的招生标准主要根据校外考试成绩、中学推荐信以及工作经验与兴趣爱好等，其中多数大学都把校外统一考试（主要是普通教育证书考试，尤其是高级水平考试）成绩作为主要的录取标准。

一般来说，英国高校招生录取最基本的标准是：申请者的年龄不低于17 岁；5 门 GCE 或 GCSE 学科考试成绩合格，其中至少 2 门为 A 级考试成绩。当然，英国开放大学、白金汉学院以及多科技术学院和教育学院的招生标准很低，一般没有上述标准严格。

就高校招生的程序与办法来说，主要有以下步骤：

第一步，学生填报入学申请书。所有想上大学的学生，都必须通过 UCAS 提出入学申请。申请书的内容主要有：学生按顺序填报 5 所大学和系科的志愿、参加考试的种类及成绩、中学校长或教师的推荐信等，学生要在规定的日期前将申请书寄到 UCAS。UCAS 收到申请书后，进行分组、编号、核对、电脑输入，复印 5 份分别寄到有关大学②。

第二步，大学初审。UCAS 收到考生的申请表格材料之后，按申请人填写的学校志愿向每个志愿学校寄送。大学收到招生委员会寄来的申请表格以后，随即分送到有关院系。有关院系收到入学申请表后，根据本院系招生名额和申请人数量等因素，筛选出多于甚至数倍于招生名额的申请人名单，然后按名单约请这些学生，在规定时间来校面试。申请人如约到校后，学校教师通过同这些学生直接见面，对学生的能力、爱好和特长进行直接的了

① 张文军：《英国 14～19 岁普通教育考试制度与高校入学机制的关系研究》，《比较教育研究》2004 年第 7 期，第 47～51 页。

② 罗立祝：《高校招生考试政策研究》，华中师范大学出版社，2007 年，第101 页。

解。面试后，大学提出初审结果意见，通过UCAS答复申请人。

第三步，学生填报志愿，大学根据录取条件录取。大学的初审意见可分为无条件录取、有条件录取和不予考虑三类。一般约有五分之一的优秀学生获得无条件录取，多数学生获得有条件录取，即要求考生取得普通教育证书A级考试的某个等级为录取条件。申请者在收到有关学校的“有条件录取的建议”之后，必须在两星期内，通过UCAS做出回答，从原先填写的5所志愿学校中，最后选定2所大学，并以其中一所为主，这意味着申请人坚定地接受其建议，申请人只要考试时达到了学校提出的成绩标准，则学校必须录取该生，学生也必须入这所大学。另一所为副，意味着申请人暂时或者有保留地接受其建议，作为前一所学校一旦不能录取时的保险，如前一所志愿学校没有录取该生，并且其成绩符合这所为副的志愿学校的要求时，后一所学校应予以录取。

第四步，调剂申请。如果申请人在“有条件录取”中申请的2所志愿学校都没有被录取，他还可以向UCAS提出调剂申请。UCAS接到学生的调剂申请书之后，就会寄给他一张“继续申请”表格，只允许填报4个志愿。UCAS只选其中一所大学转送申请表，若大学不受理申请则再转送第二所大学。第二阶段是在考试结束后考生的考试结果没有达到大学要求而落选时，UCAS寄给他一张“清理申请卡”，可申请4所大学，由UCAS在有剩余名额的大学中调剂录取①。

前面说的各个高校的招生办法，均不包括开放大学和白金汉学院，也不包括多科技术学院和教育学院。它们的招生方式各有特色，但其录取新生的过程与办法，同一般大学的录取办法大致相同，录取的标准略低。

从以上介绍可以看出，英国高校招生实行的是“证书＋综合评定”模式。这种招生模式在世界上有其代表性。总体上来说，英国高校在招生上有着相当大的自主权。近年来，社会大众对高校如何能够保持在招生录取时的公正、透明越来越关注，呼吁政府加强对高等院校招生录取的监督。依据《2004年教育法》，英国设立了独立的公共机构——公平入学办公室，目的

① 王立科：《英国高校招生考试制度研究》，华中师范大学出版社，2008年，第147页。

是和相关部门合作，促进高等教育公平入学制度的建立，特别是促进来自低收入家庭和其他弱势群体家庭学生进入高等院校学习，并对高等院校招生政策进行审批，对政策执行情况进行监督。同时，建立高校招生巡视员制度，具体处理高校招生录取中的投诉。因此，英国高校也在自主招生的基础上不断增强规范性与统一性。

（三）英国高校招生的自主性分析

英国政府对高等教育实行的是国家宏观调控、微观放开的模式，而高校是具有独立法人地位和公共性质的自治机构，在法律和政府的监督评估的约束下，自主履行教学、科研、社会服务和招生等功能。因此，英国的高等学校在招生的运作模式上享有极大的自主权。具体表现在以下三个方面：

1. 政府扮演着宏观调控的角色

英国高校招生的自主性反映了高校管理制度自治性的历史传统。政府在其中所扮演的角色是一个间接的操控者。英国高校实行自主管理，政府和高校无行政上的隶属关系，政府不能对其直接下达命令，只能通过评估和拨款等一些手段间接影响高校。政府的主要任务是加强宏观调控，制定国家教育发展目标，加强问责制、质量评估和审计，而把实现国家目标的运作方式和权力保留给大学。虽然由于政治、经济等领域对高校的发展提出了新的要求，英国政府不断加大对高校的控制权，但在招生方面，各类高校仍享有极大的自主权。招生工作是在政府的宏观调控下由各高校独立承担，各个高校和专业能够根据各自的具体条件和特点，制定本校、本专业的招生规定，不但增加了学生的选择面，而且各个院校和专业可以根据自己办学层次的不同要求，选拔到有潜质的、合适的学生。

2. 考试、报名申请和招生三职分离

除牛津大学、剑桥大学等一流高校在同等条件下需加试该校举行的专门考试以及某些类型的学校（如开放大学、白金汉学院、多科技术学院等）的特殊招生外，一般高校均不组织入学考试。如前所述，申请入学者主要参加由校外考试机构组织的普通教育证书考试和其他资格认证考试，所取得的成绩则为高校选拔的一个依据。考生的报名申请由高等院校招生服务处（UCAS）负责，由申请人填写申请表或在线通过 UCAS 网上填报系统填报申请表。申请表通常涵盖了高等院校要求的考生个人资料，即考试成绩、申请的专业和个人陈述①。UCAS收到申请材料后进行处理，然后分别寄到有关高校。高校收到UCAS转来的申请人的资料后，按照学校的录取要求和招生政策，综合审查申请人的信息，初步挑选高校拟录取的申请人，并通过UCAS给申请人发录取通知书。总的来说，英国高校招生模式的特点是“校外考试机构实施考试，校外招生机构办理申请，高校负责选择录取”②，三者彼此分离。因此，英国的高校享有极大的招生自主权。

3. 证书与综合评定相结合

现在越来越多的高校在录取时注重对申请人的综合评定，即把证书成绩和综合评定结合起来。采用证书成绩和综合评定相结合的选拔标准与程序一般包括这样几个方面：(1) 学业成绩的评价，主要依据已经获得的证书的科目和分数，包括GCSE和AS证书考试的成绩；正在学习的A-levels证书或同等证书课程的科目和预估分数。(2) 通过个人陈述判断申请人对所学课程的兴趣和努力程度、工作或义务工作的经历和课外活动的情况。(3) 推荐人对申请人学业、潜力和个人素质的评价。(4) 在招生录取时也会考虑附加信息，主要包括参加大学举办的“校外联系项目”或者“教育协作联盟”计划；申请人是否来自社会弱势群体家庭；是否参与过高等教育拨款委员会资助的暑期学校；学校和推荐人作出的特别推荐；其他能够证明申请人学习潜力的信息，比如申请人是国家超常青年学院（NAGTY）的成员。(5) 其他信息：招生人员会利用各种评价方法，包括面试、个人学习档案、小论文等，进一步评价申请人是否适合所申请的专业。

4. 学生享有充分的自主选择权

英国的高校招生考试制度给学生最大限度的选择权。在学生升入六年级时，允许学生根据自己的兴趣、爱好、现实的水平及未来的职业目标自由选课。学生既有时间学习比较高深的专业知识，又有时间拓展自己的知识面，如此考虑到学生的个性差异，照顾到学生的兴趣、爱好，极大地调动了学生学习的主动性和积极性③。

---

① UCAS，Apply Information，http：//www.ucas.ac.uk/apply/info.html，2007-03-14.

② 邱洪昌、林启泗：《十国高等学校招生制度》，航空工业出版社，1994年，第23页。

③ 何家军：《英国高校招生管理体制及运作模式研究》，《教育与考试》2007年第2期，第34～37页。

（四）英国高校招生模式的启示

英国的“证书＋综合评定”高校招生模式历经了悠久的历史，在世界上享有盛誉。它的某些做法对世界上其他国家的高校招生改革有着一定的借鉴意义。具体说来，英国的高校招生模式给我们的启示主要有：

1. 高校享有充分的招生自主权

英国的高校招生模式同美国的高校招生模式类似，其考试与招生职能是分离的，因此高校享有充分的招生自主权。高校可以根据自身的性质、层次和特点，制定符合本校特色的招生要求和方法，选拔出适合学校培养的有潜质的学生。这既为学生个性化的发展提供了一个好的平台，也为学校教育、教学质量的提高奠定了好的基础，同时也使教育资源的使用效率和效益最大化。中国高校自主招生改革能否健康顺利地推行下去，关键的一点就是高校是否有充分的招生自主权。

2. 完善的招生服务机构

英国高校通过民间的高等院校招生服务处（UCAS）来招生，为高校和学生提供了专业化服务系统，保证了招生渠道的畅通，有助于高校和学生高效地使用高等教育系统，避免人力资源和教育资源的浪费。中国的高校招生一般由各省市（区）的考试院或招生办负责，但在招生服务方面还缺乏全国性或大规模的专业化服务网络。当然，中国的高等教育系统远比英国复杂，建立这样的网络是否可行还须进一步探讨①。但是，我们可以借鉴 UCAS 的社会化服务理念，为将来的高校自主招生改革做好准备。

总之，英国高校招生模式最值得中国借鉴的地方是，由高校作为主体独自或联合成立社会中介组织性质的专业考试机构，各考试机构之间形成平等竞争的关系，为高校招生提供高质量的考试服务。同时，英国成立高校招生服务机构 UCAS 负责全国的高校招生事宜，它只负责给各高校投发申请者的资料，而招生录取工作由各高校自主决定。借鉴他们成功的招生经验，对中国高校自主招生改革会有一定的启示。

① 张文军：《英国的高校招生制度及其启示》，《湖北招生考试》2004 年第 12 期，第 60～63 页。

第二节　日本、韩国高校招生模式的考察

日本、韩国的高校招生模式，随着高等教育的发展及社会对人才需求的变化而不断改革。这些国家同处儒家文化圈，并表现出趋同的发展方向。概括来说，它们改革的方向是“多元化”。“多元化”的重要标志是高校不断加大招生的自主权力。因此，探讨它们的高校招生模式，对中国的高校自主招生改革将会有直接的借鉴意义。

一、日本高校招生模式解析

日本是亚洲最早走上资本主义道路的国家，也是目前亚洲经济最发达的国家之一。日本发达的经济与教育发展有着紧密的联系，教育促进了经济的快速发展。本研究选择日本的高校招生模式作为比较研究的对象，主要基于以下考虑：(1) 中国与日本在文化传统、道德观念等方面有着许多相通之处；(2) 两国高校几乎都没有实行淘汰制，“日本大学教育是以低淘汰率甚至零淘汰率为基本特征的”①；(3) 日本现行的高校招生模式是在受到中国的古代科举考试、德国的资格证书入学以及美国的综合选拔入学等综合影响下演化形成的，它为中国提供了如何将外国制度本土化的成功经验。因此，了解日本高校招生模式的基本结构，对我们有十分重要的参考价值。

(一) 日本高校招生模式的历史沿革

日本现行的高校招生模式是经过不断的发展逐渐演变而来的。因此，为更好地了解日本的高校招生模式，我们从教育制度与高校招生模式的历史沿革出发对它进行分析总结。

1. 二战前

回顾日本高等教育100多年的发展历程，日本近代高等教育制度伴随着明治维新时期《学制令》的颁布与实施而确立起来。在第二次世界大战前，如果与欧美国家相比，日本仍属高等教育比较后进的国家②。

---

① 胡建华：《战后日本大学史》，南京大学出版社，2001年，第219页。

② 胡剑虹：《日本高等教育制度评介》，苏州大学硕士学位论文，2003年，第1页。

（1）高校单独选拔。

日本在明治维新以前，由于封建幕府长期奉行闭关锁国的政策，国家处于贫困落后的状态。明治维新以后，日本实行了“文明开化”、“富国强兵”、“殖产业兴”，而“求智于世界”的文教政策，努力吸收欧美等国先进的科技文化成果。因此，在20世纪以前，借鉴欧美等国的经验，日本的高校招生模式是由各高校单独招生考试。

（2）统一招生考试。

随着形势的发展，1902年，日本文部省颁布了《高等学校、大学预科试验规程》，要求高等学校、大学预科实行统一招生考试，包括预备考试和选拔考试两个阶段。预备考试是对没有中学毕业学历者进行中学毕业文化程度的学科考试，考试合格者取得参加大学入学选拔考试的资格，而选拔考试就是高校入学考试。这种考试实行统一命题、统一考试，根据考生的考试成绩及其志愿次序综合决定考生分配到的高校系科。

统一招生考试实行了几年后，1908年3月，文部省停止了这一做法，各高校仍采用单独招生考试。但是，文部省对笔试科目有统一的规定，各高校不得更改考试科目，而且考试日期全国统一。这种高校单独招生的办法虽有利于发挥高校的专业特点，但不同高校之间的录取分数线差别太大。因此，1917年4月，文部省又废除了这种做法，并制定了《高等学校、大学预科入学者选拔规程》，重新实行统一招生考试。但统一招生考试的招生方式无法满足高等学校的需要，亟须进行改革。

（3）统一考试、高校单独选拔。

1919年，文部省颁布《改正高等学校令》，提出要大力发展高等教育。为适应此需要，文部省将招生方式改为统一考试、高校单独选拔。此招生方式施行了几年后，1927年11月，文部省又对它进行了改革。改革的内容主要是：第一，当报考人数超过招生人数时，要考查考生中学的学业成绩，结合中学成绩和入学考试成绩综合决定是否录取；第二，选拔考试的科目统一规定为3科；第三，以身体检查取代原来的体格检查；第四，选拔笔试的题目，允许各高校单独命题。虽然改革的目的是强调重视考生的中学学业成绩，但实际操作中各高校依然只重视单独命题选拔的考试成绩。因此，各高校入学成绩又出现差异悬殊的局面，面临着再次改革的需要。

（4）共同考试、单独选拔、综合评价、择优录取。

在统一考试、高校单独选拔的招生方式施行了十余年后，第二次世界大战爆发。在战争期间，日本的高校招生方式也进行了改革。1941 年，高校招生开始执行“共同考试、单独选拔、综合评价、择优录取”的方针，具体措施为：第一，笔试从中学必修科目中选取 3 门作为考试科目；第二，文部省对笔试科目进行统一命题；第三，重视口试；第四，录取依据中学校长的调查书、笔试成绩、口试成绩以及体检结果综合评定来决定。这次改革缓解了高校招生考试的压力，得到社会各界的肯定。1945 年，又对其作了两项调整：一是文部省的笔试命题考核中心由原来的考核基础知识转变为考查能力与素质；二是将录取分两步走，第一步是根据调查书对考生按招生数的两倍进行初选，第二步是高校根据笔试成绩、口试成绩和体检结果做出综合评定，择优录取，但这一高校招生方式在战争期间没有得到很好的施行。

2. 二战后

二战后日本教育改革的主线是资产阶级民主教育体制的建立、修正及再改革，即日本的教育在战后并未完全美国化，而是于 1952 年占领期结束后，出现了以不触动战后改革基本结构为前提的、旨在恢复二战前期的改革。伴随着二战后日本经济的恢复和腾飞，日本的高等教育得到迅速发展①。

(1) 升学能力测验。

第二次世界大战后，在美国教育使节团的建议下，日本文部省借鉴美国的“学术性向测验 (SAT)”，开发了“学术智力测验”这一大学入学考试。考试试题由文部省直属的国立教育研究所拟出，在全国实行统测，高校根据学生测试的成绩和志愿择优录取。从 1947 年开始，报考国立大学的考生一方面要参加各校的学科学力考试，另一方面要参加全国统一的“学术智力测验”。1948 年又做出新的决议，决定从 1949 年 1 月起实施统一的“升学能力测验”，用于高校招生考试，其目的是测定考生进入大学学习所具备的能力以及适合学习文科或理科某专业所具备的智能。

“升学能力测验”的目的既不是考查知识，也不是测量智力，而是旨在通过对学生语言推理、理解能力和非语言推理、理解能力的测试，考查考生大学学习所必须具备的专业适应能力。测验内容分一般能力、文科能力和理科能力三部分。试题采用小题多问、判断选择的形式。试题由文部省组织的“试题制作委员会”制定，实行全国统考。在此期间，知识考试与升学能力

① 胡剑虹：《日本高等教育制度评介》，苏州大学硕士学位论文，2003 年，第 4 页。

测验同时进行，考试科目有国语、数学、社会、理科和英语五科。考试重点在于检验学生运用基础知识和基本原理解决实际问题的能力，题型多采用应用题。录取时采用“三项等价单一指数”录取，即将高中成绩、知识考试和升学能力测验三项成绩合成为一项指数录取。录取时还要参考调查书，在了解考生健康状况、品德和特长后进行选拔。

(2) 自主招生。

由于美国与日本在教育理念、教学体系、教育方法和内容等方面均存在不同程度的差异，全盘照搬美国的 SAT 考试体系，不适合日本国情，因而升学能力测验备受指责。同时，由于这种考试采取初试、复试、档案审查三道关口的选拔方式，学生负担沉重，反而使考生的实际能力下降，因而遭到社会多方反对。1955 年，日本取消了升学能力测试，改为各大学单独招生考试。高校主要用学力考试、面试并参考高中的调查书等材料选拔学生，考试由各大学、学部遵照文部省的要求实施，考试科目也根据文部省要求而有所变化。各大学自行命题、考试，择优录取新生。从那时起，日本高校招生开始实行以标准分（又叫偏差值）决定录取的方法。

高校自主招生的方式虽然尊重了大学自治的传统，但是在实施几年后，一些问题逐渐暴露出来。问题的焦点是考生人数的失衡和竞争对中学教育产生的负面影响。各校生源极为不均，少数名牌大学出现“千军万马争过独木桥”的局面，而二、三流大学则是“门前冷落鞍马稀”。更为严重的是，偏差值选拔被推广到高中、初中入学考试和学校考试中。考生为升入好的大学，从小学开始就进入升学战中。学校教育为追求高标准分，大抓“主科”，忽视“副科”。考试制度还引发了一系列的社会问题，社会各界对考试制度极为不满。

为改进高校招生考试制度，1963 年文部省专门成立了能力开发研究所，试图对学习适应能力、职业适应能力等进行评价。同年秋季开始实施新的大学入学考试——能研测试。能研测试包括学力考试、升学适应性考试和职业适应考试，但大学对能研测试反应冷淡，1968 年不得不终止这一测试。其后，文部省向社会各界咨询改革高校招生考试制度问题，并于 1971 年 12 月提出第一份关于改革高校招生方式的咨询报告。报告认为：“在大学入学者选拔方面，依据高中校长提出的学生调查书、全国统一学力测试的结果和各大学实施的学力测试、技能测试、面试、小论文测试以及健康检查的结果综合判定入学志愿者的能力和学术性向是最值得考虑的方法。”① 之后的几年，就统一考试的科目、时间、方法以及两次考试等问题提出具体建议。

(3) 共通第一次学力考试＋自主考试。

1977 年 5 月，日本正式设立国立大学统一考试机构——大学入学考试中心，该中心的任务是“在有关国立大学入学者选拔方面，制定统一的第一次学力考试试题并阅读评分，以及处理其他有关事宜”②。1979 年，日本开始在全国的国立和公立大学招生中正式实施两阶段考试制度，即第一阶段为大学入学考试中心主持的全国“共通第一次学力考试”；第二阶段为各大学的自主考试。

第一阶段考试的目的是考核考生对高中阶段基础知识、基本技能的掌握程度。考试合格者才有资格参加第二阶段考试。第二阶段考试由各大学根据自己的学科特点进行自主命题组织。考试的目的在于弥补第一次统一考试的不足，进一步根据各学校的特殊要求考查考生是否具有该学部、学科的适应能力，突出专业特色。最后，大学根据两次考试的成绩以及高中调查书进行综合评定录取。至于两次考试成绩在录取中所占的比例，则完全由大学自行决定。各校都有自己的侧重。从 1979 年至 1989 年，日本的高校招生一直采用这一模式。1988 年，统一入学考试的范围从国立、公立大学扩大至私立大学。

(4) 大学入学考试中心考试＋各校自主考试。

“共通第一次学力考试”在日本实施了 11 年，它为各院校入学考试之前提供了一次最初的甄别，在各方面都得到了积极的评价。然而，随着时间的推移，一些大学却使用“共通第一次学力考试”的结果作为唯一的录取依据，使得大学间出现了明显的序列化倾向。为纠正大学入学畸形竞争的不利影响，从 1990 年起，日本用“大学入学考试中心考试”代替了“全国共通第一次学力考试”。“大学入学考试中心考试”是在原有“共通学力第一次考试”基础上加以改进后实施的，以判定考生对高中阶段基本学习内容的掌握程度为主要目的，旨在保证各种各样的选择原则和标准适合于考生不同的个性、能力和性向。同时还有更深一层的作用，即赋予了各大学更多的自主

① 田畑茂二郎，等：《改革大学入学者选拔方法会议：大学入学者选拔方法の改善について》，入试制度および教育・研究，有信堂，1971 年，第 25 页。

② 黑羽亮一：《战后大学政策の展开》，玉川大学出版部，1993 年，第147 页。

权，各大学可以自行决定是否选用这个方案和选用的科目数量。改革后的“大学入学考试中心考试”，不仅得到了国立、公立、私立大学的广泛使用，中学对它也没有大的意见，得到了大学和社会各界的认可。利用大学入学考试中心考试的大学逐年增多。

除“大学入学考试中心考试”以外，各高校为了从多方面、多角度综合考查考生的能力和适应性，还自行实施形式多样的考试或选拔，即自主考试，实现其个性化和特色化，这在一定程度上削弱了大学间的序列化倾向。新的高校招生模式效果较好。在大学入学考试中心的协同努力下，这一高校招生模式已逐步完善和定型，并得到社会各界人士的认可。

（二）统一考试十各校单独考试：日本高校招生模式

日本高校招生的基本模式是“统单结合”，即实行国家统一和高校自主相结合的招生模式。考生参加全国统一的大学入学考试中心考试，考试合格后，可依据大学入学考试中心考试成绩参加适合自己性向、兴趣的高校组织的第二次考试（大致可分为四大类型：个别学历检查；综合能力检查；专门针对职业高中和综合学科毕业生为对象的选拔考试；AO 考试［Admissions Office］，主要招收适合本校的学生）。然后由招生学校根据学生这两次考试的成绩，并结合高中时的书面材料如调查书、体检表等择优录取。但在两次成绩的侧重上，不同的高校、学科专业有所区别。多数大学侧重第一次考试成绩，部分大学侧重第二次考试成绩，还有部分大学看两次成绩的总和①。

除这种综合评定录取的招生方式外，推荐入学制也是日本的一种重要的高校招生方式。日本在部分高校实行推荐入学制度。推荐入学是以调查书、毕业学校校长推荐书、面试等为录取的主要依据，完全或部分减免考生学历考试的招生录取方法。推荐办法主要由大学根据情况而定，各大学自主决定保送名额。具体来说，主要有三种录取方式：第一种是要求保送生参加共通第一次考试，然后以中学校长的推荐信、调查书、共通第一次考试成绩、面试等综合择优录取；第二种是保送生参加两次考试，第一次为书面考试，第二次为小论文和面试，然后根据考试成绩、调查书、小论文、面试等择优录取；第三种是免除共通第一次考试，根据推荐信、调查书、健康卡、小论

① 张宜年、史亚杰、张德伟：《日本大学招生考试制度的多样化》，《外国教育研究》2002 年第 6 期，第 43 页。

文、面试、技术操作等确定是否录取。对名牌大学来说，实行推荐制度容易保证得到优秀人才①。目前，推荐入学制已被许多大学所采用。

还有一种重要的高校招生方式是AO入学考试。AO考试是由大学专门的招生考试机构组织实施的入学选拔。AO入试制度是指学生和大学进行的双向选择，具体做法由大学自定，校方不只看学生的成绩，而是注重翔实的资料审查和一定时间的认真面试相结合的综合考查，更加注重学生的学习兴趣、学习欲望、实践能力、研究能力和独创性。AO考试取消了普通的学力考试，代之以多元的评价尺度和评价方法，着重考查学生对专业是否有兴趣，是否有良好的学习习惯、基本的学习能力和较大的发展潜力。

另外，日本的高校招生方式仍有不少。如个别大学仅凭高中调查书、体检健康表等材料录取新生；有的大学只根据大学入学中心考试成绩录取新生。占日本高校80%以上的私立高等学校大多按本校的招生办法自主招收新生。其招生办法各不相同，有的采取单独考试选拔新生，有的采取中学推荐入学的办法，也有的参加全国统一考试，但主要是自主进行招生。近年来，已有部分私立高等学校为了减少人力、财力的消耗，开始全面或部分利用全国大学入学考试中心考试的成绩来录取学生。

总之，日本的高校招生模式从整体上讲是“统单结合”的模式。高校招生不仅重视统一考试的作用，还强调学校单独组织考试，以了解考生对所报专业的适应能力。考试的内容由各高校根据各自的专业要求和专业特点自行确定，主要包括专业基础知识、学习能力、学术方向等方面的内容。考试方法也较为灵活，主要有个别学力检查、小论文测验、面试、调查书、以专门高中和综合学科毕业生为对象的选拔等，由学校根据招生考试的具体内容和要求，灵活掌握。这对于中国高校自主招生改革试点有积极的现实意义。

（三）日本高校招生模式的自主性分析

通过对日本高校招生模式的描述与总结，可以看出其自主性表现为以下两点：

1. 高校自主决定对统一考试与单独考试的采用度

日本的高校有自治权，其权力受宪法保护，招生权也由高校自主掌握，

---

① 邱洪昌、林启泗：《十国高等学校招生制度》，航空工业出版社，1994年，第129～130页。

文部省不直接干预。至于高校招生是否利用大学入学考试中心考试、在多大程度上利用、如何利用，由各校自主决定。在统一考试结束后，各高校还要举行单独考试，制定符合本校特色的选拔原则和方法，这种做法能够较好地体现所设置的专业对考生的某些特殊要求，更多地考虑考生对专业的适应性。对有特长的学生或特殊的专业，高校可灵活采取各种特殊措施，使高校选拔到适合本校特色的学生。

2. 招生途径多样化

日本高校普遍推行多样化的招生途径。虽然国立、公立和私立高校的招生标准和招生办法各不相同，但一般的招生途径主要有以下几种：(1) 综合评定。各高校一般都采用这种途径。它是根据大学入学考试中心考试与高校第二次考试的成绩、调查书、体检表等进行综合判断选拔，高校可以根据自己的侧重自行决定两次考试成绩在录取中所占的比例。(2) 保送入学。大部分高校有保送入学制度。保送名额的多少由各校自行决定。保送条件和办法，各校也不完全相同。(3) 推荐入学。大部分高校都采取推荐入学制度。推荐入学名额和加试办法由各高校自行决定，录取办法一般根据调查书、推荐信和本人报告进行初选，初选合格者通过加试后由大学决定是否录取。(4) 调查书选拔。一部分高校对调查书所提供的资料进行判断来决定是否录取。有些高校为了防止参加第二次考试的人数过多，先根据调查书进行初选，之后才决定参加第二次考试的人选。(5) 残疾人的入学选拔。这一选拔制度是日本高校入学选拔制度的一大特色。残疾人的考试内容同正常人一样，不同之处是残疾人在单独一室进行考试。试卷有盲文本的，也有大字本的，考试时间延长 1.5 倍，答卷则用盲文或由监考教师代写①。招生途径的多样化，扩大了高校的招生考试自主权，保证各高校、各系、各专业可以充分选拔自己所需要的新生。

3. 评价尺度多元化

评价尺度的多元化是指高校在招生时不仅看考生的学业成绩，而且看他们的兴趣、特长、适应性和各种能力，对多个方面加以评价。日本不断完善“大学入学考试中心考试”和各高校的单独考试，就是谋求评价尺度多元化。另外，高校在招生时注意参考高中的调查书和各种学习活动、文化体育活

① 金志远、李松林：《日本高校招生制度的改革与发展：借鉴与启示》，《世界教育信息》2008 年第 2 期，第 70～72 页。

动、就业经验、活动经验等的记录及成果等调查材料，也是对考生进行多元评价的一个重要表现①。

综上所述，日本在高等教育快速发展的今天，为进一步促进大学教育的多样化和个性化，适应学生多样化的发展需要，使大学能真正招到优秀的学生，在谋求高校招生考试多样化、体现高校招生自主权方面做出了很大努力。以多样化为取向的日本高校招生改革，在改变“一试定终身”和避免招到“高分低能”的学生等方面，都能给中国的高校自主招生改革提供参考和借鉴。

（四）日本高校招生模式的启示与借鉴

从战后的1947年开始，日本就开始探索适合本国国情的高校招生模式。经过多方努力，1979年终于确立了以举行第一次统考和第二次考试相结合的高校招生模式。这种考试制度的确立，是继承明治维新时代以来国立学校考试传统的必然结果，坚持自己的传统和吸收世界各国先进经验相结合，为日本构建适合本国国情的高校招生模式奠定了基础。

中日两国虽然社会制度不同，国情迥异，然而由于日本受中国儒家文化传统的深厚影响，并且两国在发展高等教育事业中面临着很多共同的课题，因此，日本高校招生的某些成功做法值得我们借鉴。日本的高校招生考试制度固然有不足的方面，但“大学入学考试中心考试”和单独考核相结合的高校招生体系，兼顾统一性、多样性和自主性，给中国的高校自主招生改革提供了一定的参考和借鉴。尤其是日本高校在招生中自主决定对统一考试的采用度和招生途径、评价尺度的多样化、多元化，对中国高校自主招生改革有着直接的借鉴意义。

二、韩国高校招生模式解析

中韩两国都有悠久的历史和文化渊源，功名观的影响可谓根深蒂固，这种影响不免折射到高校招生模式上。近十年来，高等教育民主化、个性教育、培养英才、争创世界一流大学等共同的教育目标，又对高校招生模式改革提出了类似的要求和压力。历史与现实使两国高等教育包括高校招生模式

① 赵丽丽：《浅议日本大学入学考试制度的多样化及对我国的启示》，《基础教育参考》2005年第12期，第23～25页。

具有某些共性①。因而，探讨韩国高校招生模式，对中国高校自主招生改革大有裨益。

(一) 韩国高校招生模式的历史沿革

韩国自建国六十多年以来，教育体系已经发展得相当完备。这为韩国的振兴和发展奠定了坚实的人才基础。与教育制度的发展改革相适应，韩国的高校招生模式也是经过不断改革与完善才建立起来的。总体来看，韩国高校招生模式发展演变可分为五个时期：

1. 1948 年—1968 年，采用以高校自主招生为主的模式

1948 年，韩国建国。建国后，韩国参照欧美的经验，改变了日本占领时期的高等教育制度，创建了高等教育的基本体制。这个时期，高等学校的数目、考生均较少，因此实行的是以高校自主实施考试、自主选拔录取为主的模式。政府将招生考试管理权委托给大学校长，国家不加干预。这种招生办法在当时的情形下基本可以维持，但随着高等教育的迅速发展、高等学校数量不断扩大、考生人数也不断增多，给高校自主招生模式的执行带来了很大困难。

这一时期的招生虽然充分尊重了高校的自主权，但由于高校滥用这一权力，出现了招生超员、生源质量下降等问题，使高校自主招生模式不断遭到质疑。从 1948 年至 1968 年的 20 年间，曾采取过两次以国家统一考试为主的高校招生模式。总体上看，在此期间的各高校自主招生方式有所差别，学生的选拔、考试的管理以及考试的实施都由大学校长自主决定。

2. 1969 年—1981 年，采用大学入学预备考试和各校单独考试相结合的招生模式

高校自主招生模式存在的问题和现实状况，催生了第一次高校招生模式的大改革。这一时期，国家和政府加强了对高等教育的控制和管理，提出《大学整备法案》，公布“大学入学预备考察令”，于 1969 年开始实行大学入学预备考试（PECE）和复试（由各招生单位举行）制度②。大学预备考试

① 徐小洲：《韩国高考改革的动向及启示》，《教育研究》2003 年第 12 期，第 66～70 页。

② 曾仲：《亚洲部分国家和地区招生制度比较》，《比较教育研究》2000 年第 3 期，第 53～57 页。

有资格考试的性质，只有通过大学预备考试的考生，才有资格参加由各个高校单独举行的入学考试。因此，那时的韩国高校招生模式由资格考试和入学考试两个部分组成。韩国的考生必须通过资格考试和入学考试两道关口，才有可能成为一名大学新生。大学预备考试的科目有国文、数学、社会、科学、英文、实业或家政六科。高等学校在预考的基础上再单独举行入学考试，各校举行的入学考试各有差别。

这一时期，高校招生规模不断扩大。由于要求上大学的人数众多而招生数非常有限，加之考试制度加剧了考生的负担，韩国教育部决定实行第二次招生制度的大改革。

3. 1982 年—1993 年，实行大学入学学力考试与高中成绩相结合的招生模式

从 1982 年开始，韩国将“大学入学预备考试”改为“大学入学学力考试”。考生以大学入学学力考试成绩和高中成绩来申报选择高校。高校根据考生的这两项成绩，或采用入学加试的方式决定录取与否。这一阶段大学入学学力考试与高中成绩的结合有如下变化：(1) 1982 年—1985 年，是大学入学学力考试与高中成绩并行时期，大学选拔考生时，要参考大学入学学力考试成绩和高中成绩。(2) 1986 年—1987 年，大学录取开始参考大学入学学力考试成绩、高中成绩和大学组织的论述考试结果，其中，大学入学学力考试占 50%以上、高中成绩占 30%、论述考试占 10%以内。(3) 1988 年—1993 年，高校选拔学生时，要参考大学入学学力考试（1993 年改为学能考试）成绩、高中成绩（必须占 30%以上）以及面试成绩（10%以内）。

上述措施效果也并非如人所愿，实施后不久就暴露出了一系列的问题。例如，考生所有学科的学力考查取决于一次统考，高校在选拔考生时无决定权。因此，韩国教育部决定从 1994 年起开始引入新的考试制度，这就是韩国高等学校招生制度的第三次大改革。

4. 1994 年—1996 年，实行大学修学能力考试、中学成绩和大学自主考试相结合的招生模式

受国际高等教育发展趋势的影响，1994 年韩国又进行了一次高校招生制度的大改革，以“大学修学能力考试”代替“大学入学学力考试”。这一时期，高校主要根据学生中学成绩①、大学修学能力考试成绩②和各大学自主考试成绩③三方面来择优录取新生，其中中学成绩为必查部分，其他两项各高校可自由选择。该制度有利于高中教育的连续性，有利于国家的参与进而体现公共性原则，也有利于体现大学的自治精神，扩大高校的招生自主权，增加了学生选择高校的机会，是一次较为彻底的高校招生制度改革④。

然而问题在于，一流大学都增加了各自的考查，并且考查科目以国语、英语和数学为主。这三门课程在高中成绩册中占的比重较大，在大学修学能力考试中占的比重也很大。于是，整个大学入学考试和高中教育均不自觉地偏重国语、英语和数学。已有许多高中根据学力编排年级，并且开设课外的国语、英语和数学特别讲座。这种高校招生考试制度可能会导致学生偏科，不利于人才的全面培养。加上其他种种原因，韩国教育部又出台了新的改革措施。

5. 1997年—2001年，实行大学修学能力考试、学校生活记录簿和大学自主考试相结合的招生模式

从1997年开始，韩国教育部废除国立和公立大学以国语、数学、英语为主的笔试制度，规定私立大学可自行决定录取学生的方式和标准。根据这一改革方案，韩国46所国立和公立大学在招生时必须以“学校生活记录簿”（School Life Document）作为主要录取标准，目的是不仅要注重

① 中学成绩不仅指学习成绩，社会活动能力也是重要方面，所占比例也由30%提高到40%以上，是反映学生在高中阶段学习、出勤、活动等情况的综合评定成绩，其主要目的是促使高中教育正常化，向大学提供合适的选拔材料，使大学入学合理化。韩国教育部、教育评价院：《1994学年度大学修学能力考试试行公告》，《教育月报》1993年第7期。

② 大学修学能力考试成绩的采用与否、在总分中体现的比例、体现方法以及是否采取大学单独考试、考试成绩在总分中所占比例由各大学自主决定。考生可根据自己的情况，选择是参加一次修学能力考试还是两次。学生在填报志愿时，可选择两次修学能力考试中最好的成绩向大学提出。韩国教育部大学学务科：《新大学入试制度实行基本计划》，《教育月报》1993年第4期；韩国教育部教育研究奖学编修室：《1994学年度高等学校成绩内申制实行指针》，《教育月报》1993年第5期。

③ 在统一组织学能考试的基础上，允许各高校举行不多于两科的笔试，笔试可以由各高校联合命题，也可以各校单独命题，试题将从中央教育评价院题库中选取。

④ 叶琴：《韩国大学招生考试制度改革及其启示》，《内蒙古师范大学学报》（教育科学版）2006年第1期，第73～76页。

终结性评价，还要注重诊断性评价和形成性评价。“学校生活记录簿”里记载着学生在学期间的基本情况，包括个人简历、学籍管理、出席和缺席事项、身体发展状况、心理检查结果、参加有关学科竞赛大会的成绩与获奖情况、有关资格证书、指导未来出路事项、课外活动、服务活动情况、行动发达现状、综合意见、每个科目学习成绩 13 个事项的学校生活信息。高等学校可自行决定是否以学业考试成绩、面试和论述能力，以及实际技能考试成绩作为录取的辅助标准。

这一时期政策的目的是试图对学生进行综合评价，改变仅凭考试成绩选拔学生的状况。但是，这项政策也存在一些问题。例如，“学校生活记录簿”不能保证记录的客观性和公正性，引发了高中成绩失真的问题，对高中学生的学习产生了不良的影响。

6. 2002 年以来，实行大学修学能力考试、学校生活记录簿、面试和大学自主考试相结合的招生模式

2002 年，韩国对高校招生考试制度再次进行了改革，新制度在很大程度上改变了过去以总分作为选拔学生标准的做法，而采用多种方法和标准选拔新生，目的在于促进高校按照自己的教育理念和教育目标去选拔学生，从而培养富有个性和创造性的人才。因此，在选拔新生时，高校将学生的特别活动、专长、简历、品德等多种因素作为考查的标准，在此基础上做出自主性的判断。

韩国政府希望通过这种方式，在一定程度上改善大学门难进的现状。新制度的最大特点是对考试成绩不再纯粹计算总分，而是将各科目的考试成绩分别打分，然后依据分数段确定各科目的等级以及综合等级，并将其划分为 9 个等级，每年的等级比例根据当年的考生人数确定。各高校可根据各科目特点考虑等级、学生手册、面试成绩、专长等情况招收学生①。这是一种以等级排队，而不再是以总分排队的做法。高校可以通过多种渠道录取新生，而考生也能选择最有利于自己的渠道争取入学②。新的高校招生考试制度最

① 《全面解读韩国高等教育机构》，http://www.bjbys.net.cn/newssystem/news/hwyx/12027.html，2004-11-23。

② 李水山：《韩国高考制度的改革沿革与发展方向》，http://www.cnier.ac.cn，2004-09-13。

大的好处，是打破了以分数为主的招生惯例，引导学生不再只注意考试的分数，把注意力转移到培养自己的专长和特殊才能上来。

综观韩国高校招生模式的演变进程可以看出，几十年来韩国的招生模式是在统一与非统一两种形式之间来回变动的。正是经历了这样不断改革、完善的过程，高等学校的招生模式才会更加切实可行。从整个情况概括来看，可以得出以下几点结论：(1) 招生自主权的加大，使高校能够选拔到优秀的学生。(2) 高校招生考试由国家的独立考试机构负责组织实施，保证了考试的水平、质量和权威性。(3) 逐步加大中学成绩在录取中的比例，使中学教育走上正常化的轨道。

（二）统一考试十多元评价：韩国高校招生模式

在多年的嬗变中，韩国高校逐渐形成了具有本国特色的招生模式。1994年，韩国引入美国的 SAT 考试制度，将大学统考改为"大学修学能力考试"。高等学校可依据学生的高中在校成绩（高中内申成绩）、大学修学能力考试成绩和各大学单独考试成绩选拔新生。2001 年，韩国副总理兼教育人力资源部长向韩国总统汇报了《教育改革及改善教育条件的推进计划》，根据该计划，从 2005 年起，韩国高校招生考试在大学修学能力考试体系、考生自由选考领域等方面将发生一些变化。计划中规定，修学能力考试将分为国语、英语、数学等以必修课为主的"修学能力Ⅰ"和以选修课为中心的"修学能力Ⅱ"的二元化考试体系；大学入学考试不再计算总分，而把各科考试的成绩按照一定比例转换为 9 个等级，高校录取时参考高考成绩转化成的等级和日常成绩做出综合评定①，等等。目前，韩国实施的高校招生模式就是在这一计划的基础上形成的。

从招生形式上来看，韩国既实行全国统一定时招生制②，也实行随时招生制③

---

① 杨继龙、但昭彬：《中韩两国高考制度改革之比较》，《滁州学院学报》2007 年第 1 期，第 110～113 页。

② 指考试日期间隔 5 天的四大考区定时招生考试制，即大学学习能力考试。

③ 随时招生制规定，入学学期在 3 月的大学以高三在校生和高中毕业生为对象，每年定期实施招生考试，而入学学期不在 3 月的大学只以高中毕业生为对象。无论入学学期是在 3 月的大学还是不在 3 月的大学，招生人数必须控制在每个学年度总招生定员的范围之内。

和特别考核选拔及推荐入学制①，还新增了追加招生制②、免试考核制③等。韩国高考制度经过一系列改革，日益科学、完善和健全，给中国高考制度改革提供了诸多有益的启示。

具体来说，韩国高校在招生过程中主要考虑以下几个要素：

1. 大学修学能力考试

大学修学能力考试是对考生高中及高中以前学校教育阶段学力和是否具备进入大学学习能力的考查，其命题范围是高中及高中以前学校教育阶段的全部文化课。它采取全国性统一考试的方式，即统一时间、统一考卷、统一内容、统一标准实施的考试，最大限度地保障考试的公平性和权威性。它可以测评学生的理解能力、适用能力、分析能力、综合能力和评价能力等高层次的思维能力。

2. 内申成绩考核

内申成绩是韩国高校招生考试的基本要求之一。在高校选拔录取考生时，内申成绩大约占录取总标准的40%或更多。内申成绩主要反映高中全学年、全部课程和日常生活表现。

3. 各大学单独举行的考试

韩国各高校在政府的允许下举行单独考试，以扩大它们的招生自主权。各高校通过综合生活记录簿、论述、面试、口试、自我介绍书、获奖经历证明及服务活动资料等形式选拔学生，既可以最大限度地反映出每个学生的适应性和实际能力，又能够切实保障大学新生各方面的素质④。

（三）韩国高校招生模式的自主性分析

通过对韩国高校招生模式的分析，不难看出其自主性主要表现在以下两

---

① 特别考核选拔对象自1997学年度起，从原来的外交官子女及农村、渔村学生扩大到海外侨民、外国人、生活困难的对国家独立有功者的子女等。韩国现行的大学招生制度既准许大学通过一般考核选拔招收对父母特别孝敬者和单科成绩特别优秀者，又准许大学在高中校长推荐人数超出学生招生计划数倍的学生中通过公平竞争择优录取。

② 追加招生制规定，各大学在每年固定的期间内，选拔在随时、提前、定时等招生考试中未被录取、未登记注册的学生。

③ 免试考核制要求大学重视使用包括生活记录簿、面试、非教学科目参考资料、微机科目在内的多种考核资料。

④ 陈阳：《国外高考模式比较研究》，《理论观察》2006年第2期，第121～122页。

个方面：

1. 招生权力多元化

在韩国现行高校招生体制下，管理机构的设置表现为“三类四级”结构，即“国家、民间行业协会、学校”三个类别，“政府——协会——大学——高中”四级层次。具体来说，韩国高校招生的相关机构主要包括高校、大学教育协会、高级中学和教育与人力资源部。教育与人力资源部的主要职责是对高校招生进行监督，保证招生、考试的公平性，并协调因多种招生方式引发的冲突，保障考生和大学的权益①。大学教育协会的主要职责是组织、承办韩国大学修学能力考试。高校是招生工作的主体和具体承担者，负责制定、宣传各自的招生计划，确立本校招生录取的流程，审核入学申请者的材料，组织面试，制定及调整录取标准，选择招生录取方式，发送录取通知书等。高校在整个招生中的地位越来越高，从招生计划制定到录取标准的选择，再到单独考试的施行，直至最终录取名单的确定，这些都是由高校直接管理②。高级中学主要负责向高校提供“学校生活记录簿”，尤其在推荐入学制下，高中校长乃至班主任、科目教师都可以为学生申请入学出具推荐信。

2. 录取方式多样化，录取依据多元化

韩国高校可以通过多种途径录取学生，主要录取方式包括定时招生制、随时招生制、追加招生制、特别考核选拔制（主要针对具有某种特长或获得各种奖励的高中毕业生）、推荐入学制、高校自主开发的多样化录取方式（包括免试考核制）、贡献入学制（比如做出较大贡献的校友子女）等。为了给高校以充分的招生自主权，韩国教育与人力资源部规定：各高校均可对学校生活记录簿、大学修学能力考试、大学单独考试、面试、非教学科目资料③、微机科目④六类资料进行自由选择和组合来选拔学生⑤。

---

① 田以麟：《今日韩国教育》，广东教育出版社，1996 年，第 77 页。

② 皇甫晓宇：《韩国高校招生体制评析》，《宁波大学学报》（教育科学版）2007 年第 6 期，第 67～69 页。

③ 非教学科目参考资料，是指高校录取时可要求学生将其他资料记录在入学志愿书上，或要求学生提供其他资料，比如推荐书、修学计划书、自我介绍、学校特色介绍以及简单的随笔等材料。

④ 微机科目资料，即申请入学者提供的计算机水平证明。

⑤ 杨继龙、但昭彬：《中韩两国高考制度改革之比较》，《滁州学院学报》2007 年第 1 期，第 110～113 页。

（四）韩国高校招生模式的启示

中韩两国在文化交流上历史源远流长，在人民的生活习俗、传统意识观念等方面也有着许多共同之处。同样，韩国在高校招生考试制度改革中所采取的措施及遇到的问题与中国也有许多相似之处，值得我们借鉴和反思。纵观韩国高校招生模式的现状及其改革过程，结合中国高校自主招生改革的具体实际，可以得到以下几点有益的启示：

1. 坚持统一考试在高校招生中的地位与作用

在韩国近年来的高校招生考试制度改革中，统一考试成绩（大学入学预备考试、大学入学学力考试、大学修学能力考试）一直是高校招生的一个必要条件。统一考试可以测评学生多方面的思维能力和基本的学识水平。高校招生通过对统一考试成绩的一定要求，保障招生的公平性和科学性。中韩两国同属于东亚儒家文化圈，儒家传统文化对中韩两国的社会发展及变革都有深远的影响。中韩两国的政治制度、经济制度存在着本质的差别，高校招生考试制度的改革与发展历程各异，却殊途同归。因此，在现阶段，中国高校自主招生改革也应当坚持统一考试在其中的地位与作用。

2. 建立多元的评价录取模式

韩国政府历来强调建立以能力为本而非以学历为本的社会，主张通过多种多样的招生方式和录取标准，建立、健全高校招生考试制度，积极促进提高高校自律性的制度建设，逐渐扩大高校的招生自主权。各高校为了选拔符合本校建校理念和培养目标的学生，不仅兼顾考生的考试成绩，而且综合考虑特别活动、特长、经历、品行等多种因素，充分尊重学生个性的发展方向。中国的高校自主招生改革也要探索并建立有助于反映学生综合素质和个性特长的多元化考试评价系统。高校招生可将学生的高考成绩作为评价录取的依据之一，同时兼顾考生高中阶段的学习情况、校长（教师或其他人员）的推荐信、教师评语、个性特长、社会实践活动等综合因素进行录取，并逐步增加它们在评价体系中的比重。

3. 强调政府对高校招生的宏观调控作用

从韩国高校招生体制演变的历程来看，政府可谓是步步放权，不再干预招生的具体管理工作，而致力于开展多种多样的调控性服务工作，比如增加录取考核资料，补充完善大学修学能力考试，提供具有国家水平的学力参考资料；补充完善学校生活记录簿，使各高中可以记录学生的各种资料，以便高校进行参照；继续下放权力，扩大高校招生自主权①。对于中国的高校自主招生改革来说，政府的主要工作应是不断加强对高校自主招生的监控力度，通过制定自主招生的法规、条例，设立评价自主招生成效的机构，并将评价结果与高校的相关利益直接挂钩，加大对招生录取中腐败现象的惩处力度，积极探寻有效的改革方案。

第三节　我国台湾地区高校招生模式的考察

我国大陆与台湾地区虽在政治、经济制度上有所差别，但在文化传统上同根同源，既有重视教育的传统，又有人情社会的特征。台湾地区的高校招考制度改革成功地借鉴了国外的经验，不少改革走在大陆的前面。考察台湾地区的高校招生模式，对我国大陆的高校自主招生改革将起到积极的作用。

一、台湾地区高校招生模式的历史沿革

台湾自古以来就是我国不可分割的一部分，其教育制度主要源自我国内地。由于台湾在1949年以后与大陆相互隔离，其教育制度自然有一些不同之处。高校招生模式作为教育制度的重要组成部分，也呈现出一些独特的风貌。

（一）1949年—1953年，高校单独招生

1945年台湾光复，剔除了日据时代日本式的教育制度，重建了中国式的教育体制，推行国民党党化教育。教育制度依据原国民党政府在大陆制定、颁布的基本政策而建立。台湾地区的高校招生考试制度的发展、演变是与高等教育的发展演变息息相关的。国民党政府1949年退居台湾地区以后，为适应经济恢复与发展的需要，陆续建立起一批公立、私立大专院校。但由于这一时期高校数量少，国民党当局仍旧遵循在大陆执政时所施行的高校自主招生模式，高校招生工作由各高校自行处理。1951年台湾地区教育事务主管部门颁布《专科以上学校招生办法12条》，规定招生方式由各校自行决定。1951年、1952年和1953年的招生工作大体按照“招生办法12条”的

① 皇甫晓宇：《韩国高校招生体制评析》，《宁波大学学报》（教育科学版）2007年第6期，第67～69页。

精神办理，没有太大的变化，各高校单独进行招生。

（二）1954 年—1971 年，大专联招

从 1954 年开始，由于台湾地区高中毕业生人数日益增多，考生重复参加各校自行组织的招生考试，在人力、物力和精神上消耗过大，为解决这一问题，台湾地区教育事务主管部门命令台湾大学、台湾省立师范学院、台湾省立农学院、台湾省立工学院举行联合招生。1955 年，联合招生高校范围扩大，但其他公立、私立专科以上学校仍自行单独招生。

1956 年，台湾地区教育事务主管部门又举办会考升学联合考试，制定“1956 年高级中学毕业生会考暨专科以上学校入学联合试验办法”（以下简称“联合试验办法”），规定不仅高中毕业生会考与专科以上学校新生入学试验联合举行，而且公立、私立专科以上学校及军事学校均联合举行[①]。毕业生会考由台湾省教育厅主办，入学试验由各专科以上学校联合办理。1957 年，因会考加重考生负担，考务工作繁复，计算成绩难求公平性和可比性，因而取消了高中毕业会考。之后的几年，高校继续实行这一招生办法，但也经历了多次讨论和改革。

1962 年，鉴于专科学校与大学的目标不同、教学内容迥异等原因，该年度专科学校退出大专联招[②]，大学与专科学校分别办理招生。1963 年，经讨论、研究发现，大学和专科学校分别联招，不但增加考务负担，而且由于大多数考生要参加两次考试，不胜负荷，重复录取者甚多，大专入学总人数却减少了。这主要是因为一般民众及考生认为专科不如大学，当大学和专科学校联招考试的学生来源相同时，发生严重的重榜、缺额情况。专科录取的学生 70%以上都是大学联考的落榜生，专科学校难以达到招收高素质学生的目的。可见，大学与专科学校分开联招，是费时、费力、费钱之举。所以 1963 年又恢复了大学与专科学校合办联招。这一招生方式一直实行到 1972 年。

（三）1972 年—1983 年，大学入学考试制度的规划时期

这个时期，台湾地区的政治、经济、文化受到巨大震荡，这一切促使台

① 台湾教育事务主管部门教育年鉴编纂委员会编纂：《第三次教育年鉴》（第七编 高等教育），正中书局，1957 年，第 501～502 页。

② 台湾在 1972 年以前，常将大学联招称为“大专联招”，就是因为从 1954 年到 1971 年，大学和专科学校的联合招生基本是在一起合办的。

湾开始实施革新保台的政策。与此同时，台湾地区的大专联招也进行了革新。比较重大的发展变化是，1972 年开始大学联招与专科学校联招彻底分开，各级各类院校招生各行其是。大学联招和专科学校联招结束后，“联招会”的统计结果显示，“专科学校所录取的考生，绝大多数并非大学联招录取名额以后的延伸，此已足证分开招生确较合理”[①]。

1976 年 2 月，台湾地区教育事务主管部门成立大学联招的常设机构——大学入学考试委员会（简称“大考会”），规划大学入学考试事项和研究大学入学考试政策的改进。大考会组织结构的特征是教育行政官僚体系和学校科层体系的紧密结合，使得行政命令得以从上而下贯彻执行，这标志着招生决策权正式由各大学转移至教育事务主管部门职权下，大学联考在形式上成为台湾当局主导的考试，并奠定其权威的地位[②]。

1981 年，台湾地区教育专家建议台湾当局改进大学联合招生的办法。根据会议提出的改进大学联招的基本原则，“大学入学考试委员会专案小组”设计了三个改进方案。经过讨论，最后决定于 1984 年开始实施大学入学考试新制度，此即“联招新制”。

（四）1984 年—1991 年，联招新制

进入 20 世纪 80 年代以后，台湾地区经济自由化、政治民主化政策具有一定的扩散作用，渗透在教育领域，促成大学教育民主化，要求教育改革的呼声日益激烈。“联招新制”是台湾大学联招制度的一次重大改革和突破。总体来说，大学“联招新制”具有如下特色[③]：（1）确立先考试，后填志愿，再统一分发的“考招分离”的联招架构。（2）增加考生选择的机会。（3）考生所填志愿符合实际。（4）符合大学招生的要求，可以招收到合适的学生。（5）大学可以依据其特殊的性质和需要，选择所需要的学生，在一定意义上具备了单独招生的部分优点。（6）减轻了大学联招的工作负担。

“联招新制”自实施以来，受到学者和社会大众的普遍关注，大多支持

---

① 方炎明的有关台湾地区“大学入学考试制度之改革”的论文，载于台湾比较教育学会：《世界高等教育改革动向》，台湾幼狮文化事业公司，1977 年，第 123～124 页。

② 丘爱玲的有关台湾地区“大学联招政策变迁之研究（1954—1997）”，台湾师范大学博士学位论文，1998 年，第 121 页。

③ 杨明宗：《大学联招新制实施成效之研究》（一），《教育资料文摘》1986 年第 12 期，第 34～36 页。

采用新制大学入学考试制度。大学“联招新制”纵然有诸多优点和显著的特色，但毕竟是一个理想的方案，在具体的实施过程中未能全部实现，许多方面并未规划得那么理想。

（五）1992 年至今，大学多元入学方案的构想与实施

台湾地区教育事务主管部门积极改革大学联招制度，借鉴日本的做法，经过积极论证筹备，于 1989 年 7 月由 47 所大学发起正式成立大学入学考试中心。“大考中心”的组织职责是研究改进大学入学方法与技术、办理大学入学考试事宜。“大考中心”历经三年的研究，1992 年 5 月 3 日提出“大学入学制度改革建议书——大学多元入学方案”，建议大学联招向多元化入学方式转变，大学与考生双向选择，大学招生实现“适才适所”的目的。“建议书”提出的多元入学对策包括改良式联招、推荐甄选、预修甄试三个入学方案及命题的改进、高中成绩的采纳等配套措施。

具体地说，(1) 改良式联招是针对新制大学联招的缺失加以改良而成，故名为“改良式联招”。改革思路为先分两部分考试，即基础科目考试和指定科目考试，渐进到两阶段考试，最后达成学力鉴定考试和申请入学的目标。(2) 推荐甄选[①]指高级中学依据大学各系科选才的条件推荐应届毕业生，经大学自主甄选入学。(3) 预修甄试主要是基于终身教育理念，为重考生和失学青年开辟的另一个升学途径。

“大学多元入学方案”中的考试方式、考试科目与内容，主要特点是统一考试，由各大学联合委托一个专职机构办理。考试科目分为基础科目与指定科目两部分[②]。参加“改良式联招”（考试分发）入学途径的考生要参加两部分科目的全部考试，而参加推荐甄选的考生只参加第一部分基础科目的考试，然后

---

① 推荐甄选的招生对象为：具有特殊才能与性向的学生；学科成绩特优的学生；大学学院或系科根据其特色所需要选取的学生。推荐甄选有以下特色：第一，高中成立推荐委员会，审查学生是否符合大学某校系推荐条件，向各大学推荐学生参加甄选。第二，符合推荐条件的高级中等学校学生，参加专职机构举办的基础科目考试（学力测验）。第三，由于各校各院系的需求不相同，决定参加推荐甄选的大学，要成立甄选委员会，各校在招生简章中明确公布推荐甄选办法。台湾地区的推荐甄选办法类似我国目前所试行的高校自主招生改革试点。

② 《大学多元入学方案的内容与实施建议》，《教育资料文摘》1992 年第 8 期，第 133～192 页。《大学多元入学方案》，《教育资料文摘》1992 年第 9 期，第 158～192 页。

参加各校、系的甄试。“预修甄试”入学途径的考生在参加基础科目考试经“检定”及格后，再参加应考科目的考试，应考科目为大学一年级所修习的基础科目。

1992 年 5 月，“大考中心”正式向台湾地区教育事务主管部门提出“大学多元入学方案”。1997 年，“大学招生策进会”又积极讨论规划具体可行办法，提出“大学多元入学新方案”。1999 年，“大学招生策进会”正式表决通过“大学多元入学新方案”，并决定自 2002 学年度开始实施。“新方案”的目标在于考招分离、多元入学及招生自主。考试由“大考中心”及术科考试委员会专职机构办理。招生由各大学自主决定，单独招生或联合招生，各大学院系依据其特色确定招生入学条件，招收适合本校系特色与需要的学生。考生既可以通过申请入学，也可以通过推荐甄选入学，还可以通过“考试分发制”的“甲、乙、丙三案”等改良后的联考方式入学，增加了考生选择的机会。

虽然大学多元入学方案提出以后没有全部按照规划实行，只实施了其中的一部分，但其改革的理念、内容、特点对台湾地区今后大学入学考试制度改革有重要的引导和奠基作用。

二、多元入学：台湾地区高校招生模式

1992 年提出的大学多元入学方案，在 1994 年率先推出推荐甄选入学途径后，又陆续推出“申请入学”、“大学先修”等入学途径。大学多元入学的理念深刻地影响着台湾地区高校招生考试制度的改革。1997 年“大学招生策进会”又积极讨论规划具体可行办法，提出“大学多元入学新方案”。新方案首先确立招考分离原则，考试由常设机构办理，各院校自主招生或联合招生。其次将入学制度分为考试分发入学、甄选入学和申请入学（也叫繁星计划)。截止到 2010 年，台湾地区的高校招生考试制度虽然经历了多次改革，但基本的模式没有大的改变。

（一）考试分发入学

这种招生方式采用统一考试，考生要参加学科能力测验及指定科目考试，以联合分发的方式录取学生。它是凭借考试筛选学生，并依据考试阶段、考试科目、成绩采计及分发方式的不同，区分为“甲、乙、丙三案”，由各高校院系选择一种施行。“甲、乙两案”是两阶段考试方式，考生需分别报考学科能力测验与指定科目考试，“丙案”与现行联招类似，考生无须

参加学科能力测验，直接报考指定科目考试。“甲、乙、丙三案”均以指定科目考试成绩作为分发依据。考试分发由“联合分发委员会”负责，实行统一分发，依据学生的志愿顺序和考试成绩，以“检定、采计、参酌”的顺序进行。设有指定科目的院校与系科，依据其指定科目成绩“采计”方式，就考试加权总分的高低顺序择优录取。“甲案”有未设指定考试科目以及指定考试科目成绩分发同分时，“参酌”学科能力测验成绩。“乙案”指定科目考试成绩分发同分时，如何决定录取优先顺序，由各院校指定考试科目各科成绩决定“参酌”的方式，订立于招生简章中。“丙案”因只有指定科目考试，各院校合组联合分发时，根据自主特色与需要决定录取。

（二）甄选入学

台湾地区的大学推荐甄选入学方案主要参考了日本大学采用的推荐甄选制度、两阶段考试以及台湾地区曾实施的保送制度及正在实行的资优生保送制度①。“甄选入学”的招生由“大学招生策进会”制定共同招生办法，依此规定，各大学自行招生、分发。甄选入学制是由大学院系自定推荐条件与甄选办法，高中推荐应届毕业生参加学科能力测验，通过筛选后再参加第二阶段各大学院系指定项目甄试，通过录取后即取得入学资格。甄选对象是对校系具有明显兴趣、能力或符合校系需要的高中应届毕业生，名额由校系自定，考生只能选择一个校系参加。被推荐的学生参加学科能力测验后，“大考中心”依据考生测验所得原级分进行筛选，通过筛选考生即取得第二阶段甄试资格。

具体来说，“甄选入学”包括四个环节：高中推荐、大学审查资料、学科能力测试以及大学院系的指定项目甄试。推荐材料包括高中在校成绩、社团参与、竞赛成果、学生干部、教师推荐函、读书计划、健康体检表等。通过推荐资格审查者，接下来要参加学科能力测验，主要测验学生是否具备大学所要求的基本学科能力，包括国文、英文、数学、社会、自然五个科目。学科能力测验需要采计的科目及采计比例由高校与院系自行制定。各高校自行决定各院系对各科所采用的筛选标准。指定项目甄试主要是评价校系所要求的性向或能力，考试项目由校系自定，0 至 4 项。甄试项目有面试、小论

---

① 杨李娜：《台湾的大学入学考试中的推荐甄选方式的由来》，《教育与考试》2007 年第 2 期，第 30～33 页。

文、学科笔试、资料审查、术科测验、英文听力测验、即席演讲、心理测验、实验等，各高校可以根据情况选择甄试的种类。最后各校系依自定的学科能力测验和各指定项目甄试成绩的占分比例计算总成绩，再依据招生名额择优录取。录取者（除非书面放弃）不得再参加“考试分发入学”①。

“甄选入学”对于大学而言，各校系有较大的自主权，选择学生的弹性较大。对于高中而言，也有利于平衡城乡高中之间的差距。

（三）申请入学（繁星计划）

台湾地区教育事务主管部门于 1997 年开始提倡“大学申请入学”的入学途径。“申请入学制”也是“大学多元入学方案”中试行的入学方式。具体来说，“申请入学制”是考生依据高校各院系所订的条件，自行向高校提出申请，在通过第一阶段学科能力测验和第二阶段大学的甄审后，进入大学。申请对象不限应届高中（职）毕业生或同等学力者，申请人数不限，且考生可同时申请多所校系。招生名额由各校系自主决定。甄选方式由各校系自主决定。“初选”为基本资料审查，包括学科成绩（高一、高二）、社团参与、竞赛成果、学生干部、特殊才艺表现、“德、群、体”三育成绩。其他“资料审查”包括自传、推荐函、读书计划、作品、学科能力测验成绩等。“复选”包括以下几项：(1) 面试：所有校系皆有。(2) 笔试：部分校系实施，包含小论文、学科测验或其他能力测验。(3) 术科：部分校系实施，如素描、自由创作。(4) 性向测验：部分校系实施。最后校系依据其所定加权计分方式，计算总成绩，再依招生名额择优录取。录取者（除非书面声明放弃）不得再参加“考试分发入学”。

具体来说，这三种高校招生方式的具体流程可从图 3-1 中看出。

三、台湾地区高校招生模式的自主性分析

1994 年台湾地区《大学法施行细则》第十八条规定，教育事务主管部门对高校招生的法定权力，缩小为核定招生办法和招生名额。可以看出，各高校依法取得招生自主决策权，显现了自主的意识。下面针对台湾地区现行的高校招生模式，分析其自主性。

① 杨李娜：《台湾地区大学入学考试制度研究》，华中师范大学出版社，2008 年，第 116 页。

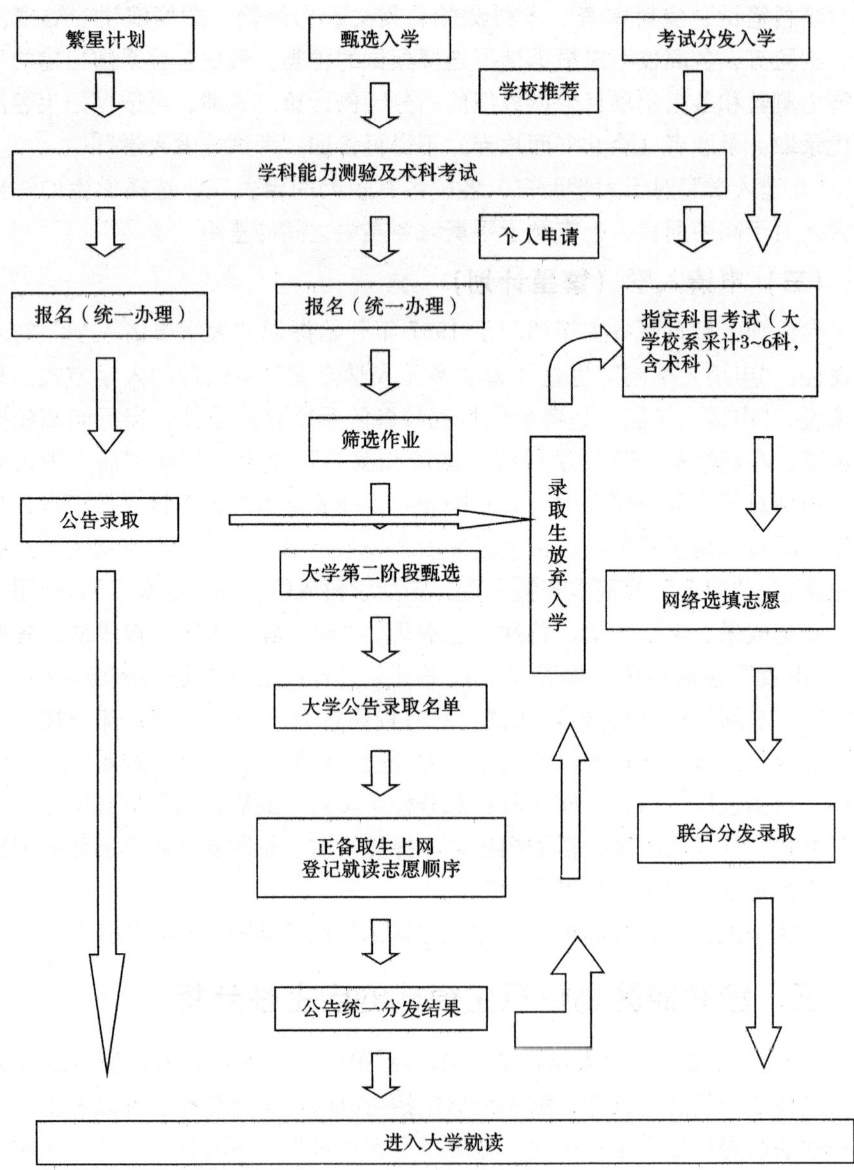

图 3-1　我国台湾地区“大学多元入学方案”流程图

（一）考招分离

台湾地区的高校招生考试制度从单一的统一联招到多元化的招生途径，

在招生理念上实现了大转变，从过去仅以学业考试成绩为主选才，到目前以学生多元能力发展为标准的大学自主选才；招生决策权从台湾地区行政管理机构、教育事务主管部门逐渐下放到高校，在招生方式上从考招合一到考招分离。高校自主进行招生，考试由专门机构负责（大考中心负责测验命题、考试、成绩处理、资料建立及研究）。招生由各校自主，多种招生方式并存，如考试分发入学、推荐甄选入学、申请入学等。大学、学生的选择权增多，不仅可以双向选择，而且可以多向选择。逐步实施学生多元化能力的评价，大学得以发挥、行使自主招生的权力，使招生真正成为大学自己的事情。

（二）甄选入学的自主性

甄选入学制度（推荐甄选入学制度）是由各高中教师推荐，经过“学能”测验筛选之后，各院校、科系再进行指定项目的甄选（包括笔试、面试、小论文、实际操作、个人所获得的奖励等）。从理论上来说，甄选入学制度照顾了高校的自主招生权和高中学生的自由选择权两者的双向互动。但在甄选入学制实施的这些年里，台湾地区大众对此制度在实际运作过程中出现的问题颇有微词，认为推荐的主观性太强，公信力差，出现了走后门、投机倒把等现象。

总的来说，台湾地区的大学多元入学新方案只是使高校招生的自主权得到一定程度的扩大，高校的自主权仍受到多种因素的制约，仅是一定范围内的有限的自主。

四、我国台湾地区高校招生模式的启示

我国台湾地区自 1954 年实施统一的大学联合招生考试以来，虽然衍生出不少教育问题，改革“联招”的呼声与尝试不断，但统一考试一直是高校招生的主要渠道。2002 年，台湾地区以“大学多元入学新方案”代替“大学联考”，强化自选考试的特色，允许各大学校系自主选取招生方式，但并不是简单地以高校单独招生考试代替统一招考。考生须参加“大学入学考试中心”举办的统一的“学科能力考试”或“指定科目考试”。可见，在台湾地区现行高校招生考试制度中，统一考试仍发挥着重要作用。

如前所述，“甄选入学制”类似我国内地试行的高校自主招生形式。“甄选入学制”中的甄试，给了高校相当大的招生标准制订权，也给了考生展示自己各种才能的机会。然而，甄试作为“多元入学方案”中的亮点和新鲜事物，却成了社会争论的最大焦点。其中争议最大的便是甄试及保送中的“暗

箱操作”和对“多元能力”的要求所带来的不公平问题①。那么，出现问题的原因在哪里？首先，主要是因为台湾地区受中国传统文化的影响颇深，人为的因素、人情的面子、人际关系的干扰太大，推荐的公信力相对较差。其次，台湾地区的推荐甄选在整个“新方案”中所占的比例为25%左右，其中的确有让人钻空子、投机取巧的成分，如参加实验、竞赛的成绩以及社团活动等，有些人为了推荐资料中能有特殊表现，会挖空心思地想一些不正当的渠道，以充实自己的推荐资料。

可见，在中国的国情下，高校自主招生的改革步伐不宜太快，应在不断改革完善高校自主招生制度、建立相应的监督保障机制的基础上稳步推进。

小　结

一、美英日韩和我国台湾地区高校招生模式的共同特征

考察这几个国家和我国台湾地区的高校招生模式可以发现，这些国家与我国台湾地区和我国内地一样，注重高校招生考试制度的改革与完善，致力于探索行之有效的高校招生模式。由于政治、经济、文化、教育等客观条件与发展水平不一，它们采取的高校招生模式各不相同，但仍然存在许多共同的特点和发展趋势。

（一）招生与考试相分离

这几个国家和我国台湾地区的高校招生权力归属于高校，但考试权力的归属却是多种多样的。美国实行“统一考试＋综合选拔”的高校招生考试制度，其统一考试由权威的民间机构组织进行，招生工作则由各高校完全自主进行。英国实行“证书＋综合评定”的高校招生考试制度，其考试权和招生权分别属于高等教育考试委员会和各高校。日本实行“统一考试＋各校单独考试”的高校招生考试制度，其考试权和招生权分别属于国家教育部下设的“大学入学考试中心”和各高校。韩国实行“统一考试＋多元评价”的高校

① 郑若玲：《台湾地区的高考制度改革》，《新闻周刊》2004年第23期，第26～27页。

招生考试制度，其考试权和招生权分别属于大学教育协会和各高校。我国台湾地区的高校招生考试制度也是招生与考试分离，考试权和招生权分属“大考中心”和各高校（甄选入学、申请入学和考试分发的招生工作分别由不同的机构负责）。但这几个国家和我国台湾地区高校招生考试制度中的招考权力分离，并不意味着考试机构与招生机构的脱节，相反，考试机构组织的考试是为高校招生服务的。

（二）统一考试与高校自主考试相结合

总结这几个国家和我国台湾地区的高校招生模式，都有一个共同的特点：试图在加强高校招生的官方行政效益与保证高校招生自主权上寻找最佳平衡点。在传统上政府权力较大的地区，增加高校招生的自主性成为重要的改革倾向；高校自治权较大的地区，政府开始通过规划、经费等渠道加大对高校招生的干预程度。在这几个国家和我国台湾地区，最初的高校招生考试都是由高校自行举办的。这种由大学自主运作的考试与招生，有利于把大学的办学理念与特色和学生的志向与特点有机结合起来，也易于考查学生在特殊专业方面的能力表现。由于各高校的招考要求不一、考试时间和地点多样、各校成绩缺乏可比性等原因，造成中学教学无所适从、学生考试负担繁重、招生与考试的效率低下等问题。于是，高校招生考试的联合与统一成为历史必然。时至今日，高校招生考试的发展趋势是统一考试与高校自主举行的单独考试相结合。

（三）注重考核考生的综合素质

随着社会的发展进步，人们认识到，任何一次考试或单一的考试内容、形式、方法都无法完整地评价一个学生。因此，一方面在制度上采用多次考试的方式来弥补一次考试的不足，另一方面则综合多方面的考试内容和方法以全面考查学生。如英、日两国的考试科目除了统一的必考科目外，还有很多自选科目供考生和大学选择；考试形式除了笔试，还增加了口试、面试、小论文、实践操作等；考试内容也是将知识和能力的考查结合起来，并突出对综合素质的测查。这种综合化的考试对学生和教学评价都更加科学、准确和全面，便于满足多方面的要求。

同时，把中学成绩和各种毕业会考作为高校招生的重要依据之一，这种趋势在上述几个国家和地区都有所体现。如美国高校录取新生时，也要考虑考生高中成绩和学分，以及在高中毕业班的名次，并十分重视中学或教师的推荐信；英国的GCSE考试则将校外统考与校内教师实施的“课程作业”结合起来，使“一考定终身”的状况得以改善，实际上是将校外考试与校内考试有机结合起来，表现出由终结性评价转为过程性评价的新趋势。

（四）考试机会的增多与录取途径的丰富

考试机会的增多主要表现在两个方面：一是对单个考生而言，二是对全体考生而言。对单个考生而言，为避免传统高考一次考试定终身的缺陷，不少国家开始实行在一年内进行多次考试。如日本各大学自主组织的考试分为前期和后期两部分，同时招生名额也分为两部分，考生可以有两次机会参加某大学的自主招生考试。对全体考生而言，高校招生考试既要面向应届的高中毕业生，也要面对其他种类的社会成员，很多国家在这方面都有一定的举措。如日本设立了“大学资格检定制度”，该制度是为没有受过高中教育甚至初中未毕业的学生特设的，如果参加这种考试并达到相关标准，也可以获得上大学的资格。

二、对其他国家和地区高校招生模式的理性思考

21世纪是中国政治、经济全面发展，实现中华民族伟大复兴的一个重要时期。构建社会主义和谐社会目标的提出，为中国高等教育的快速崛起带来了新的契机，也提出了更高、更新的要求。作为高等教育改革发展的重要环节之一，建立、发展和完善具有中国特色的高校自主招生制度是一个值得深入探讨和研究的课题。近年来，学术界对我国高校自主招生改革的功过是非，见仁见智，毁誉不一。在世界高等教育国际化的发展形势下，对其他国家和地区的高校招生模式进行比较研究，能够起到积极有效的借鉴作用。当然，由于中国和其他国家和地区在政治经济体制、文化传统、高等教育体制等方面存在差异，因此，本着求同存异的比较原则，批判地继承、吸收其他国家和地区的高校招生考试制度的先进经验，有助于深化中国高校自主招生的改革。

从前面的分析可以看出，各国、各地区的高校招生模式都是动态的、不断发展的，都朝着多元化、人性化的趋势发展。本研究通过比较发达国家和地区的高校招生模式的改革历程，可以看出政府与高校权力分配关系的一个总体趋势是：政府宏观调控、市场调节和高校自治并举，即政府在越来越多地把高等教育的发展、革新和多样化的责任转移到市场和高校的同时，保留

了制定宽泛的政策和监督标准加以宏观调控的趋势①。然而，世界上并无完美普适的高校招生模式。“淮南为橘，淮北为枳。”每个国家和地区的高校招生模式都有特点，彼此存在较大的差异。因此，通过比较分析，发掘归纳出中国高校自主招生改革可采取的改革策略，即为本研究意图之所在。

① 徐小洲：《自主与制约：高校自主办学政策研究》，浙江教育出版社，2007年，第12～13页。

第四章　中国高校自主招生的现实探讨

英国著名教育家阿什比曾经说过："大学像一个有机体，是遗传和环境的产物。"① 自主招生作为高校的一种机能，也是历史和外部因素影响下的产物。当前，中国各行各业都在围绕建立和完善社会主义市场经济体制的目标而进行改革。作为为社会主义现代化建设输送专业人才的高等院校，更需要面向市场，参与竞争，在市场竞争中发展和壮大自己。中国的高校招生一直采用统一招考模式。随着高等教育的快速发展和社会对人才的多样化需求，这种招考模式所存在的缺陷已越来越明显。客观地说，每所高校都有自己的优势和不足，如果高校没有一定的自主权，不能面向市场，也就不可能调整和发挥自己的优势，其结果必然是千校一面，重复建设。因此，中国高校自主招生改革被提上日程。

目前，中国在高校招生考试制度改革方面，相继进行了重点普通高校自主招生改革试点和某些省（自治区）、市部分高职院校自主招生改革试点。在市场经济色彩日益浓重的形势下，基础雄厚的重点普通高校迫切要求招收符合本校特色的优秀学生，一些职业特色鲜明的高职院校则希望充分发挥职业优势为本地经济发展服务，二者不约而同地希望在招生上取得一定的自主权。

第一节　高校自主招生改革的缘起

一种制度或政策措施被人们所认可、选择，说明这种制度或政策措施有其自身优势，符合人们的某种需要或追求。高校自主招生改革作为中国新世

① E. 阿什比：《科技发达时代的大学教育》，滕大春，等译，人民教育出版社，1983年，第114页。

纪以来对高校招生方式的一种历史性选择，有其优势所在。在此之前，高等学校缺乏选择新生的自主权，考生也缺乏对自己喜欢的学校或专业的灵活选择权。这既不利于高等学校选择适合自己培养要求的新生，也不利于新生选择适合自己发展方向的学校，从而不利于更好地调动学校和学生的积极性。并且，随着中国高等教育从精英化阶段逐步进入大众化阶段，由国家包揽大规模招生考试的制度弊端日益显现出来，必须采取措施进行改革。

21 世纪初，中国高校自主招生成为高校招生考试制度改革的一大主要内容。需要指出的是，高校自主招生改革试点，绝非重回民国前期高校单独招考的老路①，它具有新的目的和意义，是社会发展与考试自身发展的必然要求。从某个层面上说，中国高校自主招生改革试点，是当前高等学校招生管理体制改革的一项重大举措。

1999 年 2 月，教育部颁布《关于进一步深化普通高等学校招生考试制度改革的意见》，制定了中国高考制度改革的具体方案，并确定了高考制度改革要坚持有助于中学实施素质教育，有助于高校选拔人才，有助于高校扩大办学自主权的原则。经过一段时间的探索，2001 年，经教育部批准，江苏省在该省范围内首次尝试高校自主招生改革。经过江苏省两年的有效探索，2002 年末，教育部召开了高校自主招生座谈会，从此拉开了高校自主招生改革试点的序幕。基于对江苏省改革经验的总结，2003 年 2 月 24 日，教育部正式发布了《关于做好高等学校自主选拔录取改革试点工作的通知》，对高校自主招生改革做了统一部署，并确定了全国 22 所高校成为 5%自主招生的试点单位。

经过几年的不断探索与尝试，试点高校的自主招生模式已从当年的一种类型发展为现在的三种类型，但中国高校自主招生改革仍处于试点、摸索阶段。分析高校自主招生改革政策出台的动因，对于从整体上把握改革的本质内涵及发展趋势，有着深刻的意义。

一、社会主义市场经济体制发展的需求

改革开放以来的三十多年间，中国社会经济取得了长足的发展，社会主义市场经济体制在中国逐渐建立起来。社会经济建设对人才的需求开始多样

① 张亚群：《高校自主招生考试的认识误区》，《考试研究》2004 年第 2 期，第 67～79 页。

化，人才的标准趋于多元化，不仅需要能够统领某个学科领域的学术研究型人才，还需要能将新发现、新发明及时转化为现实生产力的开发型人才，以及能在生产第一线解决实际问题的应用型、职业型人才。社会主义市场经济体制的建立，要求教育体制与之相适应。作为高等教育最初环节的高校招生体制，虽也进行了部分改革，但总体上仍然保持单一的统一招生模式。这就与社会主义市场经济体制改革产生了矛盾，统一的计划性体制不能满足高校自身人才选拔的诉求。

教育体制要与社会主义市场经济体制相适应，其改革的突破口，应该是招生体制。市场经济是根据市场需求来配置资源的，高等教育的“原材料”就是生源。如果改变过去国家对高校招生统一计划的状况，由市场机制进行调配，必然带动学校其他内部体制的改革。招生改革具有“牵一发而动全身”的效应，如果高校招生的生源质量不高，就会影响到高校的培养质量，久而久之则会形成恶性循环，危及学校的生存和发展。

市场经济的发展需要高等教育培养与经济建设相适应的各种类型的人才，同时，人才标准多元化和高等教育多样化客观上也要求有多元化考试评价与多样化选拔录取相结合的人才选拔新机制。目前，以文化考试成绩作为衡量个人能力的唯一标准，已经不适应市场经济体制的要求，市场要求高校灵活、自主、有针对性地按社会经济建设需求招生、办学。因而，建立一套适合于不同类型、层次、培养规格的高校选拔人才的招生体系，探索一种与经济运行方式相适应的开放、多元的人才选拔新机制迫在眉睫。

由此可见，不断变化发展的社会主义市场经济需求是高等教育改革与发展的直接动力。面对社会的进步和经济的快速发展，高等教育和科技创新的社会需求大量增加，这必然要求高等教育体制随之调整并与之适应，也对人才的选拔和培养提出了新的要求。高校自主招生改革试点，正是在原有统一招考制度不适应社会经济发展需求，以及不能满足高校自身发展诉求的情况下应运而生的。这种主动适应社会发展需要的过程将推动高等教育运行机制的动态发展。同时，社会供求关系又会激励高校运行机制向着良性方向发展。因此，高校自主招生改革既是改革传统的高校招生考试制度的要求，也是适应社会主义市场经济发展的必然举措。

二、政治改革的推动

进入 21 世纪以来，中国的社会环境发生了和以往不同的重大变化：新一届政府不断加大对政府职能的改革力度，提出科学发展观；提出用十年左右的时间建设法制社会的目标；不断推动从大政府到小政府的职能转变。科学发展观落实到教育领域就是改革以往不科学的教育管理制度，坚持依法治校、依法办教、依法让高校面向社会需要自主办学，落实《中华人民共和国高等教育法》赋予高校的各项权利和义务，使高校能按照以人为本的目标，全面、协调和可持续发展，使高校能沿着法制化的轨道，向较少受到过于强大的政府控制和干预的方向发展。因此，政治改革是高校自主招生变革的直接动因。

三、高等院校扩大办学自主权的需要

长期以来，中国高校的招生计划、标准、办法等都由政府统一规定，考试的命题和评卷等也都由政府统一组织，高校基本上不能按照自身的培养目标、培养模式选拔录取学生，严重削弱了高校的办学特色和竞争力。而市场经济体制的建立唤起了高校自主办学的意识，面向市场自主招生成为自主办学的基本要求。自 1985 年《中共中央关于教育体制改革的决定》首先提出扩大高校办学自主权后，1993 年《中国教育改革和发展纲要》确定了高等学校的法人地位，1998 年《中华人民共和国高等教育法》首次以国家法律的形式规定了高校的办学自主权，还具体明确了高校的七项办学自主权，其中就包括招生自主权。可以说，高校招生自主权是法律赋予高校的应有权力，在性质上属于公共权力的范畴。高等学校无论是作为办学主体还是法人实体，自主都是其发展的内在需求。

随着政府职能的转变，政府部门不可能再对高校实行大包大揽。国家对大学毕业生实行的双包（包分配、包当干部）政策已经终结，代之以实行双向选择，自主择业，自主创业①。高校为了自身的存续和发展，不得不面对新的社会环境，遵循市场规律，根据市场和社会的变化、需求做出新的办学决策，根据社会对专业人才的需求和自身条件来确定学校的招生规模、制订招生计划、设置调整学科及专业，以充分发挥自身的办学优势和特色，吸纳更多的优质生源。

因此，要实现“政府宏观管理，学校面向社会、面向市场依法自主办

---

① 姚金琢：《高等教育大众化与依法试行自主招生问题探析》，《中国高教研究》2006 年第 11 期，第 90～91 页。

学”的目标，就必须在招生工作方面逐步扩大高校的办学自主权，提高高校办学的积极性和主动性，从而使各高校办出自己的特色。高校可以按照自身情况合理设置招生专业，选择招生地域、考试形式以及录取方式，最大限度地体现自身特色，提高竞争能力。高校自主招生改革可以进一步落实高校的办学自主权，有利于高校自主办学和学术自由理念的实现，推动个性化人才培养质量的提高和高等教育事业的发展。

四、高等教育规模快速发展的必然要求

高校自主招生改革的试行，是和当前高等教育发展的现状密切相关的。高等教育是社会结构的组成部分之一，早期的美国教育社会学家帕森斯就认为，“学校在价值传递、维护社会秩序和社会稳定方面，有着重要的作用”①。除了帕森斯所认识到的价值外，其推动社会向理想目标迈进的功能日益凸显，成为“对现代和未来都会产生影响的一种力量”②。中国的高等教育自 1978 年改革开放以来有了很大的发展，尤其是 1999 年高校扩招以来，中国高等教育的毛入学率已经达到 23%，上海、北京等发达省市的毛入学率甚至已经超过 50%。中国高等教育已经从精英阶段迈入了大众化甚至部分城市的普及化阶段。高等教育的快速发展引起了高等教育体系与结构的根本性变化，高等教育供求市场由“买方市场”向“卖方市场”转变③。

随着中国高等教育的快速发展，高等教育机构逐渐趋向多样化，高等教育的质量标准也呈现出多样化的时代特征。这种客观需求，决定了现行的统一高考模式已经不能适应市场经济体制对高等教育的客观要求，不能适应高等学校选拔人才的需要。面对高等教育的大发展，人们对优质高等教育资源的渴望空前高涨，对高等教育质量水准的要求也在提高，高校招生开始成为一个双向选择的过程。无论是研究型大学、教学型大学还是职业型高校，都面临着前所未有的生源竞争压力。在市场色彩日益浓重的形势下，高校之间

---

① 袁振国、谢维和，等：《教育社会学手册》，华东师范大学出版社，2004 年，第 4 页。

② 亚伯拉罕·弗莱克斯纳：《现代大学论》，徐辉，等译，浙江教育出版社，2001 年，第 1 页。贺祖斌、黄勇荣：《落实科学发展观　转变高师院校办学理念》，《教师教育研究》2006 年第 5 期，第 56～60 页。

③ 罗丽英：《高校自主招生政策分析》，东北师范大学硕士学位论文，2007 年，第 6 页。

的教学水平、办学条件和实力的差距有进一步扩大的趋势，高等学校之间的竞争格局初见端倪。高校必须转变自己的应对策略，使招生考试功能从选拔性考试转变到适应性考试。只有招收到符合本校培养目标的学生，高校才有持续发展的动力，才能使不同类型、不同层次的高校招到合适的生源。

高校自主招生改革试点明显有利于扩大受教育者的选择范围，使教育和学生的兴趣、需要与能力相匹配，以回应公众对高等教育的需求和复杂社会的压力，反过来也会有力地促进高等教育的多样化①。同时，又是扩大高校办学自主权、深化高校招生录取制度改革的重要举措，也是对选拔优秀创新人才的新探索。近年来，围绕扩大高校办学自主权这条主线进行的高等教育体制改革一直没有间断，高校招生考试制度改革是高等教育体制改革的关键，而自主招生改革是招生制度改革的突破口。在这种背景下，高校自主招生改革应运而生。

五、知识经济时代对创新型人才的需求

近年来，随着人们对中国教育的深入思考，“唯分数是举”的价值标准已越来越受到质疑。我们的教育虽然宣传学生要全面发展，可高校招生考试制度在选拔人才时，却仅仅看重学生的智能。这就使多数学生只注重自己的智能发展，而忽视了其他能力的培养，使得高校所选拔的人才存在一定的缺陷。

当前，我们已经进入了知识经济时代，与工业社会培养适应型人才不同，知识经济时代还需要培养创新型人才。它强调以学生为本，注重培养学生的兴趣、爱好、好奇心，让学生的个性能得到充分的尊重和培养，让学生在最适合自己成长的领域发展并最终取得创新型成果。时代特色为人才选拔机制的变革提供了条件。中国已经提出了提升国家自主创新能力的目标，要实现这一目标，决不能忽视人才选拔培养这一重要环节，而创新型人才培养的起点是创新型人才的选拔。统一高考选拔模式对于大面积选择传统型知识基础扎实的人才起着积极作用，但这种机制不能满足对创新型人才的选拔需求。我们迫切需要建立健全创新人才选拔机制，拓宽人才选拔渠道，高校自

---

① 吴向明：《完善高校自主招生政策的思考》，《江苏高教》2004 年第 3 期，第 46～48 页。

主招生改革正是对此的有益探索①。

高校自主招生有助于高校全面考核考生德、智、体的综合表现，选拔出具有较好的专业适应性的高素质人才。高校可以根据各自的培养目标、培养方式招收那些创新型人才，为特殊人才的脱颖而出创造机会，有利于实现人才培养的个性化。高校还可以根据各自的办学特色、专业特色，自主制定不同的人才选拔标准，吸引和选拔适应本校特点、具有发展潜能和创新能力的优秀学生。因此，中国高校自主招生改革试点成为知识经济时代对创新型人才需求的号角。

六、素质教育的发展要求

众所周知，素质教育要求以人为本，从人自身发展的角度来规范教育，其基本思想是以人的身心发展为目的，注重学生的全面发展。这就涉及中学教学如何教、学生如何学、高校又如何招生考试的问题。

1999 年全国教育工作会议之后，中共中央、国务院颁发了《关于深化教育改革，全面推进素质教育的决定》，指出要加快改革招生考试和评价制度，强调改革高校招生考试制度是推进中小学素质教育的重要措施。而在当前的中小学教育中，最大的问题是应试教育，其着眼于分数和选拔，目的是考取高分以获得升学资格，教育内容紧紧围绕考试和升学的需要，所实施的是片面内容的知识教学。教师为考而教，学生为考而学，中学的一切教学活动都是围绕着考试转，考试成了基础教育的中心环节，影响了学生的身心健康与发展的主动性。

因此，我们必须对高校招生制度进行实质性的改革，注重对考生能力和素质的考查，改变传统的教育模式，使中小学教育由应试教育走向素质教育成为可能。高校自主招生改革试点正是适应了这一形势需要，使高校选才标准由单一化向多元化发展，逐步引导中小学走出应试教育的怪圈，步入素质教育的轨道。

七、高中新课程改革的呼唤

2001 年 9 月，随着《国务院关于进一步深化基础教育改革的决定》及

① 罗丽英：《高校自主招生政策分析》，东北师范大学硕士学位论文，2007 年，第 6 页。

《基础教育课程改革实施纲要（试行)》的颁布，新课程改革在全国38个地区正式启动；2002年，省级实验区覆盖500余个县（市、区）级单位，占全国县、区总数的17%，新课程改革进入由点到面的过渡阶段。新课程改革的推行呼唤与之配套的高校招生考试制度。

新课程改革有许多全新的理念，它一改过去一味培养学生应试能力的现状，更注重培养学生的全面素质与能力，包括创新精神、实践能力等。这些能力及素质在高校选拔人才时如何体现，成为当前推进新课程改革的一个重要课题。由此，我们不得不反思高校招生考试制度。如果能在高校招生考试制度中体现新课程改革所倡导的素质教育理念、内容，运用新课程改革所提倡的质性评价方法，把学生各方面的能力全面地体现或考查出来，那么，人们对于新课程改革就不会再存在诸多顾虑，也不会导致“‘素质教育轰轰烈烈，应试教育扎扎实实’、基础教育在‘素质’与‘应试’夹缝中挣扎”的现象。因此，高校自主招生改革试点是伴随基础教育新课程改革的推行而出台的。

第二节 重点普通高校自主招生改革试点

2003年以来，教育部在全国部分重点普通高校推行的自主招生改革试点，是在高考评价和自主选拔录取的双重标准下，以考试成绩为基础、以综合评价为导向的多元化招生模式。自主招生政策施行初期，就以其显著特色，受到了社会的广泛关注。它不同于民国时期的高校单独招考和20世纪80年代以来的保送生制度，也不同于20世纪90年代初上海若干高校自主招收自费生的尝试。当前的高校自主招生改革试点以高考为前提，自主招生的选拔对象不仅要参加高校单独组织的考试，而且要参加统一高考，高考成绩在决定考生是否录取时起着至关重要的作用。总的说来，这次改革试点工作，是深化高校招生考试制度改革，进一步扩大高等学校招生自主权，选拔培养优秀创新人才，促进教育创新和素质教育全面开展的一项重要举措。

一、改革的试行

为了扩大高校办学自主权，探索创新人才选拔新机制，在新的时代背景和社会要求下，江苏省率先开始了高校自主招生的探索。2001年，江苏省颁布《关于深化高等学校教育教学管理改革等若干问题的意见》，批准有条件的高校既可以在全国普通高校统一招生考试之前单独组织招考，也可以几所学校联合组织招考。基于面临的困难与压力，当时没有高校提出自主招考的申请，江苏省探索自主招考的设想暂时未能付诸实践。但是在同一年，经教育部批准，江苏省首次尝试高校自主招生改革，东南大学、南京理工大学、南京航空航天大学成为首批试点高校。参加自主招生的高校可以自主确定同批省最低控制分数线以上的调档比例和要求，经过申请、批准、公示、测试、审批等程序择优录取有特殊才能的优秀考生。

2002 年，江苏省自主招生改革试点的高校扩大到了 6 所。在这 6 所高校中，另外 3 所分别是南京大学、中国药科大学、河海大学。江苏省两年的高校自主招生改革试验为来年的全国重点普通高校试行自主招生改革打下了良好的基础。2002 年末，教育部召开了高校自主招生座谈会，为 2003 年的高校自主招生改革试点工作奏响了序曲。

（一）政策先行

2003 年 1 月 10 日，教育部发布教学厅〔2003〕1 号文件《教育部关于做好 2003 年普通高等学校招生工作的通知》。《通知》第三条对如何积极稳妥、规范有序地开展高校自主招生改革试点工作做了指示。

文中指出：为了进一步深化高等学校招生录取制度改革，扩大高等学校招生自主权，培养教育创新人才，全面推进素质教育，2003 年在部分高等学校中开展自主选拔录取的试点。经教育部批准试点的高等学校须按照“严格程序、加强管理、接受监督”的原则，以及标准刚性化、程序规范化、招生办法公开化、录取结果公示化的要求，制定详细的自主选拔录取方案并向社会公布，认真做好中学推荐、高等学校考核、录取等各个环节的工作。

高等学校按照自主确定并经公示的标准，先期对考生进行包括推荐材料审查、面试在内的相关测评、考核，考核通过的入选考生名单须向考生所在中学公布，并报生源所在省级招生考试机构备案。高等学校在招生预留计划一定数量范围内，对先期考核通过并且高考成绩达到本校生源所在省（自治区、直辖市）同批次投档控制分数线上的考生，进行综合评价、自主选拔录取。开展试点工作的高等学校和有关省级招生考试机构应高度重视这项工作，积极探索以统一考试录取为主、与多元化考试评价和多样化选拔录取相结合，学校自主招生、自我约束，政府宏观指导、服务，社会有效监督的选拔优秀创新人才的新机制。

中学应本着高度负责的精神，严格按照一定的程序公开组织推荐工作，如实提供推荐学生的真实情况。如有弄虚作假、徇私舞弊的，一经查实，除按招生工作规定予以处理外，对负有责任的高等学校，取消其试点资格；对负有责任的中学，取消其向高等学校推荐学生的资格；对负有责任的学生，取消其录取资格，并将有关情况记入个人档案。同时，对负有责任的学校或个人，在一定范围内予以通报。

2003 年 2 月 24 日，教育部又正式发文，对高校自主招生改革做了统一部署，自主招生改革从一省范围内的局部试点推广到全国范围内的大面积试点。根据教育部教学厅〔2003〕2 号文件《教育部办公厅关于做好高等学校自主选拔录取改革试点工作的通知》，2003 年教育部共确定了全国 22 所重点普通高校作为自主招生改革的试点学校。政策方案明确规定了各高校自主招生的招生计划：高校自主招生人数控制在试点学校年度本科招生计划总数的 5%以内，并作为“预留计划”的一部分在招生来源计划之外由试点学校及有关省级招办单独公布，并报教育部备案。

《教育部办公厅关于做好高等学校自主选拔录取改革试点工作的通知》中还明确规定了高校自主招生的招生程序：

（1）试点学校根据本校的实际情况，制订自主选拔录取方案，并纳入本校招生章程，向社会公布。

（2）符合试点学校自主选拔录取条件的应届高中毕业生，由本人提出申请，经所在中学推荐，由中学向试点学校提供考生在校德智体美发展情况以及获奖、特长等证明及写实性材料。

（3）试点学校组织专家组，按照自主确定并经公示的标准和考核办法，对推荐的考生材料进行审查，并在进行面试等相关测评、考核后，提出候选人，试点学校招生领导小组审核后确定入选考生名单。

（4）考核通过的入选考生名单须及时报生源所在省级招办备案，并在考生所在中学、试点学校网站以及生源所在省级招办指定的信息发布平台或新闻媒体上公布。

（5）入选考生均须参加全国统考，成绩达到生源所在省（自治区、直辖市）确定的与试点学校同批次录取控制分数线的，省级招办应向考生选报的试点学校投档。试点学校对先期考核通过并且符合统考成绩要求的考生，进行综合评价、自主选拔录取。

（6）试点学校录取工作结束后，生源所在省级招办应将试点学校自主选拔录取的考生通过本省级招办信息平台和有关新闻媒体向社会公布；试点学校须及时将自主选拔录取的已录考生名单在本校网站上公布。

从教育部下发的文件中，可以看出高校自主招生改革试点有如下特点：

(1) 自主招生录取人数控制在试点学校本年度招生计划的5%以内，招生的名额用学校预留计划，不占用分配给各省市的招生计划指标，既保护了各地报考院校的优秀考生，又不损害本省市其他考生的利益。

(2) 制订自主招生录取方案，并纳入招生章程，向社会公布。各高校自主招生方案主要包括如下内容：①招生对象。一般要求具有超常的创新和实践能力，或在文学、艺术、体育等方面有特殊才能；或综合素质名列前茅，而且必须是应届高中毕业生。②招生范围。一般指定在部分省市自主招生，许多自主招生学校已将招生范围扩大到全国各地。③招生程序。学生本人申请，相关学校或教师推荐也可自荐，试点院校测试并认定为自主选拔录取人选。④录取原则。预选上考生第一志愿必须报该试点院校，且高考成绩须达到该校规定的水平（如该校在当地投档线以下20分以内）方予以录取。

(3) 被预选的学生如果第一志愿未报该校或者高考成绩未达到该校规定的要求，则通过正常的渠道和程序录取。

(4) 被预选的学生可获得政策性保护，即使高考分数未达到该高校在当地的投档线，仍有可能被录取。

同时，《教育部办公厅关于做好高等学校自主选拔录取改革试点工作的通知》还正式公布了首批22所自主招生改革试点高校名单，它们是：北京大学、中国人民大学、清华大学、北京师范大学、中国政法大学、复旦大学、同济大学、上海交通大学、华东理工大学、华东师范大学、南京大学、东南大学、南京航空航天大学、南京理工大学、河海大学、中国药科大学、南京农业大学、浙江大学、中国科学技术大学、华中科技大学、中山大学、重庆大学。2003年这些高校将拿出不超过本校招生计划5%的招生名额，实行自主招生。

教育部要求各试点学校增强主体意识，以有利于学生的全面发展和个性特长的充分发挥，有利于高素质创新人才的培养为目标，积极探索、研究，并在实践中不断规范、完善自主选拔录取改革试点工作。

对于如何保证自主招生的公平、公正问题，教育部明确表示，试点高校要做到“三公开”：一是试点高校要将自主确定招生对象、选拔办法和招生人数，以招生章程的形式向社会公布；二是应届高中毕业生由本人提出申请，经所在试点高校确定的中学推荐，试点高校组织专家组进行考核，提出候选人，经审核后确定入选名单，向学生所在中学公布；三是试点高校应将自主选拔录取学生通过学生所在省、自治区、直辖市高校招生办公室向社会公布。

由于是首次开展自主招生改革试点工作，因而对自主招生工作中可能出现的问题，教育部做了详细规定。教育部明确要求加强招生工作的管理和对违纪的处理力度，以保证改革试点的顺利推行。

（二）具体实施情况

2003 年是中国高等教育史上具有特殊意义的一年。随着教育部的一纸公告，“高校自主招生（高校自主选拔录取）”成为当年的热门词语。在经历了 22 所高校“试水”之后，自主招生改革试点高校的数量逐年扩大。对于自主招生，越来越多的高校开始由“观望”转为“力争”。2004 年，教育部将试点学校从 22 所扩大到 28 所，增加了 6 所，分别为西安交通大学、大连理工大学、东北大学、武汉大学、华中师范大学和华南理工大学，并首次允许考生可以直接向招生院校进行自我推荐。

改革之初的这两年，自主招生的报名资格也出现了一些变动。以北京大学为例，2003 年，北大自主招生由学校招生工作委员会确定招生范围，通知有关中学并向全体应届毕业生公布，由考生书面申请，中学校长书面推荐，填写“北京大学 2003 年自主招生学生推荐表”，并附有考生在校德智体美发展情况和写实性的推荐材料、作品、论文等，提供年级前 10%的学生成绩表，以便审核。到 2004 年，北大自主招生采取个人申请、中学推荐、第三者推荐相结合的方式，不再指定中学，学生可以毛遂自荐。

在自主招生的测试方面，各校风格迥异。其测试范围不仅仅局限在学科文化知识领域，还多与个人前途抱负和社会热点问题相联系。我们从北京大学 2004 年自主招生试题（见附录二）便能看出这一特点。

在 2004 年高校自主招生改革试点稳步推进的基础上，从 2005 年至 2010 年，试点高校规模开始进入“膨胀期”，先后共有 52 所重点普通高校获批参加自主招生改革试点。

2005 年 12 月 26 日，教育部正式下发了教学厅〔2005〕15 号文件《教育部办公厅关于进一步做好高等学校自主选拔录取改革试点工作的通知》，部署了 2006 年试点高校自主招生工作。此次的政策有两个显著变化：一是突破了招生名额 5%的限制，试点高校自主招生人数原则上占其年度本科招生计划总数的5%，但考生人数较多且生源质量好的高校可以有所扩大；二是政策规定生源所在省级招办可将入选考生档案先于试点高校所在批次录取开始前投给有关高校。

2006年是高校自主招生改革试点开展以来的一个重要年份。这一年，教育部批准的改革试点高校增加了11所，总数达到53所。在考试方式上，有了不少新的特点。如北京化工大学与北京科技大学、北京交通大学、北京邮电大学、北京林业大学五所高校联合举行考试，统一命题，统一阅卷，但招考条件及录取由各校自定。北大、清华等高校自主招生政策开始调整，对于特别优秀的学生，北大、清华最多可降30分录取。此外，复旦大学和上海交通大学两所高校开始进一步深化自主招生改革。与此前教育部在几十所高校试行的自主招生相比，复旦和上海交大两所高校自主选拔录取最大的突破就是以面试成绩作为录取的主要依据，高考成绩仅作为参考①。

2006年11月28日，教育部下发教学厅〔2006〕11号《教育部办公厅关于2007年高等学校自主选拔录取改革试点工作的通知》。《通知》针对2007年部分高等学校自主招生改革试点工作，提出了相关要求。该政策与以往政策的不同之处在于：首先，政策对参加高中新课程改革的山东、广东、海南、宁夏四省区，规定试点高校要在自主招生人数上给予适当倾斜；其次，政策对高校实施自主招生的时间有了统一限制，要求高校自主招生的校内考核时间不得早于1月1日，面试一般应安排在寒假期间举行，以免干扰和影响中学正常教学秩序；第三，政策首次建立了对政策主体违反诚信采取的问责机制；第四，艺术特长生、高水平运动员等特殊类型招生不列入自主选拔录取范围，招生办法按教育部有关规定执行。2007年，在59所自主招生改革试点高校中，不少高校的自主招生政策与往年有所不同。

2007年11月22日，教育部下发了教学厅〔2007〕11号文件《教育部办公厅关于做好2008年高等学校自主选拔录取改革试点工作的通知》。2008年的政策与2007年又有所不同：第一，招生人数比率有所变化。生源较好的试点高校可适当扩大自主招生人数；第二，有免费师范生招生任务的试点高校，自主招生计划应主要招收免费师范生，以进一步提高免费师范生

---

① 关于复旦大学和上海交通大学的自主招生改革在此不多加论述，在本章第四节中有详细论述。

质量；第三，考生报名形式也由最初单一的中学推荐，变为学校推荐和个人自荐相结合的模式；第四，已开展自主选拔录取试点满三年且管理规范严格的高校，对审查、测试中在创新实践或学科专业方面表现突出的少数特别优秀的入选考生，可参考其高考成绩、中学学业及综合素质等情况决定是否向省级招办申请破格投档予以录取。

2008 年 12 月 12 日，教育部下发了教学厅〔2008〕16 号文件《教育部办公厅关于做好 2009 年高等学校自主选拔录取改革试点工作的通知》。该政策与往年没有多大变化。从某种程度上说，高校自主招生政策渐趋平稳。

随着改革的进一步深入，教育部逐步对高校自主招生“松绑”，各试点高校不断推出新的招生政策，降低入学“门槛”，扩大招生比例。以 2009 年几所高校的政策为例：

清华大学的自主招生对于在某些专业领域表现出特殊潜能的考生，优惠幅度将不受认定的 30 分限制，并首次可加分选专业。对于部分在自主选拔考试中成绩优异的考生，如果其高考投档总分过清华录取线，可在专业录取时享有加分的优惠。

北京师范大学自主招生放宽了政策，不仅限于免费师范类考生，还招收学科（文科或理科等）特长生，不过两类不可兼报。北师大还特别对“偏科”严重的考生“亮起绿灯”，即语文、数学、外语中任一单科高考成绩不低于 145 分（150 分制）或文科、理科综合成绩不低于 290 分（300 分制）者，如果高考总分达到一本分数线，也能被录取。

武汉大学拟自主招生 700 人。获得该校自主招生资格的特别优秀人才，享受的分数优惠可突破到重点线以下。获得武大自主选拔录取资格的考生，高考第一志愿填报武大时，若其高考文化成绩达到考生所在省的武大录取线，按照一、二、三等奖分别加 30 分、20 分、10 分后，根据有关规定予以录取；若其高考文化成绩达到考生所在省的重点线但未达到武大录取线，只要志愿填报合理且服从专业调剂，则予以录取。

2009 年，教育部没有像往年一样下发自主招生文件，而只是强调社会各界应为自主招生创造宽松氛围。11 月 25 日，教育部召开 2009 年第 16 次新闻发布会。会上，教育部新闻发言人续梅在回答关于北京大学自主招生改革“中学校长实名推荐制”时说，从操作程序上来讲，这种改革和往年的自主招生改革没有太大的差别，希望媒体和社会各界能够为这项改革创造一个宽松的氛围。她还表示，既然是自主招生，责任主体在学校，采取什么样的方式，完全由学校自己决定，由他们进行一定的探索和尝试，包括校长实名推荐制，也是一些高校在尝试大学和中学联手共同构建、完善教育的诚信体系。在这个过程当中，任何一所学校，不光是北大，他们在自主招生的过程中都是本着积极探索的态度，会尽可能比较完善地设计政策，在实践当中遇到什么样的问题，他们也会高度关注并加以完善和解决。

这一年，来自民间的、官方的、高校的，大大小小的涉及高考改革的方案络绎不绝，各方都在为高考改革建言献策。随着各大高校陆续公布 2010 年自主招生新政，并陆续到各中学或高调、或低调地召开宣讲会，高校“生源大战”的打响直接把 2010 年自主招生拉到了我们眼前。“五校联考”、“三校联考”、“中学校长实名推荐制”、“夏令营”、“扩招”……综合比较不同版本的方案，改革的核心似乎都指向一点：改变一考定终身的传统模式，实行多元化的人才选拔方式。遗憾的是，这一年，尽管高考改革的热度不断升温，来自不同方面的政策与声音不断涌现，但是依然延续过去的路数，并缺少亮点。

具体说来，2010 年高校自主招生出现了如下几种新形式：

1. 五校联考

2009 年 10 月 19 日，清华大学、上海交通大学、中国科学技术大学、西安交通大学和南京大学五所国内名校宣布，在 2010 年自主招生中将开展合作。五所顶尖高校首度携手，通过联考方式进行自主招生。根据五校联考计划，高校的自主招生考试包括通用基础测试（General Exam）、高校特色测试（Special Exam）和面试（Interview）三个模块，简称“GSI 模式”。基础测试是学校联考，而特色测试和面试则由各高校组织，其中高校特色测试有的高校将这部分与通用基础测试放在一起，有的则与面试放在一起。五所高校在协商确定命题思路和要求的基础上，共同委托专家组完成部分笔试科目的命题和阅卷工作，而报名和面试仍由各校独自完成。五校共同组织的 2010 年自主招生通用基础测试在全国 25 个省份的 28 个城市拉开施行，全国 5 万多人报名参加五校联考。通用基础测试成绩将在五校内互认，而高校特色测试成绩也可在五校间彼此参考。

五校共同命题的通用基础测试包括语文、数学、英语，理科生加试自然科学，文科生加试人文与社会。通用基础测试部分主要体现了五校作为高水平大学对选拔拔尖学生的“共性需求”，是对考生共性基础知识掌握情况的综合考查与评价。总体而言，试题原则上以高中教学内容为主，但也不拘泥于高中内容；考查的内容原则上不超出高中教学大纲，但试题将更加灵活，考查的重点是考生综合解决问题的能力，而不是考生对于知识掌握的本身。通用测试后，各校将错开时间各自完成特色测试和面试。

高校特色测试和面试两个模块完全由大学确定考核内容和考核标准，五所大学将有五种形式。例如，有的高校在其特色模块中重点考查学生的课外知识掌握情况，有的高校则侧重于心理素质等非智力因素的考核，而有的高校则把面试作为重要的选拔手段，有的则仅把面试作为前两部分的一种补充，不要求所有考生都参加。有的把通用基础、高校特色模块连成一体，综合考虑两部分成绩确定面试名单，等等。按规定，每名考生可以同时申请五所学校中的两所，如果两所高校的要求都没有达到，考生还可以根据大学的规定，用该测试成绩向第三所学校提出申请。五所学校都将打破将各科原始总分相加排队的单一选拔模式，单科分数特别优秀的学生将在部分高校获得更多的机会。

任何改革的推行，必须将每一个环节考虑周到，五校联考对于通用基础测试、高校特色测试和面试三个环节如何进行评价，大学应有清晰的定位。从这次五校联考的实践看，我国高校的人才评价能力还有很大的欠缺，同时对于考生的实际情况还关注不够。如果要让这一改革持续、健康地推行下去，参加联考的五所高校有必要针对考试中出现的问题，对考试形式和内容进行进一步的改革与完善。

2. 三校联考

2009 年 11 月，北京大学、北京航空航天大学和香港大学三校宣布在 2010 年自主招生中联合命题，统一组织笔试，并共享考试成绩。根据考生报名材料，各校分别组织专家组进行初审，其中北京航空航天大学单独进行初审，香港大学委托北京大学进行初审。通过初审的考生参加三校联合命题的笔试。北京大学等三校的笔试科目除语文、数学、外语三门，文科还考历史和政治，理科考物理和化学。

三所学校将实行一档多投政策，考生可凭北京大学 2010 年自主招生统一笔试成绩申请北京航空航天大学、香港大学自主招生面试候选人资格。如果考生成为北京大学自主招生候选人，在高考录取时，北京大学将按当地录取线下降 30 分以内录取；对于高考投档成绩达到北京大学当地录取分数线的考生，可在专业录取时享受降 10 分的优惠政策。

相比清华大学等高校施行的五校联考自主招生模式，北京大学等高校所施行的三校联考多少显得有些“冷清”，没有引起社会的过多关注。

3. 中学校长实名推荐制

2009 年 11 月 8 日，北京大学招生办出台《北京大学关于试行“中学校长实名推荐制”的实施方案》。文件指出，经由具有推荐资格的中学校长的推荐，合乎条件的学生可以直接进入面试；面试合格者在高考录取时，将享受北大降 30 分录取的政策。按实施方案规定，北大“中学校长实名推荐制”拟招收人数原则上控制在北大本科招生计划人数的 3%以内。

方案公布后不到 24 小时，在新浪网的民意调查中，质疑“中学校长实名推荐制”，认为对多数人不公平的占 67.8%；力挺这个做法，认为可以弥补高考机制不足、发现高素质人才的占 24.5%。在此后的 10 多天里，该方案激起社会的高度关注。力挺者把方案提升到“打破应试教育一统天下”的高度，期望此举能“成为高校招生改革的一个突破口”，认为“多元的招生途径有利于不拘一格选人才，如果刚一出台就求全责备，会使改革寸步难行”。反对者则从校长资格的认定、推荐程序的透明、惩处力度的把握等方面提出质疑。

名牌大学自主招生，中学校长实名推荐，理应是发现和培养多种类型优秀人才的有益尝试，在我国为什么引起这么大的争议？综合一些质疑者的分析可见，导致这一情形的原因：一是在当今的教育体制和诚信生态下，校长推荐能否真正做到不受权力和金钱左右，人们难以持乐观态度；二是被选定享有校长推荐资格的中学皆非重点莫属，必然导致已经备受诟病的择校现象愈演愈烈，进而使择校费水涨船高；三是被推荐者降低 30 分录取的规定，不但没有挣脱“唯分数论”的怪圈，而且极易演变成极少数有“背景”学生的降分特权，从而导致对教育公平的更大伤害。

在北京大学 2010 年“中学校长实名推荐制”中学资质申请环节中，该校收到来自全国 400 余所中学关于“中学校长实名推荐制”资质的申请，经该校自主招生专家委员会审议，综合考查申请中学的办学条件、生源质量等因素，最终确定了北京、天津、重庆、黑龙江、吉林、江苏、浙江、河南、湖南、湖北、广东、陕西、新疆 13 个省、市、区的 39 所中学为北京大学 2010 年“中学校长实名推荐制”推荐中学。此消息一公布，就引起社会上的一片哗然。各界人士纷纷发表自己的看法，提出自己对此政策的忧虑与担心。

为了回应外部的不信任，入选的校长纷纷表示：面对北大的“中学校长实名推荐制”，自己绝不敢自专，根据学生申请、上报材料、教师排名，经过德育副校长、教学副校长、年级组长等一起开会讨论，张榜公示，然后再听取学生代表意见、家长代表意见。更有甚者，有校长表示：要成立教师委员会、家长委员会，最后，校长例行公事地签名“实名推荐”，正所谓古代的“与其专罪”，不如“恶有所分”。

经过了一段时间的准备，获得2010年推荐资格的39所中学一共向北大推荐了90名学生，全部经过了北大校方的初审，并进行为期一周的公示。2009年11月30日，北京大学在其官方网站上公示了被推荐学生的信息。从公示表格来看，此次公示的信息共有六项，包括地区、中学、校长姓名、学生姓名、中学推荐程序、中学推荐理由。相比此前公示的中学校长推荐资质信息来说，公示的项目增加了“推荐程序”和“推荐理由”。

北大的“中学校长实名推荐制”要求，如果推荐的学生通过相关考核，将免于参加北大自主招生笔试，而直接进入自主招生面试。面试合格后，还有两种情形等待着被推荐者：一种是具备教育部规定的保送资格的学生，可向北京大学申请相关专业的保送资格，如果获得通过，就可以免试入学；还有一种是没有保送资格的学生，他们还必须参加高考，但在高考录取时将享受北大一批次录取线下降30分的优惠政策。

从整体上来说，自主招生为北大带来了一批素质全面、特长突出的优秀学生。那么，现在推出的“中学校长实名推荐制”则是进一步推进自主招生改革的结果，其目的是探索多样化的人才培养新模式，为不同类型优秀学生的脱颖而出创造条件。简而言之，就是能招收到更多具有钱钟书、郭沫若、吴晗等人身上的那些潜质，最终能成为大师的人才。

总之，无论从何种角度来讲，此次改革的探索意义都很值得肯定，我们没有办法在短时间内改变积习已久的人才评价标准，但我们应该鼓励甚至督促大胆的改革先行者，毕竟，走出第一步总还是需要勇气的。对于“校长实名推荐制”，我们应该以宽容的态度鼓励之，同时，我们也谨慎地关注此项改革中可能出现的各种问题。据北京大学报办负责人透露，2011年北京大学将开始接收各国各省（自治区、直辖市）中学校长关于参加“实名推荐制”的书面申请。

4. 其他几所高校的自主招生新举措

到了2010年，高校自主招生又出现了一些新形式。

2009年11月，同济大学对外发布了2010年自主招生方案，该校在上海地区引入“中学校长直荐制”，相比北大而言，同济的直荐生比例更高，直荐生比例约占该校2010年第一批普通本科招生计划数的5%左右。获得校长推荐的直荐生名单将首先在学生就读的中学进行公示，之后将由同济大学组织专家对直荐生进行面试，且面试合格的学生名单将在同济大学公示。最终被确定为学校自主招生对象的考生，在第一批本科批次以平行志愿A位置报考同济大学的前提下，只要投档成绩达到上海市第一批本科最低录取控制分数线，即可投档同济大学。

2009年11月，四川大学紧随北京大学，宣布也要试行“中学校长实名推荐制”，推出重量级改革——对“奇才”、“偏才”、“怪才”进行“校长推荐”。据了解，在此之前，复旦大学、上海交通大学在自主招生中已有多年实施“校长推荐”的经验，经由校长推荐的考生可直接进入面试关。四川大学还决定：对于分数未过重点线的“双特生”，如果专业能力经测试出类拔萃，将报教育部批准后破格录取，此举在国内高校中尚属首例。

2009年底，武汉大学也公布了该校2010年自主招生新政策，首次允许高一学生报考；对参试考生中特别优秀的考生，校方将最长保留2年的录取资格。对此，中学校长们发出一片惊呼声：“他们把我们高一的学生都搞到手了!”如此抢夺生源之战，使高校自主招生的手已经跨过高三而伸到了高二甚至高一学生。高校对于优秀生源的竞争几乎已经到了“不择手段”的地步。

2010年1月，几所高校自主招生测试密集举行，但笔者发现，有四所高校要么是理科生不考语文，要么是全部考生只考数学和英语两科，这一“学科歧视”现象引起众多考生、教师的关注。同济大学的测试科目安排和东华大学完全相同，针对理科生的文化水平测试科目都不考语文；华东理工大学的测试科目也只有数学、英语、物理或化学，上海财经大学的文化测试科目则只有数学和英语两科，均缺少语文学科。

经过八年的发展历程，到2010年，自主招生改革试点的高校已达80所。高校自主招生已经从最初的振奋到现在的日渐平稳成熟，当然在探索的道路上问题与发展并存。这几年获教育部批准参加自主招生改革试点的高校名单如下（表4-1)。

表 4-1　2003 年—2010 年获批参加自主招生改革试点的高校名单　单位：所

年份	参加自主招生改革试点的高校名单	新增学校数	试点高校总数
2003	北京大学、中国人民大学、清华大学、北京师范大学、中国政法大学、复旦大学、同济大学、上海交通大学、华东理工大学、华东师范大学、南京大学、东南大学、南京航空航天大学、南京理工大学、河海大学、南京农业大学、中国药科大学、浙江大学、中国科学技术大学、华中科技大学、中山大学、重庆大学	22	22
2004	西安交通大学、大连理工大学、东北大学、武汉大学、华中师范大学、华南理工大学	6	28
2005	北京邮电大学、北京交通大学、北京林业大学、北京科技大学、天津大学、南开大学、山东大学、厦门大学、东北师范大学、湖南大学、中南大学、四川大学、西安电子科技大学、电子科技大学	14	42
2006	江南大学、北京化工大学、上海财经大学、西北农林科技大学、武汉理工大学、中国矿业大学、中国海洋大学、中国地质大学（武汉）、西南交通大学、北京中医药大学、中南财经大学	11	53
2007	北京理工大学、中央财经大学、大连海事大学、哈尔滨工业大学、兰州大学、西北工业大学	6	59
2008	北京航空航天大学、华北电力大学、中国石油大学（北京）、东华大学、上海外国语大学、华中农业大学、西南大学、西南财经大学、长安大学	9	68
2009	吉林大学、合肥工业大学、苏州大学、哈尔滨工程大学、中国传媒大学、北京语言大学、对外经济贸易大学、中国石油大学（华东）	8	76
2010	云南大学、广西大学、贵州大学、苏州大学	4	80

（三）实施效果

自 2003 年开展高校自主招生改革试点以来，对引导中学推进素质教育、选拔创新性人才、加强高校自主办学等方面起到了积极的促进作用，取得了不少成效，已得到社会各界的普遍认同和重视。当前，高校自主招生已成为一个引起全社会关注的热点话题。

总体来说，教育部自 2003 年在全国推行高校自主招生改革试点以来，取得了良好的实施效果。

1. 招考规模连年扩充

2010 年，云南大学等 4 所高校又成为新增自主招生改革试点院校，具有自主招生权的重点普通高校已由最初的22所发展到了80所。而此期间全国还有不少省级教育主管部门也效仿教育部，批准了一批省属高校进行自主招生试点。是否具备自主招生资格，似乎成了高校间暗自角逐实力的“砝码”。通过这种“较劲”，自主招生改革在近几年得到了快速发展。如今，自主招生已和高考一样，成为全国考生和家长关注的焦点之一，每年全国多达近百万的考生报名参与。社会的关注也推动了高校在自主招生形式上的不断创新。北大、浙大、武大等一批重点高校，先后将自主招生改为以冬令营的形式进行，测试范围不断扩大，保送生、艺体特长生、小语种等高考特殊录取形式也被纳入自主招生冬令营中举行，搭上了自主招生的“规范化列车”。

2. 试点高校组织的考试形式、科目等有所改进和调整

对于自主招生的考试形式与科目，各高校历来很少做出大的改革动作。而一旦做出后，几年内也不会有大的改动。以清华大学2008年自主招生政策为例，与2007年相比，它有四个变化：第一，分阶段进行笔试和面试选拔活动。笔试选拔在各省市进行，只有通过笔试的学生才有资格参加在清华大学举行的面试考核。第二，分省市进行选拔。考虑到各个省市基础教育的不平衡，2008年改变往年全国统一大排队的方式，首次实行分省份、分类别排序，择优认定。第三，增加笔试考试科目。由往年的三科增加到四科。第四，增加笔试在总分中的权重。在保送生和自主招生认定原则中，笔试占70%，面试占30%①。这些举措使高校自主招生考试在科学性与公平性方面又得到了进一步的提升。

总的来说，高校自主招生改革已经试行了数年，但是目前对整个自主招生改革还没有较多的可供参考的官方统计数据，也没有较为权威的总结和评估，因此很难对改革试点做出全面的评价。又由于高等教育绩效评估影响因素的复杂性和长期性，更使得对近几年来各校自主招生的成效难以评价。从某种程度上说，高校自主招生改革达到了目的，产生了一定的积极效果。但是，自主招生的试行也并非一帆风顺，自主招生的成本、评价标准和选拔机制、中学及师生的配合等方面都还存在一系列问题。毋庸置疑的是，高校自主招生改革有逐步推广的趋势。

---

① 清华大学本科招生网，http://www.tsinghua.edu.cn/publish/bzw。

（四）社会反响

2003 年高校自主招生改革试点在中国的推行，引起社会一片哗然。自主招生作为高校招生考试制度改革的一种全新形式进入人们的视阈。社会上很多人对此表示了支持与肯定，但也有一部分人，尤其是处于社会低收入阶层的人对自主招生的公平性产生了质疑，认为不如统一高考公平，自主招生政策纯属为收入高、阶层高的人群服务的。总之，社会各个阶层、各个领域的人对高校自主招生改革持有不同的态度和意见。

1. 社会各部门人士的意见

《人民日报》于 2003 年 4 月 3 日组织上海市各个部门的一批专家、领导、老师和学生，针对“自主招生，意义何在?”论题进行了讨论。

上海市高等学校招生办公室主任沈本良认为，社会对高校自主招生十分关注，普遍希望自主招生能做到公平竞争、公正选拔、公开程序。为此，他们制定了相应的措施。这样做的目的，就是要消除社会的疑虑，防止暗箱操作。

上海社会科学研究院研究员李维认为，高校自主招生可能是一种趋势。希望今后的名额不是 5%，而是 10%、15%，甚至更多。

华东师范大学教育管理学院院长陈玉琨认为，自主招生要顺利实施，最根本的是要建立社会诚信体系。高考制度仍是目前最可行的办法。自主招生改变了“一考定终身”的弊端，为中学开展素质教育创造了良好的外部环境。他一直呼吁建立“先实践后深造”的模式，即高三学生毕业后先参加一定的社会实践，一年或者两年后再进入大学。

上海交通大学招生办副主任钱奇城认为，自主招生对高校选拔体系是重要补充。一个学生能否上大学，应当进行综合评定，择优录用。这不是说不要经过高考。自主招收的学生，必须有基本条件要求，而且确实在某一方面很有特长。自主招生，对于真正形成不拘一格选拔人才的体制意义很大，对中学推进素质教育也有明显的导向作用。

上海市向明中学教导主任周孝放认为，自主招生对于特长生的界定更趋全面和科学。自主招生是要让真正有特长的学生不被漏掉，同时不能给不符合要求的人钻了空子。这就需要一套规范的操作流程，同时向社会公开。

上海格若心理工作室负责人陈小亚说，此次自主招生更重要的意义在于，它是教育改革的关键一环，是对人才培养各个环节的综合考验，对于今后全面推进教育改革非常重要。

上海市向明中学高三学生梁辰说，自主招生的顺利实施，有赖于社会诚信体系的建立。

2. 自主招生试点高校校长的看法①

北京大学校长许智宏认为，自主招生是市场经济条件下招生制度改革的方向，一方面会增加高校办学的积极性，另一方面也会激发高校建立健全自我约束机制。高校自主招生政策在一定程度上可以弥补“一考定终身”的缺憾。此项政策的推广，不仅对大学生个性化培养起到一定的推动作用，而且将引导中学生更加注重平时自身综合素质的培养。但现在自主招生的步伐迈得太大。自主招生对高校招生教育模式提出了新的更严格要求，高校必须通过一定的程序制定新的招生规则，既要从自身的法人地位出发，进行独立的判断和决策，做到维护自身的利益，又要遵循国家和教育行政管理部门的法律与政策要求。

中国人民大学校长纪宝成认为，自主招生能否顺利进行，关键是要有一个规范的措施和规则。北大、清华原本打算单独制定规则，但操作起来难度太大。每年报考北大、清华的学生那么多，在全国进行考试的成本很高，一个学校是根本不可能承受的。靠我们自己调查测评和考核学生甚至去各地核实情况，没有国家总体规则的支持是很难实现的。

北京师范大学校长钟秉林认为，自主招生扩大了高校的招生自主权。它将高中推荐、大学测试和高考检验相结合，避免了“一考定终身”，有利于不拘一格选拔人才。

北京一所有自主招生权的高校校长认为，自主招生从命题到组织考试、面试，招生过程操作起来比统一高考难度大得多，工作量也大得多。要经过高中推荐或学生自荐、高校考核排序、高考录取等多项程序，每个步骤都要向社会公示。还时常遇到托关系、递条子的事情。自主招生成本太高，反而给学校正常的招生带来干扰。

3. 其他人士的看法

教育界一位资深人士认为，自主招生的理想模式应该是高校充分实行“自主”录取，在中学建立学生综合评价体系的基础上，把在某一方面能力很强的学生选拔出来。现在的选拔方式还远远达不到这样的要求。许多高校对于5%的自主招生权并没有人们想象中的兴奋，在他们看来，5%虽然给

---

① 《“自主招生”引来议论 记者五问北大校长》，http://www.people.com.cn/GB/kejiao/41/20030314/943689.html。

学校带来了一定的自主权，但也在现实条件下带来了烦恼。

自主招生遇到的一些尴尬，也让一些未进入试点名单的高校心有余悸。目前还未进行自主招生改革试点的一所高校的校领导说："目前搞自主招生的都是国内的名校，我们学校还排不上。但就是有可能，我们也暂时不打算申请进行自主选拔录取。在目前的社会环境下，我担心自主选拔录取给高校带来的烦恼可能会大于取得的实际意义。另外，5%的自主招生比例很小，也很难招到真正在某些方面有专长的特殊人才。"①

一份由上海市教育科学院联合南京、杭州、宁波、苏州教育科学研究机构开展的"高等学校自主招生对苏、浙、沪高中教育的影响调研"显示，有57.8%的学生认为高校自主招生使学生的学习压力和课业负担加重了，46.7%的教师表示，"自主招生使自己的教学负担和工作压力加大"，而产生这些问题的一个主要原因是，部分高中加快了教学进度，增加了教学内容，并且要开设有针对性的"应试"辅导②。

应当说，这些意见较完整地反映了社会各界和教育部门对高校自主招生的态度。

二、改革存在的问题

高校自主招生改革试点自 2003 年推行以来，经过几年的实践检验，取得了良好的效果，但在试行过程中也存在不少问题。

（一）高校缺乏科学合理的选拔标准和评价手段

通观几年来各个试点高校自主招生方案可以发现，各校的自主招生章程作为政策目标的具体化，共同之处明显多于个性化之处。除个别高校在学科方面有特定的要求之外，真正体现高校个性化和学科特点的要求不太明显。自主招生过程中，各高校实施方案雷同，招生对象条件僵化，很多只是在过去保送生条件的基础上给予一些"优惠"。

备受社会关注的高校自主招生难以实现不拘一格选拔有特长、有潜能的学生这一初衷，除了时间仓促、高校缺乏操作经验等客观原因外，对偏才、

① 《高校自主招生无合适人才成降分录取》，http://www.zju.edu.cn/zdxw/jd/read.php?recid=9198。

② 计琳：《自主招生"破冰之路"能否越走越宽》，《中国教育报》2010 年 1 月 5 日。

怪才目前还缺乏硬性评价指标，而软的评价指标更是无法把握也是重要原因之一①。自主招生似乎成为平时学习成绩优秀的学生高考发挥不理想的保护伞，成为“降分录取”的代名词，而没有成为与高考并行的创新人才招生模式。由于缺乏行之有效的、科学的选拔标准，高校将自主招生对象限制较死，甚至自动放弃了招收某些具有特殊才能学生的权利。高校自主招生改革力度不大，很大一部分原因就是缺乏科学合理的选拔标准和评价手段。

（二）部分高校流于形式，招生成本高

高校由于对自主招生的认识程度不同，对其重视程度也不一样。不少试点高校的自主招生考试近乎走形式，不利于人才的选拔。虽然各校都设立了笔试和面试环节，但有些学校对面试“一刀切”，不论考生的兴趣和特长有何区别，面试时的形式和内容都一样：先是自我介绍，再由专家结合考生特长随机提问。许多考生反映，高校面试人数多，面试时间短，往往是刚做完了自我介绍，只回答了一两个问题，考官连学生的兴趣、爱好、特长都不了解，时间就到了，面试所应有的效果和目的都没有达到。除此之外，还有一些高校只举行笔试，不进行面试；或只进行面试，而忽略了笔试。高校给出的解释是“为了节省考生时间”，但内部人士则称：高校举办自主招生成本太高，反正考生始终要过一本录取控制线，高校担心费时费力费财举办自主招生后，符合条件的高考上线生人数不多，因此，部分高校“压缩”自主招生选拔过程②。由于自主招生成本较高，无形中为高校财政增加了负担。

按照教育部文件规定，高校每年自主招生的人数原则上不超过当年招生计划的5%，人数有限，但高校为此投入的工作量却非常巨大，许多高校每年收到上千份自主招生申请材料，个别高校甚至突破5 000份③。报名人数众多，而最后录取的人数却很少。如2004年，报考北京大学自主招生者达5 452人，初审后有339人进入复试。笔试、面试后，只有179人获自主招生资格④。整个

① 罗丽英：《高校自主招生政策分析》，东北师范大学硕士学位论文，2007年，第16页。

② 程树：《五年：自主招生经历的水与火》，《教育》2008年第5期，第31～32页。

③ 孙中涛：《浅析当前高校自主招生政策及其试点》，《现代教育科学》2006年第4期，第42～45页。

④ 张亚群：《北大清华自主招生考试改革透视》，《考试研究》2007年第1期，第15～26页。

自主招生过程，从审核材料到赴各地考核面试，从命题的组织到阅卷工作的完成，试点高校无一不投入了大量的人力、物力和财力，与高考的规模效应相比，自主招生成本明显增加。

(三) 高校招生自主权权限不明晰

高校自主招生改革试点的推行一直强调扩大高校招生自主权，并且也以法律法规形式规定了高校自主招生的权力，即指高校依法享有自主决定招生计划和来源计划、自主决定选拔形式、自主决定录取标准和录取结果的权力①。但政府对于高校自主招生的权限大小却没有明确解释和界定。由于招生自主权不足，个别高校对政策定位不清，没有深入理解政策，认为自主招生就是招收“特优生”，或者故意曲解政策，利用自主招生政策抢夺优质生源。高校自主招生目标不明确，导致方案大众化，学校特色也得不到体现，偏离了自主招生政策的初衷。

(四) 高校自主招生改革演变为“抢生源之战”

目前，国内实行5%自主招生的80所高校所进行的自主招生，严格说来，都是为了“掐尖”、“抢生源”。每到招生季节，各高校不断提前自主招生时间（以至于教育部发文规定自主招生启动时间)，通过给予学生自主招生资格，提前把一些优秀学生揽入自己名下（不同层次的学校追逐不同的优秀)。这样的自主招生，首先，影响学校间的公平竞争。没有自主招生权的高校，眼睁睁看着有自主招生权的高校利用政策优势“抢生源”。这种做法，不但让高校从教育服务竞争变为招生政策竞争，还造成获得自主招生资格学校和非自主招生高校的不平等竞争。这样的自主招生，对基础教育和高等教育发展没有多大的促进作用。其次，自主招生测试不可避免地与高考科目重复，高校特色无法展现。毫无促进，味同鸡肋。高校的公信力没有因自主招生而提高，反而受损。

(五) 自主招生存在诸多不公平问题

目前，高校自主招生中的公平问题主要涉及地区公平、校际公平和城乡公平。首先，地区公平。自主招生试点高校指定的招生区域，多为经济、教育较发达的省市，广大西部地区和边疆地区很少或基本没有惠及。这种地区

① 侯蓉：《关于我国高校招生自主权的思考》，《高教发展与评估》2005年第1期，第12～15页。

间的差别待遇，不能不说是对边穷地区考生的一种不公平。其次，校际公平。校际间的不公平主要是针对许多高校指定推荐中学的类型而言。有的试点高校明确规定选拔对象应来自这些地区的省级重点中学。尽管在过去几年的自主招生中，部分高校的招生要求有所调整，但高校对重点中学的考生仍有政策倾斜。长此以往，可能将进一步助长“上重点大学，必先上重点中学”的应试风气，这也有悖于自主招生改革的初衷。最后，城乡公平。自主招生的城乡公平问题主要体现在高校的招生要求上。综观几十所具有自主招生权的试点高校，其规定的招生对象和应考条件，几乎千篇一律地规定为在全国或国际性奥赛、科技创新大赛、电脑制作大赛等赛事中有获奖经历，或者在文学、语言、书画等方面具有特殊才能或获得重大奖项者等。这些硬性条件与必备资格，无疑为城市生源增加了“砝码”。因为就享用的现代教育资源而言，无论是多媒体、计算机还是其他特殊才能的培养和训练，城市学生明显占据优势。获得各类奖项的学生也多出自发达城市、重点中学，报考资格的硬性要求又进一步将农村考生置于弱势群体地位，造成自主招生城乡不公的现实①。

（六）中学推荐的诚信问题

从目前自主招生试点高校的选拔程序来看，多数采用以中学推荐为主与个人自荐相结合的方式。如何推荐，推荐哪些学生？成为中学面临的主要困惑。由于每所高校自主招生的对象要求、时间都不一样，中学要在师生紧张备考的关键时期花费大量时间配合高校的自主招生，需要牵扯大量精力。中学分配高校下达的自主招生推荐名额时需要协调各方关系，甚至受到来自有权势家长的压力，因此中学工作的积极性与诚信度不高。当然，也有不少中学存在“推良不推优”的不诚信行为。部分中学出于对本校高考升学率的考虑，通常“推良不推优”，推荐那些只有享受了降分录取优惠才能上自主招生大学的学生。

（七）考生的诚信问题

高校自主招生中，不仅中学存在“推良不推优”的不诚信现象，考生的不诚信行为更多，主要表现在两点：一是有些申请材料存在造假现象。许多考生通过各种不正当手段伪造假证明，以此混入自主招生考试队伍。更有甚

---

① 肖娟群：《我国高校自主招生考试的历史考察与现状研究》，厦门大学硕士学位论文，2008年，第52页。

者，考生自己按照自主招生要求的报名条件，炮制各种相关奖励或资格证书。由于工作量大，招生人员难以对所有考生报名信息的真实性进行有效核查。二是已经被预录取的考生因高考成绩出色“另攀高枝”。除了清华、北大，几乎所有的自主招生高校都面临这样的尴尬。高校为自主招生花费大量的人力、物力、财力，甚至与考生签订诚信协议，但最后一些考生仍然“不辞而别”、“另攀高枝”。这些考生的信用缺失，不仅耗费了高校的巨大投入，也占用了其他考生的机会，还影响了高校与中学的合作关系。对于考生的不诚信行为，目前尚无有效的约束机制。个别高校虽然和考生签订了诚信协议，但考生单方面毁约不需要承担法律责任，对于这一“不平等条约”，高校只能无可奈何。

从这几年的高校自主招生改革试点实践来看，无论是政策层面还是操作层面，它所带来的问题远不止上述几个方面。

三、对重点普通高校自主招生改革试点的思考

总的来讲，重点普通高校自主招生改革试点是对传统的统招体制的改革，也是与国际招生考试制度接轨的一项重要举措。它是对以分数为唯一录取标准的突破，是保送生制度的延续与拓展。它体现了以下三个方面的内涵：第一，从高考改革的角度讲，改革的目标是降低高考分数在录取标准中的过度相关度，避免现行统一高考制度中“一考定终身”的极端化倾向。第二，自主招生赋予了高校更多的自主权，把高校推到招生录取的主体位置，政府只负有宏观指导和服务的职能，也充分发挥了社会监督机制的作用。第三，自主招生目标定位为“优秀的创新人才”，这样就给那些在中学阶段就具备了创新精神和特殊才能的考生增加了被高等学校录取的机会①。

在具体的执行过程中，因自主招生改革试点主要与作为政策制定者和执行者的政府和试点高校，以及与自主招生有着直接利益关系的中学与考生个人四方面有着密切的联系，所以在一定程度上兼顾了政府、高校、中学和考生四方面的意志。自主招生不是高校自由招生，而是在国家宏观调控下的自主招生，是在全国统一高考前提下的自主招生，在招生规模和录取程序上都体现了国家的意志。高校根据自身的特点，多样化地选拔人才，这反映了高

① 易芳：《中美高校本科招生考试与录取制度比较及启示》，湖南农业大学硕士学位论文，2006年，第44页。

校的意志。中学作为考生的推荐者，在向试点高校推荐具备创新精神和特殊才能的考生方面起到了基础作用。考生可以根据自己的条件，申请自己理想的大学，在高考的基础上增加一次选择的机会。从这一点来看，自主招生也体现了学生的意志。

但是，自2003年开展以来，高校自主招生改革试点的实施效果还不尽如人意。自主招生执行过程中，高校、中学和考生各方政策主体基于各自的价值立场而进行的种种利益博弈，主体间不同利益的选择所造成的张力大大削弱了高校自主招生执行的力度和效果①。自主招生各方——高校、中学和考生在政策执行过程中存在着观念上的偏差：高校出于获得生源竞争优势的利益追求，将自主招生看成是储备优质生源的手段；中学出于升学率的利益追求，将自主招生看成是提高升学率的“筹码”；家长和考生出于升学的利益追求，将自主招生看成是高考的“保险绳”。这在一定程度上背离了自主招生改革的初衷。

为此，政府强化对高校自主招生的监督显得尤为重要。如果政府进一步强化监督机制，规范自主招生中的各种行为，杜绝各种腐败现象和违规行为，对违规行为予以严厉惩罚，对有关责任人进行彻底查处，高校自主招生改革或许不会背离初衷②。我们应当确信，自主招生是发展和壮大高等教育的必由之路。至于自主招生过程中出现的社会不公，完全是制约和监督机制不完备的产物，绝不是自主招生本身“惹的祸”，更何况任何制度的完善都有一个发展的过程。

因此，在中国的现实情况下，不可能对高校自主招生实施颠覆性变革。只有在稳步推进的前提下，选择一些高校进行试点，取得成功经验后逐步推开，自主招生改革才能得到不断地完善，取得最大的成功。

第三节　高职院校自主招生改革试点

高等职业教育是一种以社会职业岗位群作为课程编制出发点，以技术应

① 罗丽英：《高校自主招生政策分析》，东北师范大学硕士学位论文，2007年，第18页。

② 刘光余：《高校自主招生考试制度改革的思考》，《教育发展研究》2003年第10期，第29～30页。

用性人才作为培养目标的高等教育类型。它是 21 世纪中国教育事业发展的一个热点，是中国进入高等教育大众化时代的重要支持。近年来，高等职业教育在中国取得了突飞猛进的发展，随之而来的高等职业院校招生方式问题也逐渐引起人们的重视。

如何制订兼顾时代需求与易于操作的高职院校招生考试制度，是我们应该认真思考与研究的问题。高职院校招生改革如果不通盘考虑，极易出现顾此失彼的局面。在实施素质教育、培养创新人才的今天，以往的教学模式与考试方法已经很难适应新时代的要求，高职的发展尤其要摆脱旧的思想观念和教育方法的束缚。探索新型的高职院校招生模式，必须推进教育思想、课程设置、组织管理、教学方法等方面的协同改革，促进新型的高等职业教育人才选拔模式的形成。自主招生改革试点正是适应了社会急需的专门人才培养的高等职业教育发展与壮大的需要。

2008 年 7 月，在北京教育考试院组织召开的“高考改革评价会议”上，与会的高职校长针对本校自主招生试点情况，发表了自己的看法和意见。

对高职院校自主招生改革试点持积极态度的高职校长认为，自主招生是一个挺好的事情。使学校与考生之间形成有效的双向选择，能够对高职教育中的一些特殊专业起到很重要的优化配置作用，应该继续扩大改革试点规模。

持消极态度的高职校长则认为，高职院校自主招生没有多大的意义，所起作用十分有限。虽然目前报名参加自主招生的人数不少，但自主选拔出来的学生和通过高考录取的学生相比并没有明显的优势。

还有一些对改革试点持谨慎态度的高职校长认为，职业教育和普通教育都应该有一套完整的体系。因此，高等职业教育应当有自主招生这一方式，以选拔出具有职业潜质的学生。但是，高职院校自主招生改革试点在近几年还不会有大的突破，还需要长时间的积累探索才能逐步完善。就目前来说，改革试点应主要针对一些通过高考不能有效选拔出合适人才的专业来实施。

那么，自主招生是不是高职招生的方向或趋势？高职院校自主招生改革试点的发展路径何在？应采取什么方式？针对这些问题，我们需要对中国高职院校自主招生改革的现状、存在的问题及发展趋势有一个充分的认识，以找出解决问题的合理对策，为高等职业教育的长远发展奠定基础。

一、现实诉求

为了深化高等学校招生考试改革，全面推进素质教育，探索与高等职业教育特点相联系的多元化人才评价标准与多样化选拔录取方式，进一步拓宽高等职业教育招生渠道，经教育部批准，2005 年，上海市有 3 所高职院校实行自主招生改革试点，由高职院校自主进行入学测试、自主确定入学标准、自主实施招生录取。

其实，早在 2003 年，黑龙江省就首次尝试了省属高校自主招生的入学方式。2004 年，江西省又有 25 所高职院校被允许进行自主招生改革试点，规定自主录取人数不超过年度总招生计划的 10%①。在前期准备的基础上，2005 年，依托上海教育改革综合试点区的优势，上海市教委在组织相关人员进行反复评议后按照最大限度降低改革风险的“小步探索”指导思想，最终从十几所申请院校中选取了办学声誉较好、招生方案较合理的 3 所民办高职院校（上海杉达学院、上海建桥职业技术学院、上海新侨职业技术学院）作为首批自主招生试点院校。3 所民办高职院校从 4 883 名报考人中招录新生 855 人，平均录取比例为 6∶1，报到率超过 98%。

经过 2005 年的“试水”，2006 年，上海市自主招生试点高职院校范围进一步扩大，又增加了 3 所，分别是上海第二工业大学、上海工商外国语职业学院、上海邦德职业技术学院。招生总数 3 436 人（含招收 2005 年冬季退役士兵计划 180 人），报名人数达到 14 706 人，平均录取比例为 4.3∶1。上海第二工业大学作为公办院校首次加入试点，录取比例达到 14∶1。这几所高职院校的自主招生改革确立了“三自主”的原则，试点学校有充分的自主权。从选拔标准的制定到选拔方式的确立，再到招生录取，学校可以完全按照自身特点和培养目标选拔学生。在此原则指导下，几所高职院校探索了“学能测试”的办法，尝试进行合格高中毕业生经申请、测试后入学的制度。未被录取的考生，可继续参加当年高考，被录取而不报到的学生，当年不得再参加高考②。同年，北京市也有 3 所高职院校（北京信息职业技术学院、北京汇佳职业学院、北京培黎职业学院）试行自主招生改革。三校共有 4 743 人报名，录取 655 人，平均录取比例为 7.2∶1。

这一年，天津市的高职院校也试行了自主招生，但采用的是与北京和上

---

① 《江西 25 所高职院校自主招生 3 千人 300 分以上者免试入学》，http://www.jxnews.com.cn/oldnews/n1034/ca715891.htm。

② 《上海三所民办高校自主招生小步探索推进高招改革》，http://www.youtheme.cn/gaozhongzuowen/gaokaozuowenzhidao/2007-03-14/6556.html。

海不同的“分层招生、多次录取”的招生方式。根据《2006年天津市普通高等学校招生考试工作规定》，全市共有26所高职院校依法自主招生。

在接下来的几年中，高职院校自主招生改革试点范围不断扩大。广东、浙江、江苏、湖南、重庆等省市的高职院校也相继进行了自主招生改革试点。以2008年北京、上海两个直辖市的高职院校自主招生为例，北京、上海分别有11所和16所高职院校参加了改革试点，招生人数也大幅度提升。北京市11所试点院校总报名数达11 000多人，招生计划也比往年增加了260人，达到2 340人；上海市16所试点院校总报名数达到2.6万人，招生计划也比往年增加了4 000多人，达到1万人。

2009年，上海市高职自主招生试点院校再次扩大，从2008年的16所增加到21所，计划招生数增加到12 370人。并且，自主招生有了新形式。首次加入自主招生阵营的上海商学院、上海旅游高等专科学校、上海东海职业技术学院和上海民远职业技术学院四所高职院校联合推出“综合能力测试”，类似国际通行的“托福”、“雅思”等标准考试形式。“综合能力测试”共分两个部分，其中“综合能力（一）”考题仍主要来自中学阶段语文、数学、外语课程的基础知识，但又突破了这些知识，变成了“艺术人文”、“基础数学”和“生活英语”；“综合能力（二）”涉及信息科技、法律道德、时事政治、心智礼仪、团队管理和生涯规划六个方面的相关知识。

就目前来看，全国高职院校自主招生主要有两种模式：一种是从2005年开始的自主招生模式，其招生的生源包括普通高中、中职、中专和技校的学生，针对他们所采用的选拔标准也是互有差异的；另一种是从2007年开始的以广东、浙江、江苏和湖南四省8所高职院校为主所采用的自主招生模式，生源全部来自当地的普通高中毕业生，自主招生人数占全省高职计划的5%，甚至更多。

从各省市高职院校公布的自主招生方案来看，普遍采用笔试与面试相结合的方式来选拔录取考生。在很多高职院校的方案中，中学阶段成绩、特长表现、获奖情况等被记入总成绩。考试科目和方法、录取标准和程序完全由学校自主制定。那么，通过高职院校自主招生招收进来的学生，在学习表现方面是否强于通过高考统一招收进来的学生呢？北京市某所自主招生试点高职院校通过对学生进行的跟踪调查发现，在学生的学习表现方面，自主招生确实能招收到动手能力强、适应高职专业特点的学生，他们在班级教学中确实体现出了特殊的优秀才能，但是这样的学生数量很少，而大部分通过自主招生招收进来的学生与统考招收进来的学生并没有明显的差别，甚至还不如后者。这让不少高职院校对自主招生改革试点丧失了信心。

目前，高等职业院校的招生考试评价观念与方式多沿袭普通高等院校，考试活动虽然具有共性，在高等职业教育活动中也仍然发挥着以往所发挥的作用，然而却面临着新的挑战。在实施素质教育，培养创新型、技能型人才的今天，高等职业教育逐步回归其内在发展逻辑时，高等职业教育入学考试制度却没能顺时而变。因此，高等职业教育的发展要摆脱旧的思想观念和教育方法的束缚，探索新型的人才选拔模式。高职院校招生考试制度的构建，是确立高等职业教育新型的管理模式和运行机制的重要内容，是实现高等职业教育目标的重要保障。

2010 年 2 月 28 日正式公布的《国家中长期教育改革和发展规划纲要(2010—2020 年)》(公开征求意见稿）在谈到“考试招生制度改革”时，提出“高等职业教育入学考试由各省（自治区、直辖市）组织”。从这一点我们可以看出，国家重申了 1999 年中共中央、国务院《关于深化教育改革，全面推进素质教育的决定》的文件精神，放开对高等职业教育入学考试的管理权限，把这一权力交由各省（自治区、直辖市）自主行使。从一定意义上说，高职院校自主招生改革，既是落实国家进一步加快发展职业教育，引导普通高中毕业生向高职院校合理分流的重要举措，也是进一步改革和完善我国高等职业教育体系、优化高等职业教育多元化选拔录取机制、提高高等职业教育质量和办学水平的重要保障。高职院校自主招生的施行也有助于中小学摆脱应试教育，向真正意义上的素质教育转变，有助于构筑新型的人才培养体系，为知识经济社会培育职业型、技能型人才。

因此，自主招生作为高职院校的一种招生方式，具有不可替代性。我们需要确定适应和促进高等职业教育发展的入学考试制度，通过教育评价标准的变革，导向新型的教育质量观、人才观和教学方法观的确立，形成以个体的发展为目标，以现代化手段为媒介，个性化、综合性的高等职业教育入学考试方法与制度体系，促进新型的高等职业教育人才培养模式的形成。

二、问题探究

高职院校自主招生改革试点工作开展以来，试点院校都根据确定的原则，结合本校情况制订实施方案，对入学标准、考试内容、考试方式等环节的改革进行了积极有效的探索，制定了较为切实可行的实施办法。但高职院校自主招生在实施过程中，还存在一些不足之处。

（一）传统观念的消极影响

中国高等职业教育的健康发展受到多方面因素的制约，其中一个很重要的因素是传统观念。中国的传统观念使社会对职业教育的重要性、地位和作用认识不够，使人们格外重视教育价值体系中的做官、出人头地、光宗耀祖等内涵。这种传统的文化观念，反映在人们的人才观和教育观上是一种“重道轻艺”的思想，重知识、轻技能，重视脑力劳动和脑力劳动者，轻视体力劳动和体力劳动者。这种传统观念，在文化和心理层面给高职院校的自主招生带来了极大的负面影响，导致有职业潜质但文化基础薄弱的学生在社会和家长的压力下，仍然以普通高校为奋斗目标。即使没有考上普通高校，很多学生也会因各种压力选择复读，以迎接来年的高考。这在很大程度上降低了高职院校自主招生对优秀生源的吸引力。

（二）高昂的招生成本

当前，国家对高职院校的投入经费不足，使高职院校在自主招生的工作流程中有相当大的难度。高职院校自主招生改革试点，一般包括自主进行入学测试、自主确定入学标准、自主实施招生录取。从这几个环节来看，自主招生所耗费的成本对高职院校来说是一个不小的负担，笔试命题、试卷印制、保管、笔试组织、阅卷等环节都参照“高考”的标准执行，致使各种成本大大增加。拿笔试命题环节来说，要找到既熟悉高中、中专、中职、技校的教材、教纲，又了解高校选拔人才的标准，同时又有丰富命题经验的命题教师，便是个不小的难题。此外，面试的组织、人员安排、考试地点等也都会花费高昂的成本。

高职院校通过自主招生方式招收学生的生均费用，是通过高考招收学生生均费用的几倍甚至几十倍。这对高职院校来说是很难承受的。多数开展自主招生的高职院校表示，与其他招生方式相比，自主招生运行成本显然过高，学校基本都处于贴钱状态。高昂的招生成本在一定程度上降低了学校参与自主招生改革的积极性。

（三）缺乏科学的评价手段和录取标准

高职院校自主招生改革试点还存在一个很大的问题：没有科学的评价手段和录取标准。它所采行的评价手段和录取标准都是由本校自主确定的，学校自己命题、组织考试、评价与录取。试点院校对这几个环节的保密、安全要求非常高，跟高考差不多，命题过程全封闭，隔离命题人员，印刷过程保密，试卷运输过程要确保安全等。这对不是专门从事考试命题的学校来说，实在勉为其难。高职院校不得不把大量的时间和精力放在确保命题的保密、安全和考试录取过程的公平上，一旦出了问题，他们就要承担责任。

正是由于过多精力的牵扯，高职院校无暇考虑自主招生评价手段和录取标准的科学性。为了保证公平，降低风险，原先尝试过的面试环节也多流于形式，甚至被取消，而变成按考试成绩排座次录取的简单操作。由此产生的消极影响是，学校特色难以显现和形成，个性化的招生又变回大面积、标准化的招生。

以上种种原因，使得全国各省市自主招生试点高职院校选拔人才的方案与手段雷同。例如，在笔试中均测试语文、数学、外语科目，在录取时，文化课成绩在总成绩中所占比例较大。各校依据自身人才培养目标定位不同所设计的个性化选拔手段不突出，难以体现自主招生的本意。例如，2008 年，上海建桥学院在《上海建桥学院专科层次依法自主招生改革试点招生简章》中规定：高中生的文化测试成绩占总录取成绩的 70%，“三校生”的文化测试成绩占总录取成绩的 60%。这就等于告诉高中阶段的学校和学生，高职院校录取的关键还是看文化知识的掌握程度，而不是对学生发展潜力、职业素养、动手能力等因素的评价。因此，难以反映高职院校在人才选拔标准上和普通高校的区别。

(四) 综合素质评价结果没有得到有效利用

高职院校自主招生改革试点强调学生综合素质评价在选拔录取中的作用。但“综合素质评价”环节在实际操作中难度较大，较易引发公正性问题。高职院校对学生“综合素质评价”依据的材料一般包括以下几项：考生本人填写的报名表、自荐信、考生的《学生综合素质评价手册》、教师评语、高中阶段获奖和社会工作证明材料等。对这些材料进行量化评价颇有难度。同时，由于社会整体诚信度不高，考生提供的材料真实性较难判断。人的综合素质的复杂性、日常性、渗透性、内隐性和表征的多样性，使得对综合素质进行评价始终是个难题。

拿 2008 年北京市的两所试点高职院校来说，北京经济管理职业学院的录取标准中，综合素质评价占总成绩的 10%；北京北大方正软件技术学院的录取标准中，综合素质测试成绩占总成绩的 22%。从这两所高职院校来看，综合素质评价环节在自主招生录取标准中都占了一定的比重。但在现阶段，对综合素质没有一个科学的硬性指标加以衡量，而只能采取灵活性较大的主观评价方式进行考测。这样在无形中就形成了一个“漏洞”，使人情、关系、面子等因素容易介入，影响其公正性。

（五）自主招生专业难以凸显特色、形成品牌

这不仅是高职院校的问题，也是几乎所有自主招生高校存在的问题。在北京市一些高职院校自主招生试点中，普通专业的报考情况要好于特色专业的报考情况。这说明考生和家长对普通专业的认知程度高于特色专业。他们对某些特色专业不是非常认同，这与该专业的就业前景也直接相关。

（六）民办高职院校自主招生没有吸引力

在高职院校自主招生改革试点中，社会对民办高职院校的认可度和信任度偏低，让民办高职院校的自主招生失去了一定的吸引力。2007 年，北京市参加自主招生改革试点的高职院校中，公办高职院校的报考情况要远远好于民办高职院校。例如，报考北京信息职业技术学院的人数有 2 537 人，而报考民办北京汇佳职业学院的只有 425 人。这说明考生在填报志愿时，选择仅仅停留在办学性质上，而没有深入到专业发展和就业趋向上。

此外，在社会的用人制度方面，用人单位普遍存在的人才高消费现象和行业部门的职业准入制度尚未形成等，也对高职院校自主招生的顺利推行有一定的消极影响。

总的来说，高职院校自主招生还是一个新生事物，必然存在诸多问题。所谓“初生之物，其形必丑”。高职院校自主招生改革试点不仅受到自身条件的制约，而且受到文化观念、拨款制度、民主管理体制、社会监督机制等外在因素的影响。因而，在目前中国还未形成完善的诚信体系、自主自律意识较差的环境下，要形成一套科学、合理的高职院校自主招生考试制度，仍需要我们不断努力。

三、理论依据

首先，从公平与效率的视角看，公平是一个伦理学上的概念，它的本质是调节人们之间社会关系和财产分配关系的一种规范；效率是经济学上的概念，它指的是消耗的劳动量与获得劳动效果的比率。从哲学的角度来看，效率可以理解为“人的活动实现其目的的程度”。公平与效率是人类社会追求的主要价值目标。公平与效率的关系是相互联系，而非互不相干的。公平是

效率的保证，公平主要通过作用于效率的动力因素，即调动人的劳动积极性而提高效率。公平与效率往往又是难以同时兼顾的，针对历史发展过程中不同的社会现象和问题，学者们提出了诸如“效率优先、兼顾公平”论、“公平优先、兼顾效率”论、“公平与效率兼顾”论几种不同的公平效率观。教育的公平与效率具有社会发展阶段性，不同的社会阶段，教育公平与效率的优先性就不一样，这取决于社会发展的阶段目标。

教育公平与效率既是衡量教育发展的两个重要尺度，又是教育所追求的两大价值目标。在职业教育领域，公平与效率也会产生矛盾。高等职业教育作为现代国民教育体系的重要组成部分，在各类教育中与经济社会发展联系最直接、最紧密。它的健康发展是全面提高国民素质，把我国沉重的人口负担转变为人力资源优势，提升我国综合国力，构建和谐社会的重要途径。可以说，有效地配置高等职业教育资源，协调好公平与效率之间的关系，是高等职业教育和谐发展的重要手段。

以就业为导向的高等职业教育有着不同于普通高等教育的，与其以职业性、应用型、技能型为特点的培养目标要求相适应的入学需求。但是，现行统一高考却是从研究型大学到高职院校都用同一份考卷，单一化的考试限制了多样化的招生录取，这已不符合高等职业教育对考生的多样化要求。因此，高职院校招生需要实行多元评价模式，考查知识掌握情况已经不是唯一的评价标准，对学生特长认定、服务社会意识和动手操作能力等方面的综合评价将越来越受到重视。从一定程度上说，自主招生能够最大限度地发掘人的职业潜能，能够最有效地选拔出适合社会经济发展、适合高职院校培养特色和培养目标的人才。从社会公正的角度看，高职院校自主招生能够为实现社会中所有成员都获得高等教育的机会提供一种途径，从而保障高等学校的入学机会平等，促进社会公平。因此可以说，自主招生是既有效率又能体现公平的入学考试制度。

其次，再从多元智能理论来审视高职院校招生考试问题。1983 年，美国哈佛大学发展心理学家和教育家霍华德·加德纳（Howard Gardner）在批判智力单因素论的基础上，提出了多元智能理论。他认为，每个学生都是具有自己的智能特点、学习类型和发展方向的可塑性人才。多元智能理论破除了 IQ 式思维，跳出了传统心理学所框定的界限，指出了传统智力测试、智力开发及智力评价的严重缺陷。动摇了当今社会奉行的智力观、教育观、考试观及人才选拔标准的合法性基础。

这一理论给我们的启示是，单一的人才选拔标准不适合高职院校的招生考试。因为不同的教育层次和类型，对受教育者的素质既有共性的要求，也有特性的要求。基于高等职业教育培养职业型、技能型人才这一目标，高职院校招生考试制度的设计，应该树立新的、灵活多样的评价观，体现多元智能理论所蕴含的理念，摒弃以标准的智力测验为重点的人才选拔观，树立多元化的评价观；通过多种渠道、采取多种形式，在多种不同的实际生活和情景下进行，切实考查学生解决实际问题的能力。我们要不断开发和试验新的课程体系、新的教学技术、新的教学评价方法和新的人才选拔标准、方式，帮助我们辨认和培养那些在传统教育中不被承认和没有被发现的智能强项。而自主招生正是适应了这一要求，它为高职院校的招生体制提供了更广阔的发挥空间，使得它们可以发挥自身的优势，选拔出符合本校培养特色和培养目标的学生。

四、改革设想

职业教育与普通教育不同，职业教育尤其是高等职业教育的培养目标是以就业为导向的职业型、技能型人才。高职毕业生大多数在一线工作岗位从事操作性的工作。他们与普通高校学生在智能构成上是有差异的，而高考更多只是考查学生的数理逻辑能力。因此，我们应该摒弃以标准的智力测验和学生学科成绩考核为重点的评价观，树立多元化的评价观；高职院校招生评价体系应该通过多种渠道，采取多种形式，从多方面观察、评价学生的个性特征，切实考查学生解决实际问题的能力和创新能力。

一个科学的高职院校招生评价体系可以保证高职教育的基准，提高高职教育效果，增进受教育者的信心，确立高职教育的特色。从一定意义上说，高职院校自主招生改革试点工作，既是落实国家进一步加快发展职业教育、引导普通高中毕业生向高职院校合理分流的重要举措，也是进一步改革和完善中国高等职业教育体系、优化高等职业教育多元化选拔录取机制、提高高等职业教育质量和办学水平的重要举措。高职院校自主招生的施行也有助于中小学摆脱应试教育，向真正意义上的素质教育、通识教育转变，构筑新型的人才培养体系，为知识经济社会培育创造型、复合型人才。

此外，高职院校自主招生改革也是大力发展职业教育和民办教育，形成合理的职业教育体系的难得契机。首先，高职院校发展受到很多制约，而生源质量就是一个重要因素。自主招生完全是学生自愿报名，录取的学生由于兼顾了个人的特长与兴趣，因此更能体现出高等职业教育的培养目标和培养特色。自主招生可以让高职院校根据专业特点进行考试，让一批技术潜能较高的学生进入高职院校，这有益于探索与高等职业教育相匹配的考试评价和选拔方式。其次，高职院校进行单独命题考试，试题内容增加了职业知识和技术技能的比重，体现了职业教育的特点，并根据自身制定的录取标准录取考生，与普通高校招考分离。这样，二者在分数上就失去了可比性，不再有高低之争和强弱之别，消除了师生沉重的心理负担，有利于职业教育的健康自由发展①。

目前，国家已经认识到高等职业教育发展的必要性和紧迫性，因此提出了对高等职业教育发展的多项优惠政策。针对高等职业教育发展投入不足的现状，2006 年底，在“国家示范性高等职业院校建设计划”视频会议上，教育部副部长吴启迪指出，“十一五”期间，中央财政将首次对高职院校拨款，至少安排 20 亿元专项资金，支持国家示范性高等职业院校的建设。各地要制定相关政策，支持示范院校改革试点，包括优先安排招生录取批次、鼓励开展自主招生试点等措施。这为高职院校自主招生改革试点工作打下了良好的基础。

同时，国家教育管理部门相关负责人也多次强调，各试点高职院校都应注意处理好自主与规范的关系，在招生考试的组织实施上始终注意严格程序、规范操作、公开透明、加强监督，保证高职院校自主招生的公平公正，为今后改革的扩大与深化打下一定基础。可以说，高职院校自主招生改革试点是顺应时代发展潮流和遵循人才素质能力结构的要求而推行的。随着中国高等职业教育的快速发展，高等职业教育本身和社会发展需求都对其人才培养提出了要求，建立科学、完整的职业教育体系已迫在眉睫。在这种情况下，自主招生成为高等职业教育健康发展的重要选拔模式。

在国家的统筹规划下，高职院校不断探索适合高等职业教育专业特点和学校特色的自主招生模式。高职院校自主招生改革试点的大多数省市经济比较发达、教育资源比较充足、高等教育毛入学率较高，有进行自主招生改革试点的条件。再者，高职院校自主招生的社会敏感度较低，有条件进行较大幅度的改革。但在实施过程中，还应当注意以下几个问题：

① 马建雯：《高职院校自主招考的改革与实践综述——以 2006 年北京与上海的九所高职高专院校为例》，《湖北招生考试》2006 年第 16 期，第 23～26 页。

第一，严格管理、规范操作，保证高职院校自主招生的公平公正，为今后改革的扩大与深化打下一定的基础。自主招生最令群众担心的是学校自定标准，无法量化比较，面试主观性强，不如笔试客观准确等。各试点学校都应注意处理好自主与规范之间的关系，以顺利推动自主招生改革的进程。

第二，考试形式、内容的改革应突出高等职业教育的专业特点，注重对考生实践能力、操作能力、专业性向等多种素质的考查，为推进分类分层考试的改革做出有益的探索。纸笔测试范围不应局限于语文、数学、外语科目，也可增加生活常识、文理科综合知识、逻辑判断、心理测试等各种类型的题目。根据学生报考专业的性质有选择地采用面试或技能测试，个别专业需要测试“人际交往能力”、“口头表达能力”、“外貌”等要素的，可安排面试，其他专业可视情况安排职业技能测试。

第三，评价手段要更科学、录取标准要更灵活。自主招生的原意是给高职院校充分的办学自主权，使其录取到符合自身培养目标的专业人才。高职院校应当意识到，高等职业教育需要有与普通高等教育不同的评价手段与选拔标准。因此，自主招生的评价手段应科学合理，录取标准应灵活多样。对于有职业资格证书及有专业工作经验的学生可适当加分甚至免试入学。除了从高分到低分排序录取学生外，各校可尝试更加多元的录取标准。如可与一些教学质量高、信誉好的中专、职校挂钩，联合培养人才。对口挂钩的中专、职校的优秀毕业生和在职业技能竞赛中获奖的学生可以给予免试入学或特殊加分政策等。

第四，综合素质评价在自主招生中的合理使用。就现阶段来看，各省市的招生方案都提出了综合素质评价的采纳意见。而要发挥好综合素质评价在招生录取中的作用，首先应当进一步提高中学对考生综合素质评价的信度。

第五，选择有鲜明职业特点的专业进行自主招生。要做到以特色与质量吸引考生，注重内涵发展，尤其在以就业为导向的人才培养过程中，要明确学校的办学特色与办学定位。传统学科型、通用型的专业因更注重文化基础知识，通过统考招生就可基本满足其需求，而不必参加高职院校自主招生。自主招生的专业需避免在统招中招生。

第六，认真分析研究高职院校自主招生改革试点工作的经验和教训。在注重对自主招生各实施环节进行科学管理的基础上，应积极开展对它的研究工作，认真收集、总结经验教训。各高职院校可对自主招收进来的学生进行跟踪调查，观察其表现与中学所提供的“综合素质评价”材料的相符程度，并据此对各所中学提供材料的可信度打分，积累中学的诚信档案；对入校的“三校生”和普通高中生跟踪观察，判断两者在高职院校的学习能力是否有显著差异，并据此调整以后自主招生的评价手段和录取标准。北京信息职业技术学院在这方面做得比较好，从报名阶段开始，就对考生各项信息进行统计分析，考试后又对考试成绩，尤其是笔试与面试的成绩相关性、不同类考生的成绩情况等做了详尽统计，得出多项有说服力的分析结果，为改进相关环节的工作提供了依据。

第七，完善相关配套措施，如社会用人机制及其他相关制度等。高等职业教育要建立一套完整、科学的自主招生体系，并不是只通过改革招生考试本身就能够顺利完成的，而应当重视考试与社会的关系，完善与其相关的配套措施。

目前高职院校自主招生改革试点还有许多工作要做，要注意总结改革经验，探索适应社会发展需求与特点的招生方式。中国正处于社会转型期，社会主义市场经济体制的建立也才刚刚起步，各种利益关系的重新调整，新、旧价值观念的混杂与冲突，人的价值目标错位等都促使我们要用新的、更加合理的价值观念、标准去看待、处理高职院校自主招生问题。

总之，服务社会是高等学校的三大职能之一。就高职院校来说，其定位是为本地区发展服务。由于各校培养人才的特色与目标有很大差异，因此，高职院校要增强招生考试的灵活性，进一步扩大招生自主权，根据办学方向、专业培养特色与目标等要求选择适合自身的自主招生方式。一些有声望、有实力的高职院校可自行组织全部招生考试的命题、组织和录取工作。一些普通的高职院校的优势学科或热门学科的专业技能考试，可联合几所与本校学科相同或类似的高职院校共同组织命题、考试。在考试内容方面，不仅应根据社会需求，尤其是地方经济、科技和文化发展的需求来设置，而且应突出高职院校的专业特点，增强对考生实际操作技能的考查。在文化课与专业课成绩所占的比重方面，应适当提高专业课成绩所占的比重。在录取方面，除了从高分到低分录取学生外，各高职院校可尝试更加多元的录取方式与标准。如可与一些教学质量高、信誉好的中专、职校挂钩，联合培养人才。对口挂钩的中专、职校的优秀毕业生和在职业技能竞赛中获奖的学生可以给予免试入学或特殊加分政策等。

此外，高职院校要严格管理、规范操作，保证自主招生的公平公正。自主招生最令群众担心的是学校自定标准，无法量化比较，面试主观性强，不如笔试客观准确等。高职院校应注意处理好自主与规范的关系，以顺利推进自主招生改革。我们还要认真分析、总结高职院校自主招生改革试点工作的经验和教训。对一些高职院校这几年通过自主招生进来的学生进行跟踪调查，判断他们与通过单考单招和统一高考进来的学生在高职院校的学习能力是否有显著差异，并据此调整以后自主招生的评价手段和录取标准；判断“综合素质评价”材料的可信性，以充分发挥它在录取中的作用。

第四节　复旦大学、上海交通大学自主招生改革试验

2006 年 3 月，复旦大学、上海交通大学先后公布了当年的自主招生改革方案。这是近年来高校招生改革中最引人关注，也是引起最广泛议论的改革。虽然两校公布的自主招生名额均不超过 300 人，只相当于当年上海高考考生数 11 万人的 5‰。但与此前几十所高校试行的自主招生改革相比，此次“自主选拔录取”（以下除政策文件外，均称“自主招生”）以面试成绩作为录取的主要依据，高考成绩仅作为参考，从而被喻为中国高考改革的“破冰之旅”。千军万马过“独木桥”的中国高校招生考试，出现了一种另类的“过法”。

一、改革实施

2006 年 3 月 3 日，复旦大学发布《复旦大学 2006 年自主选拔录取改革方案》（以下简称《改革方案》），宣告了复旦大学自主招生改革正式开始。而上海交通大学于 3 月 6 日发布《“深化自主选拔录取改革试验”招生方案》，采用了以中学定额推荐为主的方式，开启了一个颇具争议的自主招生模式。几年来，复旦大学和上海交通大学是全国仅有的两所试点“自主选拔录取改革试验”的学校，同济大学和华东师范大学也希望能加入这一行列，并向教育部递交了具体的方案。

（一）复旦大学自主招生改革试验

为给全面实施素质教育创造更好的条件和环境，使学生有更多的机会发挥和展示自己的能力，为高校自主招生探索更多的新路子，经教育部批准，复旦大学 2006 年在上海市实施自主招生改革方案，该方案最大的特点是使面试成为录取考生与否的关键。《改革方案》一经推出，就引起了社会和高

中生的广泛关注。

要特别说明的是，《改革方案》与复旦大学自2003年开始施行的《2006年复旦大学自主选拔录取试点方案》同步进行。两个方案各自独立，结果同样有效。但是，两个方案在招生政策、规模、录取依据等方面有很大的差异，比如《2006年复旦大学自主选拔录取试点方案》规定，享受该政策的学生高考成绩必须达到所在省（自治区、直辖市）复旦大学同批次录取控制分数线才能被录取，但《改革方案》并没有这样的要求。

归纳起来，《改革方案》主要包括以下内容：

1. 招生计划和招生对象

该方案试点工作只在上海市范围内进行，也就是说只有上海考生可报名参加自主招生。本次试点不分专业招收300名学生，录取后学生统一进入复旦大学接受通识教育，一年后在学校引导下选择专业。招生对象为：符合2006年上海市普通高校统一招生考试报名条件；在思想政治品德和社会活动方面表现突出，或者在各科学业、科技创新活动和实践活动方面成绩优异，或者在其他方面有特殊才能的学生。

2. 报名条件

报名的学生除了要符合2006年上海市普通高校统一招生考试报名条件并且接受《改革方案》规定的选拔办法与程序之外，还应至少满足以下条件之一：(1) 在思想政治品德方面有突出的表现，事迹感人，有良好的社会反响；(2) 有很强的社会活动能力，组织或主持过区县规模以上的中学生大型活动，或担任区县以上的学生联合会主席团成员等；(3) 各科学业成绩优异，在中学的学业成绩（或综合成绩）最新排名名列年级前茅（在市级重点中学前50名，或者在区级重点中学前20名，或者在普通高级中学前3名）；(4) 科技创新活动和实践活动方面成绩优异，作为主要成员所完成的科技创新活动成果或实践项目在全国或国际比赛中得奖；(5) 其他方面具备特殊超常才能的学生。

3. 选拔办法与程序

按照复旦大学提出的标准，符合条件的学生在复旦大学招生网报名，经学校招生办公室审核通过后参加“申请资格测试”以获得申请入学的资格。测试为3小时的笔试，内容涵盖高中语文、数学、英语、政治、历史、地理、物理、化学、生物和计算机等10个科目，以综合性和基础性知识为主。成绩排名前1200位的学生可向复旦大学招生办公室提出入学申请，入学申请资料包括反映其个人信息的申请表、陈述其报读复旦大学理由的申请信、反映其高中三年学习成绩的证明、两封推荐信（至少一封为其中学老师的推荐信）及反映其各方面能力的相关证明等。申请材料审核完毕后，在规定的时间里，每位申请者将分别接受复旦大学 5 位专家每位 15 分钟的面试。专家根据申请者的综合表现、沟通能力和相关知识等给出评定，汇总 5 位专家的评价形成申请者的面试成绩，以决定录取与否。被录取的学生还要参加 2006 年上海市普通高校统一招生考试，但其成绩仅作参考。

《改革方案》于 2006 年 3 月 3 日正式公布后，上海市共有 5 828 名考生参加了复旦大学的“申请资格测试”，最终获得面试资格的 1 208 名学生来自91 所高中,其中不乏非重点高中的学生。本次面试的专家均来自复旦大学，共 170 名（其中后备专家 20 名），专业领域涵盖了几乎复旦大学所有现有学科①。面试前，复旦大学对面试专家进行了安排。面试专家和学生事先分别通过随机方式分组，专家名单、专家分组名单和学生分组名单均严格保密。面试开始后，考生根据抽签结果经由志愿者引导进入封闭式的面试考场，考场内只有一位专家。学生按照末位数字 1—2—3—4—5—1 的顺序依次轮换，进入不同的房间，接受该组 5 位专家“一对一”面试。每位专家面试 15 分钟，每位考生共计接受 75 分钟的面试。面试试题覆盖范围大（见附录三）。面试结束当天，专家组召开评议会，以决议书的形式确定面试结果。

在面试结束之后，有 298 名申请者获得了预录取资格，最后有 290 名学生书面确认接受预录取。这些考生参加了 6 月举行的高考，但有 3 名考生因出国放弃了录取机会。虽然这次自主招生的规模不大，但许多学生和中学都意识到了一种全面评价教育与自身发展的需要。

在 2006 年第一次“试水”之后，复旦大学更坚定了自主招生的改革方向，于 2006 年 11 月 10 日公布了2007 年自主招生方案，计划录取 300 人，与 2006 年持平。如果说 2006 年 3 月复旦大学公布的自主招生方案相对于一个月之后随即进行的面试来说多少显得有些匆忙，学校没有充足的时间全面考查申请者，而考生也还来不及应对这一全新的“入学模式”的话，那么，2007 年的自主招生则由于有 2006 年的经验为基础，以及更充足的时间为保障，无论是学校和学生都更加从容。与 2006 年的自主招生方案相比，2007 年

---

① 《复旦上海交大分别预录 291 人》，http://news. sina. com. cn/c/2006-04-15/05198701990s. shtml。

的方案有以下特点：

第一，入闱面试办法调整，由参加单一的“申请资格测试”改为通过四个途径确定面试考生名单：途径一，在参加复旦大学组织的2007年“复旦大学优秀高中生文化水平测试”（简称“复旦水平测试”）中取得优异成绩的学生；途径二，在参加复旦大学组织的“复旦大学第三届博雅杯人文知识大奖赛”中取得优秀成绩的学生；途径三，由复旦大学确定的作为自主招生试点学校的若干所重点中学的校长推荐的学生；途径四，复旦大学专家组选拔的在思想政治品德和社会活动方面表现突出，或者在人文学科、科技创新和实践能力方面成绩优异，或者在其他方面有特殊才能的学生。很显然，选拔标准从注重学校组织的笔试成绩，转为将学校笔试选拔与中学成绩、专家评价结合起来，部分优秀中学生可以获得直接进入面试的机会。

第二，进行统一的“复旦大学优秀高中生文化水平测试”。测试内容涵盖高中语文、数学、英语、政治、历史、生物、物理、化学和计算机等10个科目，测试形式为3小时的笔试，总题量为200道选择题，总分值为1 000分。采用标准分的记分办法，平均每道题目为5分。评分标准为答对题得5分，不答题不得分，答错题要倒扣2分。其实，这也是学校经过2006年上半年的测试情况对“申请资格测试”的改进版本。

第三，录取程序有所变化。2007年的方案规定，被复旦大学确定自主招生的入选考生，凡愿意以第一志愿报考复旦大学并服从所有专业志愿调剂者，必须参加2007年全国普通高等学校统一招生文化考试，其高考成绩达到所在省（自治区、直辖市）复旦大学同批次录取控制分数线即予以录取（具体优惠政策以考生与复旦大学招生办公室签订的协议为准）。

2006年12月底，复旦大学组织了“2007年复旦大学优秀高中毕业生选拔测试”，成绩列前2 000名的学生，可提出入学申请。由于2006年有1 200人具备申请资格，录取300人，录取比例为4∶1，而2007年的录取比例接近7∶1，竞争激烈程度大大高于上一年，最终录取了283人。可以看出，经过2006年的试验，复旦大学的这一人才选拔模式被越来越多的人所接受。

复旦大学的自主招生经过两年试点后取得了不错的效果，录取的学生质量都比较高，得到了社会的认可。经过教育部批准，复旦大学的自主招生规模2008年扩大到500人，这就意味着将有更多的优秀学生有机会通过面试并参考高考成绩被复旦大学录取。2008年，复旦大学的自主招生方案还推出了“直推生”政策，对于部分排名前列且愿意报考复旦大学的学生，免去其参加“复旦大学优秀高中生文化水平测试”，直接进入面试环节。

2009 年，复旦大学自主招生又出台了新举措。从 2009 年起，招生对象不仅仅限定在上海市，还在浙江省招收一定的学生。在其招收总人数 600 名中，500 名是针对上海市中学的学生，100 名招收浙江省的中学生。对于这两地学生的申请资格，复旦大学作了明确的规定：(1) 对上海市的学生来说，一是已参加 2009 年“复旦大学优秀高中生文化水平测试”，且成绩在前 700 名的学生；二是由部分重点中学直接推荐的优秀生（简称“直推生”）；(2) 对浙江省的学生来说，是已参加 2009 年“复旦大学优秀高中生文化水平测试”，且成绩前 200 名的学生。同样，被复旦大学预录取的学生仍要参加 2009 年上海市或者浙江省普通高校统一招生考试，考试成绩作为录取的参考。

复旦大学自主招生改革试验实施四年来，终于突破了招生区域的界限，扩大到其他省份。这对今后的改革方向也是一个重要的启示。

复旦大学 2009 年 12 月 3 日宣布 2010 年在上海市的自主招生面试预录取的人数为 550 名，比去年增加 10%。江苏、浙江两地考生也全面开展自荐，将各预录取 100 人。

2010 年复旦大学水平测试的形式与 2009 年基本相同，仍然采用“复旦水平测试＋专家面试”的形式。作为复旦大学自主招生的入门考试，考生须先网上报名参加“复旦水平测试”。通过测试的学生将获得面试的入学申请资格。2010 年，复旦大学招生办出台新的规定，上海市优秀应届高中毕业生不受是否已经获得其他学校推荐或保送的限制，只要符合条件都可以自行在网上报名参加“复旦水平测试”，这对考生而言预示着有更多的机会进入复旦大学。

此外，复旦大学 2010 年由中学校长择优推荐的“直推生”名额与 2009 年持平，仍为 300 人，“直推生”不需要参加“复旦水平测试”，直接进入自主招生面试环节，通过面试者将获得预录取资格。在试验了五年之后，复旦大学不断探索适合本校发展的自主招生模式，取得了不小的进步。

（二）上海交通大学自主招生改革试验

同复旦大学自主招生改革试验所处的背景形势一样，为探索高校自主招生的新路径，经教育部批准，上海交通大学 2006 年在上海市本科招生中开展“深化自主选拔录取改革试验”，招生方案的原则为“自愿申请、中学推荐、专家面试、综合评价、择优录取”。方案一公布，就受到了社会各界广泛的关注。

值得指出的是，同复旦大学的做法基本一样，《上海交通大学 2006 年“深化自主选拔录取改革试验”招生方案》与该校自 2003 年开始施行的《上海交通大学 2006 年自主招生选拔方案》同步进行。归纳起来，《上海交通大学 2006 年“深化自主选拔录取改革试验”招生方案》主要包括以下内容：

1. 申请报名方式

上海交通大学 2006 年的自主招生以中学定额推荐为主。未获得中学推荐名额的优秀学生可向上海交通大学自荐，通过登陆学校招生网站下载申请表，并查阅相关信息。所有申请者均须按要求填写申请表，准备申请材料，经所在中学确认并加盖学校公章，在规定时间里提交给上海交通大学招生办公室。

2. 申请资格及报名时需提交的材料

申请资格及报名时需提交的材料有：(1) 申请者须为具有 2006 年高考报名资格的应届高中毕业生；(2) 填写完整并由所在学校核实、加盖公章的申请表；(3) 所在学校教师填写的推荐信；(4) 申请表中规定完成的文章；(5) 申请者认为需要提供的必要材料。

3. 资格审查和面试时划分学科大类

学校在收到申请者的申请材料后，组织专家对其进行审查，初步确定通过资格审查的名单。此次自主招生根据学校专业设置情况划分为 3 个学科大类（生命、医学类；人文、管理类；理工类），并按学科大类对申请者进行分组面试。

4. 自主招生专业安排

2006 年上海交通大学自主招生计划不超过 300 人。为满足申请者修读不同专业的需求，学校所有本科专业（包括文科专业）均接受报名申请；考虑到各专业对人才培养的不同要求，本次自主招生要求学生按自己的兴趣、爱好，依据学校公布的各专业招生计划填报两个专业志愿。

5. 被预录取的学生需要参加高考

获得此次自主招生预录取资格的学生需参加高考，并按照上海市高招办录取程序和办法提前办理正式录取手续。学生的高考成绩将作为正式录取的重要参考，同时影响进校后新生优秀奖学金的申请，并在按院招生专业分流时占有一定的权重。

在此次自主招生的实施过程中，申请者的限制条件与复旦大学一致，均为上海市所属各中学德智体美全面发展，综合素质高，学习成绩优秀或特长明显，具有发展潜力和培养前途的应届高中毕业生。通过考生所在中学在给定的推荐名额内向上海交通大学推荐或自荐，向上海交通大学提出入学申请。学校根据报名材料，以申请者学业水平为主要依据，按学科大类组织专家对所有申请者进行资格审查，确定1 200名左右申请者参加所填报的第一专业志愿所属学科大类的面试考核。

上海交通大学选派160名专家随机组成若干面试小组，每个小组由不同学科的5名专家组成。在学校招生监察小组监督下，获得面试资格的学生将根据填报的第一专业志愿所属学科大类被随机分组并确定面试次序。面试试题灵活多样（见附录四）。面试专家根据学生的学业水平、能力和素质独立给出综合评价结果，最后汇总各位专家的评价结果，择优确定预录取推荐名单。为确保本次自主招生工作的公正性和公平性，所有工作由上海交通大学招生工作领导小组直接领导，学校招生监察小组全程参与，并接受社会监督。

在面试结束之后，上海交通大学预录取了291名考生，后有3名考生没有达到一本控制分数线，经过学校集体讨论，最终291名学生被全部录取。需要指出的是，这些被录取的幸运儿无一人不是重点高中的学生。这一现象值得我们深思。根据上海交通大学的统计，被录取的291名考生的高考平均分要高于通过高考录取的考生。这一情况也在我们事先的预料之中。

在第一次“试水”之后，上海交通大学更坚定了自主招生的改革方向。2007年，上海交通大学又发布了《上海交通大学2007年自主招生简章》，对自主招生作了新的规定。首先，在报名资格上，规定拥有以下条件的考生可报名参加上海交通大学的自主招生：(1) 综合素质高，学习成绩优秀，在中学综合排名中名列年级前茅；(2) 思想品德方面表现突出，有感人事迹和良好社会影响；(3) 组织管理能力强，担任中学主要学生干部，或组织过规模较大的大型活动；(4) 科技创新能力强，科技创新成果在国际国内比赛中获奖；(5) 特长明显，具有发展潜能和培养前途。其次，资格审查。上海交通大学根据申请者材料，以申请者的学业水平（高中阶段学习成绩、竞赛获奖和参加上海交通大学冬令营选拔或其他高校优秀生选拔结果）、综合素质和发展潜能为主要评价依据，按学科大类对申请者进行资格审查。资格审查通过者参加所填报的第一专业志愿所属学科大类组织的面试考核。再次，预录取办法。学校综合申请者学业水平和面试考核成绩，在公布的专业招生计划数内择优录取（学校根据报名及面试考核情况，对各专业接收名额将作适当调整）。最后，学校向社会公示预录取结果名单并上报上海市教委及上海市教育考试院备案。

经过上述程序已获得上海交通大学预录取资格的学生仍需参加当年的统一高考，高考成绩作为正式录取的重要参考，同时将影响进校后的新生优秀奖学金申请，并在按院招生专业分流时占有一定的权重。这一年，上海交通大学通过自主招生共录取了287名考生。

上海交通大学自主招生经过两年的试点后取得了不错的效果，录取的学生质量都比较高，得到了社会的认可。经过教育部批准，招生规模从2008年开始扩大，由原先的300人扩大到500人，这就意味着将有更多的优秀学生有机会通过面试并参考高考成绩，直接被上海交通大学录取。2008年上海交通大学自主招生政策发生了些许变化：2007年自主招生的报名方式是中学推荐和学生自荐相结合，而2008年完全放开，符合条件的学生都可参加这次的自主招生。2008年共有4 000名上海考生获准参加上海交通大学的冬令营测试，其中1 200余人获得面试资格，最终有500人获得上海交通大学预录取资格。这500人来自上海市49所中学，报考专业涵盖上海交通大学所有专业。

2009年，上海交通大学开展的自主招生改革试验进一步深化。自主招生呈现出三个明显的变化：

第一，就招生区域来说，2009年上海交通大学自主招生最大的突破就是在江苏省和浙江省招生。对于在上海市的自主招生实施办法，与2008年基本相同。它主要招收上海市所属各中学学生，政治思想品德合格，身体健康，已取得2009年高考报名资格，已在上海交通大学招生网有效报名，并参加上海交通大学冬令营测试（直推生免测试）的高中毕业生，但也限定在上海市的自主招生计划不超过500名。另外，由于江苏省、浙江省的基础教育质量较好，历年来一直是上海交通大学优质生源地。为选拔素质全面、潜能突出、富有创新精神的优秀人才，拓宽选材渠道，推进素质教育的深化，2009年上海交通大学在江苏省和浙江省开展自主招生试点的进一步试验，招生计划数均为50～100人。

第二，面试形式的变化。回顾上海交通大学自主招生改革试验四年来采取的面试形式，2006年、2007年，学校组织了“无领导有主题小组讨论”，5名学生根据特定主题讨论25分钟，专家在旁边观察他们的表现。另一部分面试内容是 5 名专家对 1 名考生，单独面试 15 分钟。2008 年，取消了小组讨论的形式，每位考生只接受 5 位专家的面试，时间为 20～25 分钟。2009 年的面试形式则有了较大变化，首次采用“3＋2”面试形式：每位考生分别接受 A 组 3 位专家、B 组 2 位专家的面试，各 20～25 分钟，总共 40～50 分钟的面试。A、B 两组专家的搭配也是不确定的，每半天轮换一次。两次面试之间一般有几十分钟的间隔。学校纪律检查部门全面介入面试过程，防止考试相关信息的泄漏。上海、浙江、江苏三地考生采用的面试形式完全相同。

第三，重视对学校的认同感。侧重考查学生的素质、能力是上海交通大学自主招生面试的一贯主题。2009 年自主招生面试特别关注学生的道德意识、社会责任感，并把考生对上海交通大学的认同感作为一项重要的考查内容。把学校认同感列入考查内容，主要是想考查学生是不是在跟风参加自主招生，是不是在盲目地选择学校、专业。学校希望学生有自己的思考，选择适合自己兴趣志向的学校和专业。

2010 年，上海交通大学继续在上海市、江苏省、浙江省进行自主招生改革试验，在上海市预录取 500 人。此次上海交通大学自主招生文化课笔试部分采用五校联考模式，全部考生均需参加语文、数学、英语笔试，理科考生加试自然科学（大致比例：物理 70%，化学 30%），文科加试人文社会（大致比例：历史 40%，地理 30%，政治 30%）。文化课将打破各科原始总分相加排队的单一选拔模式，有多条评判准则，即总分、数理化总分、各单个学科等多条分数线标准。针对上海选科加一考情况，还会分别考虑物理、化学等选科部分的成绩。上海交通大学将根据文化课测试成绩、高中阶段学习成绩、综合素质情况、所在中学的推荐意见进行综合评价，选拔进入面试的人选。

总的来说，上海交通大学自主招生改革试验实施五年来取得了不错的成绩。但仍存在不少问题，需要在日后的改革进程中不断完善。

二、特点分析

通过考查复旦大学和上海交通大学自主招生改革试验，我们发现两校自主招生改革在以下几个方面有其鲜明的特点：

（一）招生对象

复旦大学、上海交通大学在自主招生改革方案中，规定招生对象为上海市（2009年，复旦大学增加了浙江省；上海交通大学增加了浙江省和江苏省）中学的高中毕业生。除了这一点以外，对考生其他方面条件的要求，与教育部规定的高校5%的自主招生改革试点比较相似。两校都要求考生具有当年普通高校统一招生考试报考资格，并在思想政治品德和社会活动方面表现突出，或者在各科学业、科技创新活动和实践活动方面成绩优异，或者在其他方面有特殊才能。

（二）招生程序

复旦大学、上海交通大学的招生程序基本类似。首先是学生网上报名，向学校递交获奖证书等材料，然后学校审查报名材料，确定“申请资格测试”（冬令营测试）名单。考试结束后，按成绩划定分数线，线上考生获得面试资格。复旦大学和上海交通大学综合评价学生基本情况和面试考核成绩确定预录取名单。最后，预录取的学生参加当年高考，高考成绩仅作为参考，成绩合格被复旦大学或上海交通大学录取。

（三）选拔方式

复旦大学、上海交通大学的自主招生分为笔试与面试。考生笔试达到一定的成绩要求后，获得参加面试的资格。面试在一定程度上说是考生能否被学校录取的关键环节。两校的面试专家和考生，都是在面试当天当场随机抽取、随机编组。各组教授就考生的面试表现进行合议，不存在异议才意味着“通过”；若意见不一致，还将由招生改革领导小组牵头，召集面试教授复议，经讨论若确为某专项领域有特殊才华的所谓“偏才”者，才可以通过复议。

（四）考试科目与内容

复旦大学、上海交通大学的自主招生，要求符合申请条件的考生先通过各校的水平测试。复旦大学的“申请资格测试”内容涵盖高中10个科目（语文、数学、英语、政治、历史、地理、物理、化学、生物和计算机），以综合性和基础性知识为主；上海交通大学的冬令营测试，理科测试科目为数学、英语、物理或化学；文科测试科目为数学、英语、语文。在考试内容方面，无论是自主招生中的笔试题还是面试题，都有别于高考试题，更具拓展性与创新性，总体上更能检测考生的知识结构与应变能力。

（五）录取标准

复旦大学、上海交通大学的自主招生，只以本校自行举办的笔试和面试成绩为标准决定考生的录取结果。高考成绩仅作为一个比照与参考。

三、对复旦大学、上海交通大学自主招生改革试验的思考

相比于国内部分重点普通高校推行的5%自主招生改革试点，2006年复旦大学和上海交通大学自主招生改革的“破冰”之处在于，以面试成绩作为录取的主要依据，高考成绩仅作为参考依据。从统一招考到5%自主招生改革试点，再到复旦大学和上海交通大学的自主招生改革试验，高校的招生自主权在不断地寻求突破，并不断地扩大。由此，我们是否已经对高校招生的发展趋势有了一个科学合理的判断？

在讨论高校自主招生改革的发展道路时，应当注意这样一个问题。目前，复旦大学、上海交通大学的自主招生方式还不适宜扩大到全国范围，主要的原因是许多必要条件目前尚不具备。首先，在诚信缺失、腐败之风尚未得到有效遏制的情况下，学校很难完全采用外来的考核结果和证明材料；其次，中国还缺少全国统一的高中水平性测试（会考），不具备准确反映学生高中阶段成绩的标准；再次，招生的大学和教师要制定出既符合培养目标，又切实可行的招生方案，教师在招生标准上要达成共识还缺少实际经验①。另外，最显而易见的原因是，无论是高校组织还是学生参加这样的自主招生，都要付出高额成本。复旦大学、上海交通大学的自主招生改革试验之所以会选择上海市和相邻的浙江、江苏两省试点，一方面是因为改革实行之初，应当谨慎、小范围试点；另一方面是为了节约学生的考试成本。如果让其他外地生源加入试点行列，让他们奔波往返于上海与原籍之间，必将大大提高考试成本。

两校自主招生改革试验还存在诸多争议，争议聚焦在教育公平上。尤其是面试决定录取的公平问题，高校拥有了自主招生权后，这种权力是否会受到钱势和权势的干扰？没有了分数的刚性约束，没有标准答案的面试综合评价的公平公正问题将会更加突出。除了公平问题，人们关注的还包括高校是否有能力选拔出真正适合自己办学特点的学生？长期以来习惯了卷面考试的学生怎样适应新的招生制度？女生善于表达，是否在面试中更有优势？家庭条件优越、见多识广的学生，是否更能得到青睐？如此等等②。

---

① 《复旦交大自主选拔争议中破冰 公平成为关注焦点》，《中国青年报》2006年4月3日。

② 熊丙奇：《这样进名校——解析大学自主招生面试》，上海科技教育出版社，2007年，第1页。

但不管怎么说，两校的自主招生改革试验取得了明显的成绩，为中国高校自主招生改革拓宽了发展道路，是一次有益的尝试。无论是从依法治教上说，还是从当前高校招生改革的趋势，以及从世界上其他国家和地区的高校招生模式分析看，对学生的综合素质和条件进行判断与评价，将成为中国高校自主招生改革的重要方向。反观改革存在的许多不足之处，则需要我们不断完善，探究出更科学合理的发展路径。

小　　结

对高校自主招生这样一种新现象，我们不能简单地讨论其利弊大小；就像火车刚刚发明时还没有马车跑得快，遭到守旧贵族的嘲笑，而今让马车与火车赛跑无疑又成为一桩笑柄。我们更应该关注的是如何让高校自主招生顺利地进行下去。

但是，我们需有一个明确的认识，教育体制改革在中国，首先须改变学校作为政府行政机关附属物的状况——就像 1984 年中共中央文件提出改变企业作为政府行政机关附属物状况那样，还受教育者和教育者在教育中的主体地位。

教育的根本症结并不在教育本身，而在社会的结构与体制。没有相应的社会、政治体制变革，教育很难进行根本性变革，也很难真正实行素质教育，种种在其他环境中行之有效的招生政策在中国就会“水土不服”。

平心而论，教育主管部门如此制定政策的出发点不可谓不善，但揆诸历史，立意善良的政策因脱离社会现实而在贯彻实行中屡屡碰壁，甚至适得其反比比皆是。在对权力的监督、制约没有真正建立起来之前，在教育权力结构、行政化体制没有较大改变之前，这些“改革”只会使包括腐败在内的种种问题更加严重。所以，仅仅要教育界来承担教育的腐败之责并不公平。

因此，笔者认为，建立完善的制约、监督机制，对自主招生各个环节施行透明化操作，保证公平公正公开是关键所在。

孟德斯鸠说过，一切有权力的人都容易滥用权力，这是万古不变的经验，有权力的人们使用权力一直到遇有界限的地方才休止，没有制约与监督的权力必然导致滥用和腐败①。所以，“要保证高校自主招生的公平、公正、

① 孟德斯鸠：《论法的精神》（上），张雁深译，商务印书馆，1961 年，第 154 页。

公开，只依靠高校自律是不够的。一个制度是否先进、文明、进步，不在于他们有没有危机和阴暗面，而在于他们有没有制约和消除这些危机和阴暗面的先进机制”①。

毫无疑问，高校自主招生是发展和壮大高等教育的必由之路。部分高校按一定比例和规模进行自主招生，有利于人才多元化和专业化培养。但是，高校自主招生一旦脱离一定的约束和监督，其效果可能适得其反。笔者认为，在给高校一定的招生自主权的同时，需要政府、高校创设一种有效的制约和监督机制，增加招生透明度，才能最大效度地推进高校自主招生。

同时，由于中国古代“万般皆下品，唯有读书高”的人才观，导致现今“唯分数是举”的选拔标准。如此造成了恶性循环，人们认为考试分数可以代表一切。这就需要政府加大政策宣传力度，大力倡导以能力为本位的多元人才观，使人们了解高校自主招生的实践价值。

当然，我们在关注高校自主招生公平公正性的同时，也应当关注高校自主招生的本意，即提高教育的有效性。高校在招生中享有一定的自主权，发挥主导作用是自主招生的实质意义所在。高校自主招生能最大限度地实现教育者独特的教育理念，有利于形成高校的办学特色和加快创新人才培养；同时也是对现行高考制度的一种改革尝试。但是，就目前的高校自主招生改革而言，还需要注意保证其实施环境的适应性。如果自主招生仅面向高校所在地招生，无形中加剧了业已存在的招生本地化的趋势；若放开限制，面向全国自主招生，在目前不仅会增加学校招生和考生报考的成本，也在一定程度上会影响招生的效率，可能会得不偿失。

总而言之，高校自主招生改革要努力探索适合中国国情的发展路径，要逐步探索统一考试与多元考试相结合的自主招生机制，早日确定中国高校人才选拔机制的改革方向。在此，我们应当明确的是，选择奇才、偏才、怪才并不是高校自主招生的主要目的。自主招生的目的在于探索多样化创新人才的选拔培养之路，通过选拔方式之变真正带动人才培养模式之变，这才是自主招生改革的价值所在，而这需要各方理念的转变。

---

① 王亚彤：《高校自律、社会监督：高校自主招生的环境研究》，《南京航空航天大学学报》（社会科学版）2004 年第 1 期，第 64～67 页。

第五章　中国高校自主招生的实证研究

高校自主招生是中国高校招生考试制度改革的重大举措，是对统一高考制度的有益补充和完善。本章通过运用访谈和问卷调查相结合的研究方法，并借助 SPSS 11.5 统计软件分析工具，对中国高校自主招生改革试点进行了系统的调查研究，目的在于通过调查了解社会各界对高校自主招生改革的看法和意见，为高校自主招生改革试点提供更加真实、准确的反馈信息。

第一节　高校自主招生访谈研究

根据本研究的需要，笔者进行了访谈研究，调查收集了与高校自主招生相关的信息资料。具体情况如下。

一、访谈目的

本研究的访谈调查主要是为了解中国高校自主招生的改革方向和试行情况，认清其在实践中遇到的困难和需要解决的问题，得出自主招生改革的经验和教训，最后提出科学合理、切实可行的解决对策，以对本研究提供有力的现实支持。

二、访谈样本[①]

通过对几所全国重点普通高校的招生办公室工作人员、参与自主招生流程的教师和几位通过自主招生方式入校的学生的访谈，得到了一些自主招生

① 笔者也曾对自主招生改革试点的几所高职院校校长进行过访谈，但由于没有系统的事先准备工作和后续的整理工作，访谈内容及结论在此未加呈现，但某些观点在以后的章节中会有所体现。

实施情况的详细资料。要特别指出的是，某些直接反映该校自主招生背后事实的资料，受访者限于工作关系未提供给笔者；或受访者告诫笔者，不能将此信息外露，笔者出于对受访者的保护，遵守了不成文的诚信约定。请各位读者谅解。

三、访谈提纲

整个访谈过程全部由笔者本人完成，访谈时间每人约为 1 小时，访谈的问题主要是：

(1) 从长远来看，您认为贵校应发展成怎样的大学？大学的办学自主权，尤其是招生自主权，应如何体现？贵校目前在自主招生（自主选拔录取）过程中，面临的最大问题是什么？能否提供关于高校自主招生的近期、中期、长期发展规划的资料？

(2) 中国高校自主招生改革试点的趋势近年来进一步明确。您认为自主招生是不是高校选拔人才的方向？中国高校在推行自主招生过程中，应当采取何种模式？您认为贵校的自主招生模式是否是全国施行自主招生改革试点高校的趋势？

(3) 您对高校自主招生与统一高考的关系演变及未来趋势有何认识？

(4) 在推动自主招生改革试点工作过程中，大学自身、教育部、政府管理部门分别起了什么作用？这三方之间存在什么样的互动关系？对于高校而言，自主招生会带来哪些益处？

(5) 贵校开展自主招生改革试点工作以来，是如何针对自主招生改革试点进行管理工作？

(6) 您认为贵校实行的自主招生模式主要在哪几个方面做出了重大改革？今后还将在哪几个方面着重试验与改革？

(7) 贵校自主招生在各省市的招生名额是怎样进行分配的？校方对于目前的生源分配方式及实际分配状况是否感到满意？如果不满意的话，您认为问题主要在哪里？

(8) 2007 年，上海科技教育出版社出版了《这样进名校——解析大学自主招生面试》，对上海交通大学和复旦大学的新入学模式、面试经验或过程、高中回忆进行了解析。您认为在中国会不会又刮起一场应试之风？对于农村地区或家庭情况一般的学生来说，社会实践活动、棋琴书画等特长很难得到锻炼与发掘。您是怎么看待这一问题的？

(9) 高校自主招生是否加重了学生尤其是家庭经济不宽裕的学生的经济压力？在较长的时间内，是否只有中国少数发达地区、发达城市有条件推行自主招生试点？

(10) 您认为通过自主招生方式入校的学生与参加统一高考录取进来的学生有何差异？您认为两者的后续发展会如何？

(11) 在您的教学、管理过程中，您认为通过自主招生方式入校的学生有什么显著特点？其学习效果是否有显著体现？

(12) 你是通过自主招生方式录取的学生，你认为是自身的哪种优势使你能够在自主招生测试中胜出的？进入大学以来，你觉得与经过统一高考进来的同学有何不同？

四、访谈结果

访谈结束后，笔者对访谈提到的项目进行了概括、整理，发现了不少中国高校自主招生改革试点在现实中存在的问题所在，笔者进一步意识到，中国推行高校自主招生改革，只有统筹协调好各方面的利益，并处理好各方面之间的矛盾，中国高校自主招生才能得到健康、有序的发展。

具体说来，通过访谈主要形成了以下几个观点与结论：

（一）高校自主招生在中国有着光明的前景

中国试行的高校自主招生改革是高校招生考试制度改革的一次有益尝试，打破了统一高考制度的垄断地位，有利于学校选择适合自身特点和需求的学生，有利于做到学校与学生、教师与学生、专业与学生之间的最佳结合，有利于高校扩大招生自主权。高校自主招生改革适应了高等教育发展的趋势，适应了实施素质教育、形成多元人才培养模式的需要，体现了“效率优先、兼顾公平”的教育原则。因而，高校自主招生改革在中国有着光明的前景。

（二）高校缺乏科学、公平、可操作性强的选拔评价机制

高校自主招生受到社会经济与教育发展水平、社会风气与文化观念和高等教育办学体制等诸多因素的制约。尽管教育主管部门制定了相应的政策，但是，各校如何在众多申请者中挑选到符合自己培养目标和育人理念的人才，仍处于探索和实践阶段。自主招生对学生特长素质的鉴定缺乏专业、科学的指导，缺乏客观的评价标准。从目前情况来看，各校采取的自主招生模

式都与“不拘一格选拔人才”的宗旨相符合。但是，目前的选拔机制还是以考生的考试成绩特别是笔试成绩为准，仍然受到“分数主义”的影响。如何建立一种能够考查学生的综合素质和特殊才能的选拔机制，仍然是值得广大招生工作者探讨的问题。

（三）高校自主招生改革试点影响有限

高校自主招生改革试点工作开展至今已经 8 年了。从 2003 年的 22 所到 2010 年的 80 所，各试点高校仅仅局限在数量有限的重点高校，选拔比例仍控制在 5%～10%。由于选拔规模小、选拔条件严格等原因，使得社会、学校、家长和考生对其关注率偏低，有限的影响面还不足以影响高校招生考试制度改革的方向，对基础教育的引导和促进作用也非常有限。高校自主招生改革试点的初衷是为了完善统一高考制度，促进中学素质教育，更好地选拔优秀创新型人才。同时，也给有特长的优秀毕业生更多的进入高等学校深造的机会。但是，回顾历年来高校自主招生的实施结果发现，符合招生要求的人才往往“可遇而不可求”。

（四）高校自主招生的公平问题应当引起足够的重视

高校自主招生改革试点首先存在一个可比性问题。高校自主招生打破了统一高考制度下“分数面前人人平等”这一原则，不同学校所选取的考试内容和采纳的招生方式不同，大大降低甚至抹杀了高校招生应有的可比性，成为自主招生备受诟病之处。高校自主招生的名额投放也存在地域差异问题。试点高校基本都明确规定生源所在中学为省、地区重点中学，而对于一般中学则不予考虑。此外，考生参加高校自主招生所花费的成本较高，这对低收入群体的子女也造成了一种不公平。总起来说，老百姓对高校自主招生试点的认可度较低。许多老百姓很担心扩大高校招生自主权会给人为因素大开方便之门，增加招生的不公平程度。

（五）中学和学生的诚信缺失问题值得关注

高校自主招生在很多中学被认为是可能影响尖子生潜心备考、影响高考升学率的因素。在这种情况下，出现了中学和学生的诚信问题，一方面，中学为了提高声誉和升学率，“推良不推优”，部分中学往往保留最优秀的学生，将本无所谓“特长”而高考预期与自主招生学校接近的“良”生推荐给高校，博取其几十分的优惠条件，以作为提高升学率的竞争资源；另一方面，有些考生一旦考分能上更好的学校，也会不顾与高校所签的协议，导致高校自主招生的录取率更低。而从试点院校对申请条件的规定来看，在全国或国际性竞赛中获奖、具有专利性发明创造、获得省市级优秀班团干部称号、在省市级重点中学学习且成绩优异的学生备受青睐。因此，出现了中学擅自修改学生平时成绩、伪造各种获奖证书等现象，这些都与自主招生的初衷背道而驰。

（六）招生成本过高

高校实行自主招生，除了要另外组织人力、物力，用心良苦地命题、制定评价标准，从大量繁杂的推荐材料中选拔少量优秀学生外，还要在公平、透明等问题上煞费苦心。从目前的情况来看，最后的录取率是相当低的。这样，试点高校在前期进行的各项工作中花费的大量人力、物力、财力都付诸东流，严重影响了高校试行自主招生改革的积极性。

第二节　高校自主招生调查问卷的编制与施测

为了全面了解社会相关部门对中国高校自主招生的看法和意见，本研究采用问卷调查的方法，对大学教师、大学生、中学教师、中学生和考试机构管理人员这五类人群进行了调查。调查研究的着眼点主要集中在以下几个方面：一是自主招生的总体评价；二是自主招生的程序；三是自主招生的影响因素；四是自主招生的效率；五是自主招生的录取标准；六是自主招生的保障措施；七是自主招生的发展方向。这七个方面可以说是研究自主招生的根本问题，其他问题从某种意义上说都是由这七个方面衍生出来的。本研究希望通过问卷调查，找到一些解决问题的有效措施，为中国高校自主招生改革提供参考，同时也希望为中国高校自主招生改革做一定的宣传和解释工作。

一、问卷的编制

（一）问卷的编制思路

本研究问卷以调查对象的身份作为基本变量。在第 1 题中，问卷就对调查对象的身份做了确定，以利于统计各类群体对中国高校自主招生的看法。问卷的第 2 题是一个很重要的题目，即“您对中国高校自主招生的了解有多少?”有四个选项，如果调查对象选择了“在此之前从未听说过”这个选项，那么就判定此问卷后续的题目为无效问题。即使他们对后续的题目全按照要求选择，数据也不能录入。因为，如果调查对象之前从未听说过高校自主招生的话，可以判断其后面的回答都是根据自己的喜好选择，而非理性选择。

本问卷第 2 题的后续部分为问卷的主体部分。笔者根据研究需要，在对国内外高校自主招生改革中出现的问题研究的基础上，参考教育部针对高校自主招生改革试点的政策，设计出调查问卷的初稿。问卷基本上沿着“了解程度及了解方式—总体看法—招生程序—影响因素—试行范围—录取标准—保障措施—发展方向”的线索展开设计和排列。

（二）问卷的框架与结构

本研究问卷的标题为“中国高校自主招生问卷调查”，由问卷导语和问卷主体两部分组成。问卷导语主要包括问卷的目的、意义以及问卷的填写说明等。之所以做一个关于问卷内容的简单提示，主要是担心调查对象对此问题的了解不够确切，所以事先做了个简单提示。结果证明，这一简短介绍非常必要，也发挥了积极作用，帮助很多同学澄清了一些不够到位的认识，使这部分问卷题目的信度和效度有了保证。问卷的填写说明部分主要阐述问卷填写的规范性，以免造成无效问卷或无效问题。问卷的主体包括客观题和主观题（开放题）两部分。客观题部分主要是对一些关于高校自主招生的基本态度进行调查。主观题是问卷的最后一个题目，对此问题不宜做简单的肯定或者否定回答，而需要尽可能深入地谈出对它的认识。

本问卷以客观题为主，主观题为辅。结构主要分为三大部分：

第一部分为调查对象的基本信息，要求调查对象填答自己的身份。身份共分为五类：大学教师、大学生、中学教师、中学生和考试机构管理人员。调查对象的基本信息作为本研究的一个变量。在问卷发放之前，笔者就事先设定好了问卷发放的单位、地区及群体状态。因此，与调查对象相关的其他变量如年龄、性别等就未被列入。

第二部分为本问卷的主体部分，内容安排为：首先从被调查者对中国高校自主招生的了解程度和了解方式切入，接着从高校自主招生改革试点的影响入手，调查他们对高校自主招生的整体满意度和总体看法。之后，主要针对高校自主招生的招生程序、影响因素、招生效率、录取标准、保障措施和发展方向等问题调查他们的观点和意见。本部分共设计了 19 道题目，可以说题量是适中的，基本上能够保证问题的信度，同时又不因题量过大引起答卷者的倦怠情绪。

第三部分为一道主观题（开放题），调查对象可从各种角度陈述对中国高校自主招生的看法。

本问卷总题量是 21 道题，除了一道开放题外，其余的绝大多数是单项选择题，只设计了一道多项选择题。这样做主要是为了让答卷人能比较鲜明地表明自己的态度，防止模棱两可的答案，保证调查的信度和效度。

（三）问卷的修订与完成

本研究问卷前后易稿多次。在问卷初成之时，笔者邀请国内考试机构人员、相关高校管理人员、教师、研究生、大学生和中学教师对调查问卷初稿进行了审阅和咨询，讨论调查问卷项目设置的可行性与问卷调研填答过程的可操作性。根据多方面的意见，对问卷形式、相关项目进行了调整，力求使调查问卷统计数据既为本研究提供佐证，同时又能为高校自主招生改革提供研究与决策参考。其间，问卷的总体思路虽然基本没有变化，但是在逻辑结构、题目的安排顺序和措辞、被选项的逻辑顺序等方面，做了数次调整。经过多次修改后的调查问卷，在厦门大学找了 137 名各专业的本科生和教师进行了试测，对易于产生歧义之处进行了修改，最终形成了正式的调查问卷。

具体试测情况如下：

1. 被试

本次问卷试测随机选取厦门大学任课教师和一、二、三年级各学院各专业本科生，共 137 人，其中教师 8 人、学生 129 人。

2. 施测方式

以班级和自习室为单位，主试进入教室或自习室进行团体或个别施测，统一发放问卷，当场回收。测验没有时间限制，但被试一般都能在 20 分钟内完成，不同年龄略有差异。调查时，主试向被试说明调查目的，欢迎被试对调查问卷的不足部分提出宝贵意见。

3. 试测结果分析

问卷回收以后，对被调查者选择的选项和提出的意见进行整理分析，对某些问题的表述和选项表述进行了修订，删除了某些使调查对象难以理解的题目。最后，对调查问卷做了修订，终成定稿。

二、问卷的施测

本问卷的调查在各高校的学生处、教务处、任课教师，各中学的教务处、任课教师和考试机构相关工作人员的大力支持与帮助下，得以顺利进行。问卷的形式为传统纸质问卷，采用邮寄或委托的方式送达样本高校、中学和考试机构。施测的高校皆为部属重点普通高校，且已实施自主招生改革试点工作两年以上，施测对象的专业文理科都有，但艺术、体育类专业除外；施测的中学皆为直辖市地区不同层次水平的中学，抽取对象为高中三年级学生和各年级任课教师；施测的考试机构为主管省市高校招生考试的相关单位，抽取对象为部分主管或参与高校招生考试的工作人员。应当特别指出的是，对这些高校、中学、考试机构的调查是随机抽样的，因此未对其调查比例进行严格的限制。

问卷发放主要集中在 5 所高校、4 所中学和 3 个考试机构（具体见表 5-1）。调查对象包括大学教师、大学生、中学教师、中学生和考试机构管理人员五大类，分布于北京市 4 所部属重点普通高校、两个地区的不同层次水平（选择以高考录取率为判断标准）的 4 所中学、福建省 1 所部属重点高校和全国 3 个考试机构。根据研究需要，发放问卷时，各校发放问卷是随机抽样，比例与数量无严格限制，但调查对象需要具有如下几个条件：一是必须对中国高校自主招生改革试点有一定的了解；二是其身份必须与高校自主招生有一定的关系；三是其身份必须体现一定的差异性。本研究共计发放问卷 1 300 份，收回 1 202 份，有效问卷 1 202 份，其中，学生问卷 1 053 份，教师问卷 127 份，考试机构管理人员问卷 22 份。问卷回收率92.5%，有效率 100%。

表 5-1　问卷发放机构及人数统计表

单　位		人数	百分比	有效百分比
有效数据	A 大学	105	8.8	8.8
	B 大学	78	6.5	6.5
	C 大学	70	5.8	5.8
	D 大学	212	17.6	17.6
	E 大学	51	4.2	4.2
	X 中学	132	11.0	11.0
	Y 中学	92	7.7	7.7
	Z 中学	72	6.0	6.0
	H 中学	368	30.6	30.6
	K 考试机构	22	1.8	1.8
	总计	1 202	100.0	100.0

这里应当具体说明的是，A、B、C、D、E 五所大学为重点普通高校；

在同一地域内三所中学中，X 中学为重点普通中学，Y 中学为一般普通中学，Z 中学为水平较低的普通中学，而 H 中学为一般普通中学；K 考试机构为不同地区的三家单位，由于对象样本量小，因而将它们综合考查。问卷的发放在不同的单位有不一样的样本量。这一方面跟笔者的研究意图有关，笔者主要调查各群体针对高校自主招生的态度和意见，而没有着重考虑各群体的显著性差异，因而对其样本量未进行严格控制；另一方面是由于问卷发放的难易度的缘故。

总体来说，问卷发放机构的选择原则主要是：(1) 尽量保证所选高校类型的多样化，有文科、理科和综合性大学。(2) 保证所选高校已实施两年以上自主招生改革试点工作。(3) 尽量保证所选中学层次水平有所差别，有高、中、低之分。(4) 尽量保证所选高校和中学为同一地区学校，使其呈现一贯性与适应性。

本问卷对调查对象的选择也有一定的考虑。由于本问卷调查是作为笔者个体为撰写学位论文所开展的调查研究，因此本问卷的调查对象就呈现出一些特点（具体见表 5-2）。由于大学教师、中学教师和考试机构管理人员人数本身就比较少，加上受某些条件所限，因而所调查的对象较少也是客观事实。但是，应该说基本上还是能够比较真实地反映他们对中国高校自主招生工作的看法的。

表 5-2　不同身份调查对象人数统计表

		人数	百分比	有效百分比
有效数据	大学教师	47	3.9	3.9
	大学生	469	39.0	39.0
	中学教师	80	6.7	6.7
	中学生	584	48.6	48.6
	考试机构管理人员	22	1.8	1.8
	总计	1 202	100.0	100.0

问卷的发放以班级和办公室为单位，主试进入教室进行团体施测或进入办公室进行团体或个别施测。施测没有时间限制，但被试都能在 20 分钟内完成，不同年龄间略有差异。主试为笔者本人和另外十余名大学教师、中学

教师和考试机构管理人员，施测之前，笔者根据研究需要对其余主试提出了统一要求，每位主试都能掌握施测要领，以保证测试工作的顺畅。针对考试机构的问卷调查，则采用了个别施测法。

问卷回收后，经过仔细检查，发现有不少问卷存在以下问题：(1) 答题随意和不认真，对于某些选项的选择，前后相关，类似题目存在极大的反差。(2) 答题不完整，有些答题者没有对问卷进行完整作答，存在遗漏现象，这样的问卷共有 127 份。根据研究需要，笔者认为答题不完整的问卷也算有效问卷，只不过没有作答的问题属无效问题。(3) 答题选项与问卷要求不符，在问卷的特别提示中，笔者已对被试说明此问卷如无特殊说明，均为单选题，但有不少被试仍对某些题目进行了多项选择。因此，在录入数据时，如题目要求单选，多选者则不被录入。

第三节　高校自主招生调查问卷数据的处理与分析

本研究数据的处理工具为 SPSS 统计软件，主要运用描述性与推论性的统计表（数据），从不同的变量如身份、所处机构等来分析他们对某一问题认识的差别。根据研究问题的需要，数据的处理主要涉及频数统计、交叉列联表分析、相关分析，还根据需要对有关数据进行了比较分析。对于开放题，则直接以文本的形式把被调查者的意见记录下来，把论点进行归纳总结。

问卷调查研究方法本身也是有局限性的。比如，问卷回收后往往只能知道调查对象选择了什么，但是很难知道他们为什么这样选择。这样就导致在对数据进行分析和总结的过程中，不能很精确地对被调查者做出某种选择的原因进行深入探讨。另外，被调查者对调查主题的很多问题感兴趣，而一份问卷能包纳的题量总是有限的，在决定询问哪些问题的过程中，难免会有一些人为的主观好恶倾向性，导致问卷内容的重点因人而异，可能出现畸轻畸重的现象，这样就可能会使研究者失去了解另外一些很重要的问题的机会。

本问卷调查的结果从下列数据分析中得到一定的结论。

一、了解程度及了解方式

表 5-3　对中国高校自主招生的总体了解程度调查表

		人数	百分比	有效百分比
有效数据	非常了解	46	3.8	3.8
	比较了解	324	27.0	27.0
	只是知道有这么回事	759	63.1	63.1
	在此之前从未听说过	73	6.1	6.1
	总计	1 202	100.0	100.0

从表 5-3 中可以看出，中国高校自主招生改革的社会影响力不深。本问卷所调查的五类跟高校自主招生改革密切相关的群体中，认为自己“非常了解”、“比较了解”的人之和才 370 人，只占总人数的 30.8%。而认为自己“只是知道有这么回事”、“在此之前从未听说过”的人有 832 人，占总人数的 69.2%,是前一类人群的两倍多。在 1 202 份调查问卷中，占其主体部分的是“只是知道有这么回事”的群体，人数有 759 人，占总人数的 63.1%。

从这里我们可以知道一个信息：由于高校自主招生改革试点工作刚开展几年，各单位、各机构的宣传力度不大，所以才导致这一现象的出现。从中也能感受到一个不容乐观的现实：在自主招生改革试点的高校、直辖市地区的中学和考试机构对这份问卷进行的施测，仍有这么大比例的对象对高校自主招生改革知之甚少乃至不知。这不能不说明高校自主招生宣传政策执行不到位，没有引起人们的普遍关注。目前高校自主招生改革试点出现的诸多问题，也可能是由于社会大众对此一知半解导致心理接受程度低的缘故。

表 5-4　不同群体对高校自主招生的了解程度调查表

	大学教师		大学生		中学教师		中学生		考试机构管理人员	
	人数	百分比	人数	百分比	人数	百分比	人数	百分比	人数	百分比
非常了解	2	4.3	11	2.3	3	3.7	21	3.6	9	40.9
比较了解	17	36.2	115	24.5	22	27.5	157	26.9	13	59.1
只是知道有这么回事	28	59.5	327	69.8	50	62.5	354	60.6		
在此之前从未听说过			16	3.4	5	6.3	52	8.9		
总计	47	100.0	469	100.0	80	100.0	584	100.0	22	100.0

事先我们预测，不同的群体对高校自主招生改革的了解程度会有所差异。由表5-4中的统计数据我们看到，大学教师、大学生、中学教师、中学生和考试机构管理人员这五类群体的反应各有差别。首先从大学教师来看，被调查的47位大学教师中，没有人“在此之前从未听说过”高校自主招生，但有超过一半(59.5%）的人“只是知道有这么回事”，而“非常了解”和“比较了解”的人分别只占大学教师群体的4.3%和36.2%；对大学生来说，绝大多数的人集中在“比较了解”和“只是知道有这么回事”这两个群体中，两个群体所占比例总计为94.3%，但仍有3.4%的人“在此之前从未听说过”；对中学教师和中学生来说，他们的了解程度和大学教师、大学生群体类似，表现出相同的趋向。可以想见，在对教育部推行的高校自主招生政策如此不熟悉的情况下，高校教师如何对这类群体进行有针对性的教育与培训？中学教师如何做好向高校推荐学生的工作？这两类学生又如何真正认识自主招生的改革意义？

令人意外的是，调查的中学教师中，竟有5人“在此之前从未听说过”。这不能不说中学教育，包括教师的见闻和职业操守有一定的缺陷。当然，这一情况也比较符合我国的教育现实。各地区教育资源的不均衡发展，导致不同中学对高校自主招生政策关注度不同。问卷所调查的考试机构管理人员则都对高校自主招生改革“非常了解”或“比较了解”，这跟他们所处的单位和工作性质有关，在此不加赘述。

表5-5　不同中学对高校自主招生的了解程度调查表

	X中学		Y中学		Z中学	
	人数	百分比	人数	百分比	人数	百分比
非常了解	5	3.8	3	3.3	2	2.8
比较了解	79	59.8	19	20.7	11	15.2
只是知道有这么回事	44	33.3	56	60.9	49	68.1
在此之前从未听说过	4	3.1	14	15.1	10	13.9
总计	132	100.0	92	100.0	72	100.0

如前所述，我们可知，X、Y、Z三所中学为同一地区的三所不同层次水平的中学，其中，X中学为重点中学，Y中学为一般普通中学，Z中学为水平较低的普通中学。从表5-5可以看出，X、Y、Z三所中学对这个问题的回答有所不同。在对“非常了解”这一选项的选择上，三所中学没有明显的差别。而在其他三种情况的选择上，则存在较大的差异。在对“比较了

解”这一选项的选择上，X中学中有59.8%的人选择了此项，而Y、Z中学中各仅有20.7%和15.2%的人选择。可以看出，水平越高的中学对高校自主招生的了解程度越高。而在另外两个选项的选择上，三所中学也存在显著差异。X中学的选择比例比Y中学、Z中学的选择比例低。

我们进一步对各个选项的回答与被试组别作卡方检验，发现X、Y、Z三所中学的回答存在非常显著的差异（$P<0.001$）。从表面上说，或许是因不同学校对学生的宣传力度不同或学习成绩高低不同的学生对此关注度不同所造成的。但一个很重要的原因则是：目前，中国几乎所有开展自主招生改革试点的高校，把招生对象都限定在某些重点中学，而对水平一般或较低的中学则不给其推荐资格。有自主招生推荐资格的重点中学才会重视对学生的宣传工作，而没有推荐资格的中学则没有重视宣传，因为即使学校宣传了，自己也没有推荐资格，也就没有实际意义。

表5-6　对象总体对中国高校自主招生的了解方式调查表

		人数	百分比	有效百分比
有效数据	学校传达	359	29.9	32.8
	家长	89	7.4	8.1
	同学/同事	176	14.6	16.1
	新闻媒体	406	33.8	37.2
	其他	63	5.2	5.8
	总计	1 093	90.9	100.0
缺失值		109	9.1	
总计		1 202	100.0	

表5-7　不同群体对中国高校自主招生的了解方式调查表

	大学教师		大学生		中学教师		中学生		考试机构管理人员	
	人数	百分比	人数	百分比	人数	百分比	人数	百分比	人数	百分比
学校传达	12	26.1	113	25.4	29	40.8	205	40.2		
家长	2	4.3	35	7.9	1	1.4	51	10.0		
同学/同事	12	26.1	83	18.7	8	11.3	73	14.3		
新闻媒体	17	37.0	197	44.4	30	42.3	157	30.8	5	22.7
其他	3	6.5	16	3.6	3	4.2	24	4.7	17	77.3
总计	46	100.0	444	100.0	71	100.0	510	100.0	22	100.0

由表 5-6 可知，调查对象对中国高校自主招生的了解方式主要有两个途径：一是学校传达，由此途径了解中国高校自主招生的人数占总人数的 29.9%，但是除去缺失值的有效数据中，这类人群占总人数的 32.8%；二是通过新闻媒体了解中国高校自主招生的人数占总人数的 33.8%，有效百分比则为 37.2%。这道题目中，有 109 人没有选择此项或多选（如有这样的选择，则此题计为无效问题，下同）。从总体上说，多数人选择从“学校传达”和“新闻媒体”两种途径了解这一情况也是正常的，说明现阶段教育部门宣传高校自主招生政策主要是通过这两种途径。

从表 5-6 中，我们已获知了对象总体对中国高校自主招生的了解方式，表 5-7 则是五类不同群体各自的了解方式调查表。从其中的各项数据显示的结果来看，基本符合我们前期的预想。除考试机构管理人员外，大学教师、大学生和中学教师三类群体选择了解高校自主招生的方式中，占最大比例的是“新闻媒体”。而对于中学生群体来说，“学校传达”成为他们最主要的方式。这在一定程度上说明大学教师、大学生、中学教师由于有较多机会接触新闻媒体，但中学生由于面临着升学压力，较少受到社会和新闻媒体的影响，“学校传达”成了他们获取信息的主要渠道。

表 5-8　不同中学对中国高校自主招生的了解方式调查表

	X 中学		Y 中学		Z 中学	
	人数	百分比	人数	百分比	人数	百分比
学校传达	58	48.3	20	27.7	20	32.8
家长	17	14.2	16	22.2	6	9.8
同学或同事	10	8.4	4	5.6	11	18.0
新闻媒体	34	28.3	28	38.9	21	34.5
其他	1	0.8	4	5.6	3	4.9
总计	120	100.0	72	100.0	61	100.0

从表 5-8 中的统计数据，我们可以得知，X 中学、Y 中学和 Z 中学对高校自主招生的了解方式有所不同。X 中学总体调查人数中，对高校自主招生了解方式占最大比例的是通过“学校传达”途径，比例为 48.3%；Y 中学和 Z 中学中占最大比例的都是通过“新闻媒体”途径，比例分别为 38.9%和 34.5%。

我们进一步对各个选项的回答与被试组别作卡方检验，发现在各选项上，X、Y、Z 三所中学的回答存在显著性差异（$P<0.01$）。从其了解方式在其总人数所占的比例来看，不同层次、水平的中学的学生在这方面存有一

定的差异性。这种现象说明，X 中学因属重点中学，我国目前的高校自主招生政策与其有着一定的关系，因而学校才会向学生传达这一信息，而 Y、Z 中学因与之无关，就不会对学生进行积极宣传。

二、总体看法

（一）高校自主招生改革试点的影响

表 5-9 对高校自主招生改革试点影响的意见调查表

		人数	百分比	有效百分比
有效数据	利大于弊	355	29.5	31.4
	弊大于利	148	12.3	13.1
	利弊相当	455	37.9	40.2
	没影响	174	14.5	15.3
	总计	1 132	94.2	100.0
缺失值		70	5.8	
总计		1 202	100.0	

表 5-10 不同群体对高校自主招生改革试点影响的意见调查表

	大学教师		大学生		中学教师		中学生		考试机构管理人员	
	人数	百分比	人数	百分比	人数	百分比	人数	百分比	人数	百分比
利大于弊	12	25.5	127	27.7	17	22.7	183	34.6	16	72.7
弊大于利	8	17.1	88	19.1	8	10.7	44	8.3		
利弊相当	22	46.8	183	39.9	34	45.3	210	39.7	6	27.3
没影响	5	10.6	61	13.3	16	21.3	92	17.4		
总计	47	100.0	459	100.0	75	100.0	529	100.0	22	100.0

在调查问卷中，笔者设置了“您觉得目前我国高校自主招生改革试点的影响是?”这一题目。从统计结果来看，调查对象对高校自主招生改革试点普遍持正面态度，认为“利大于弊”的人数（355）是认为“弊大于利”的人数（148）的两倍多。但也有相当一批人（455）认为高校自主招生改革试点“利弊相当”（见表 5-9）。这说明高校自主招生在改革初期有很多环节仍做得不够完善，相关的各项措施仍有缺漏，不能照顾到各方利益，使各方面都满意。针对这一情况，我们应该努力完善高校自主招生政策，统筹兼顾各

方面的利益，使其更科学、公平、完善。

为了解更具体的信息，我们再对各不同群体对高校自主招生改革试点的影响进行分析。从表 5-10 中，我们可以看到，大学教师、大学生、中学教师和中学生这四类群体的观点基本一致，认为“利大于弊”的人数都远远多于认为“弊大于利”的人数。这说明中国推行的高校自主招生改革试点的影响还是以正面影响为主，被大学、中学很多人认为是一项好的制度。这也从一个侧面证明了国家推行此改革的现实意义。

考试机构管理人员的选择有一定的区分度，他们只选择了“利大于弊”和“利弊相当”两个选项，比例分别为 72.7%和 27.3%。但是，我们也应该看到，除考试机构管理人员群体外，其他四类群体中，选择比例最大的还是认为中国高校自主招生改革试点“利弊相当”。之所以有此选择，应是中国高校自主招生改革试点在推进过程中虽然取得了不小的成绩，但确实也产生了不少问题。

（二）统一高考与自主招生相比，哪个在选拔人才上更有效

表 5-11　对统一高考与自主招生选拔人才有效性的调查表

		人数	百分比	有效百分比
有效数据	统一高考	203	16.9	17.8
	自主招生	196	16.3	17.2
	二者相结合	550	45.8	48.3
	说不准	190	15.8	16.7
	总计	1 139	94.8	100.0
缺失值		63	5.2	
总计		1 202	100.0	

调查结果（见表 5-11）显示，在对此题选择的有效数据中，认为统一高考比自主招生能更有效选拔人才的有 203 人，占有效数据总人数的 17.8%。之所以部分人认为统一高考能更有效选拔人才，一个很重要的原因应当是统一高考在中国实行了几十年，很多人都有一种“高考情结”，认为它能公平、公正、客观地选拔人才，而较少受到权钱等因素的干扰。选择“自主招生”的人与选择“统一高考”的人数差不多，为 196 人，占有效数据总人数的 17.2%。之所以选择此项，可能由于他们看到了统一

高考的“残酷性”和“不公性”，认识到了统一高考的弊端，而近年来试行的高校自主招生改革试点却考虑考生的多方面综合素质，是一种全面考查的选拔方式。笔者认为这两种相互对立的观点都有其片面性，没有认识到这两种选拔方式各自的优点与缺陷。

选择“统一高考与自主招生相结合”方式能更有效选拔人才的人有 550 人，占有效数据总人数的 48.3%。笔者认为他们还是比较理性的，能够认识到这两种选拔方式各存在一些利弊，需要两者相互结合、取长补短，吸收对方精华，才能更有效地选拔人才。这也说明很多人的态度和观点还是理性化的、客观的。

而选择“说不准”的人有 190 人，占有效数据总人数的 16.7%。之所以选择此项，一个主要原因可能是：要么看到二者选拔人才都非常有效，要么二者选拔人才都非常无力，两者很难进行比较。

（三）学生是否愿意选择自主招生作为个人的升学方式

表 5-12　学生对是否选择自主招生作为个人的升学方式的意见调查表

		人数	百分比	有效百分比
有效数据	会	611	50.8	64.2
	不会	202	16.8	21.2
	无所谓	139	11.6	14.6
	总计	952	79.2	100.0
缺失值		250	20.8	
总计		1 202	100.0	

笔者针对大学生和中学生，设置了“如果条件许可，您会选择自主招生作为自己的升学方式吗?”这样一个题目。在表 5-12 中，除去 250 个缺失值外，剩余的 952 人中，有 611 人选择了“会”，占有效数据总人数的 64.2%，而选择“不会”的仅 202 人，占有效数据总人数的 21.2%，约占选择“会”的人数的1/3。可以看出，高校自主招生已经被大多数人所接受。他们认可自主招生作为中国高校招生的一种方式，在一定程度上减小了中国高校自主招生改革的阻力，为改革奠定了一定的基础。但选择“不会”的群体的背后原因，很可能是受现实自主招生改革试点中高校对选拔对象的严格的限制条件所影响。

（四）家长是否愿意让孩子选择自主招生作为个人的升学方式

表 5-13　家长对孩子选择自主招生作为升学方式的意见调查表

		人数	百分比	有效百分比
有效数据	会	56	4.7	46.3
	不会	27	2.2	22.3
	无所谓	38	3.2	31.4
	总计	121	10.1	100.0
缺失值		1 081	89.9	
总计		1 202	100.0	

笔者针对学生家长，设置了“若您是学生家长，您是否愿意让孩子选择自主招生作为他/她的升学方式?”这一题目。设计该题目的目的，主要是了解作为家长的大学教师、中学教师和考试机构管理人员对自己孩子的未来选择，可以更真切地了解这三类群体对高校自主招生的真实感受。在获得的有效数据中，有46.3%的人比较认可“自主招生”这一入学方式，选择了将自主招生作为孩子的升学方式，只有 22.3%的人选择了“不会”(见表 5-13)。

可以说，在中国这样一个“人往高处走”的社会传统观念影响下，只要有机会让自己的孩子有更大的选择空间，家长们还是比较乐意接受的。相对于认为“无所谓”的家长来说，一个很可能的原因是，他/她的孩子平时的学习成绩就不是很优秀或孩子在某些方面也没表现出超常的能力，因而也就无所谓了。而选择“不会”的家长，可能认为还是统一高考更有说服力，希望孩子通过“正规渠道”进入大学深造。从这里我们看出，是一个惯性的人才培养方式在背后起作用。

（五）部属重点高校自主招生的主要受益者

从表 5-14 可以看出，认为自主招生的主要受益者的选项中，选择“品学兼优或具有创新意识、创新能力”者的比例为 51.1%。在中国社会大众的传统观念中，“品学兼优”似乎是对莘莘学子的最高荣誉，这也为很多人所认同。因此，有这么多人选择此项也在笔者的预想之内。但占选项第二多的为“干部子女”，比例为 17.8%。这一现象值得我们深思，说明干部在中国拥有很大的权力和权威，可以占有社会上诸多稀缺资源。有这么多人选择此项，也是因为他们看到了社会的现实环境。部属重点高校到底应该选择哪一类型的人才作为自主招生的对象，值得我们认真思考。

表 5-14　对部属重点高校自主招生主要受益者的意见调查表

		人数	百分比	有效百分比
有效数据	品学兼优或具有创新意识、创新能力	489	40.7	51.1
	干部子女	170	14.1	17.8
	家庭经济条件优越或父母文化程度较高	70	5.8	7.3
	具有音、体、美等方面特殊才能或某专业的专业才能	157	13.1	16.4
	班干部但学习成绩一般	26	2.2	2.7
	动手能力强但学习成绩一般	45	3.7	4.7
	总计	957	79.6	100.0
缺失值		245	20.4	
总计		1 202	100.0	

表 5-15　不同群体对部属重点高校自主招生主要受益者的意见调查表

	大学教师		大学生		中学教师		中学生		考试机构管理人员	
	人数	百分比	人数	百分比	人数	百分比	人数	百分比	人数	百分比
品学兼优或具有创新意识、创新能力	19	51.4	174	44.3	23	48.9	259	56.6	14	63.6
干部子女	10	27.0	107	27.2	8	17.0	42	9.2	3	13.7
家庭经济条件优越或父母文化程度较高	2	5.4	32	8.2	4	8.5	32	6.9		
具有音、体、美等方面特殊才能或某专业的专业才能	6	16.2	61	15.5	8	17.0	77	16.8	5	22.7
班干部但学习成绩一般			8	2.0	2	4.3	16	3.5		
动手能力强但学习成绩一般			11	2.8	2	4.3	32	7.0		
总计	37	100.0	393	100.0	47	100.0	458	100.0	22	100.0

调查结果（见表 5-15）显示，不同群体对所认为的部属重点高校自主招生的主要受益者有着不同的选择。大学教师、大学生、中学教师的选择和总体的选择结果基本相同。唯有中学生和考试机构管理人员的选择与总体的选择结果有所差异。在中学生的选择方面，虽然有 56.6％的人也把“品学兼优”者作为选择对象，但“具有音、体、美等方面特殊才能或某专业的专业才能”者也被 16.8％的人选择，成为第二多的选择比例。这可能是由于他们还未开始参加自主招生，所以对一些现实情况了解不够，仍然认为有音、体、美或专业才能方面的天赋就能被部属重点高校自主招生所选拔。在 22 位考试机构管理人员中，有 14 人选择了“品学兼优或具有创新意识、创新能力”选项，但排第二多的也是“具有音、体、美等方面特殊才能或某专业的专业才能”选项。他们有这一选择，可能是因为一部分人在思想观念上就希望部属重点高校招收这样的学生。

总体来说，品学兼优的学生还是被绝大多数人认可的部属重点高校自主招生的选择对象，而不是一些在某学科、某领域有特殊才能的奇才、偏才、怪才。

（六）高职院校自主招生的主要受益者

表 5-16　对高职院校自主招生主要受益者的意见调查表

		人数	百分比	有效百分比
有效数据	品学兼优或具有创新意识、创新能力	55	4.6	6.0
	干部子女	89	7.4	9.7
	家庭经济条件优越或父母文化程度较高	121	10.1	13.2
	具有音、体、美等方面特殊才能或某专业的专业才能	340	28.3	37.0
	班干部但学习成绩一般	28	2.3	3.1
	动手能力强但学习成绩一般	285	23.7	31.0
	总计	918	76.4	100.0
缺失值		284	23.6	
总计		1 202	100.0	

表 5-17　不同群体对高职院校自主招生主要受益者的意见调查表

	大学教师		大学生		中学教师		中学生		考试机构管理人员	
	人数	百分比	人数	百分比	人数	百分比	人数	百分比	人数	百分比
品学兼优或具有创新意识、创新能力	4	11.1	12	3.3	3	6.3	36	8.1		
干部子女	2	5.6	61	16.7			26	5.8		
家庭经济条件优越或父母文化程度较高	7	19.4	70	19.1	6	12.5	38	8.5		
具有音、体、美等方面特殊才能或某专业的专业才能	13	36.1	129	35.2	13	27.0	181	40.6	4	18.2
班干部但学习成绩一般	1	2.8	8	2.2	3	6.3	16	3.6		
动手能力强但学习成绩一般	9	25.0	86	23.5	23	47.9	149	33.4	18	81.8
总计	36	100.0	366	100.0	48	100.0	446	100.0	22	100.0

前面我们统计分析了对部属重点高校自主招生主要受益者意见的数据结果，下面我们来考察一下对高职院校自主招生主要受益者意见的情况。问卷中在同一题目下也设置了“您认为高职院校自主招生的主要受益者是哪类学生?”这一题目。在收集到的 918 份有效数据中，有 340 人选择了“具有音、体、美等方面特殊才能或某专业的专业才能”，占有效数据总人数的 37%；有 285 人选择了“动手能力强但学习成绩一般”，占有效数据总人数的 31%(见表 5-16)。这两个数据比较接近，而且远高于其他选项的选择率。这说明很多人都认同高职院校自主招生改革应当选拔这样的学生。以上是从整体上分析了所有调查对象对高职院校自主招生主要受益者的选择。那么，不同群体对高职院校自主招生主要受益者的选择是否有所差别呢?

由表 5-17 可以看出，大学教师、大学生、中学生三个群体的选择态度与整体情况基本一致。各群体中选择比例最大的是“具有音、体、美等方面特殊才能或某专业的专业才能”，但中学教师和考试机构管理人员与前三类群体的选择有所不同。在中学教师方面，选择最多的是“动手能力强但学习成绩一般”的学生，选择比例为47.9%；考试机构管理人员也有同样的选择，但比例更大，为81.8%。就这两类群体来说，都希望动手能力强的学生能够被高职院校以自主招生方式录取，以发挥他们动手能力强的特长。他们的选择或许反映了高职教育的内在要求。

（七）中国高校自主招生模式的选择

表5-18 对中国高校自主招生模式选择的意见调查表

		人数	百分比	有效百分比
有效数据	高校单独测试	153	12.7	14.0
	高考＋高校单独测试	501	41.7	45.7
	考试机构考试＋高校单独测试	166	13.8	15.1
	类型相似的高校联合考试＋高校单独考试	204	17.0	18.6
	不需任何测试，仅凭学生以前学习记录	53	4.4	4.8
	其他	19	1.6	1.8
	总计	1 096	91.2	100.0
缺失值		106	8.8	
总计		1 202	100.0	

中国高校自主招生的模式应是什么？调查表明，选择“高考＋高校单独测试”模式的比例最高，在1 096份有效数据中，有501人选择了此模式，有效百分比为45.7%（见表5-18）。这一模式也与世界上其他国家和地区的高校招生模式相符合，体现了一定的时代性与前瞻性。相比之下，其他各选项的选择率都比较低，从而凸显了调查对象选择的一致性。

值得思考的是，统一考试可以有多种形式，考试机构组织的考试和各校联合考试就是其中的两种。为什么很多调查对象没有选择“考试机构考试＋高校单独测试”和“类型相似的高校联合考试＋高校单独考试”，而选择了“高考＋高校单独测试”呢？可能有这么几个原因：一是高考在中国社会中的显要地位是其他任何考试所不可替代的；二是目前社会较难承认非官方考试机构组织的考试；三是对学校组织的联合考试的科学性和公正性心存疑虑。

三、招生程序

（一）如何看待学生选择自主招生面临的多项测试

针对“学生选择自主招生可能要面临多项测试”这一题目，表 5-19 显示，除去 76 个缺失值，在 1 126 个有效数据中，有 736 人选择了“学生可以有更多的选择和机会”，占有效数据总人数的 65.4%。可以看出，大多数人比较认同高校自主招生给学生带来的多项测试，认为有正面意义，可以给学生更多的选择和机会。当然，也有 24.3%的人认为多项测试给学生增加了负担。很多学生会因家庭经济问题而放弃参加自主招生；另外，不少学生认为参加高校自主招生会扰乱自己正常的学习计划，增加自己的学业负担和心理负担。

表 5-19　对学生选择自主招生面临多项测试的态度调查表

		人数	百分比	有效百分比
有效数据	学生可以有更多的选择和机会	736	61.2	65.4
	增加负担	274	22.8	24.3
	没有影响	116	9.7	10.3
	总计	1 126	93.7	100.0
缺失值		76	6.3	
总计		1 202	100.0	

表 5-20　不同群体对学生选择自主招生面临多项测试的态度调查表

	大学教师		大学生		中学教师		中学生		考试机构管理人员	
	人数	百分比	人数	百分比	人数	百分比	人数	百分比	人数	百分比
学生可以有更多的选择和机会	31	66.0	295	64.7	47	62.7	346	65.8	17	77.3
增加负担	13	27.7	113	24.8	24	32.0	119	22.6	5	22.7
没有影响	3	6.3	48	10.5	4	5.3	61	11.6		
总计	47	100.0	456	100.0	75	100.0	526	100.0	22	100.0

具体到各群体对自主招生可能要参加多项测试的态度（见表 5-20），得到的结果与整体上的统计结果基本一致。可见，绝大多数的人还是比较认可自主招生带来的多项测试这一现实。

（二）如何看待学生参加自主招生带来的经济支出

表 5-21　对学生参加自主招生带来的经济支出的态度调查表

		人数	百分比	有效百分比
有效数据	物有所值	298	24.8	26.7
	增加了家庭负担但可以接受	663	55.2	59.3
	额外支出，不能接受	157	13.0	14.0
	总计	1 118	93.0	100.0
缺失值		84	7.0	
总计		1 202	100.0	

表 5-22　不同群体对学生参加自主招生带来的经济支出的态度调查表

	大学教师		大学生		中学教师		中学生		考试机构管理人员	
	人数	百分比	人数	百分比	人数	百分比	人数	百分比	人数	百分比
物有所值	11	24.0	104	23.0	14	18.9	163	31.1	6	27.3
增加了家庭负担但可以接受	25	54.3	284	62.7	49	66.2	289	55.3	16	72.7
额外支出，不能接受	10	21.7	65	14.3	11	14.9	71	13.6		
总计	46	100.0	453	100.0	74	100.0	523	100.0	22	100.0

人们对高校自主招生的疑虑与反对，主要集中于高校自主招生的公平性和所花费的成本两个方面。就自主招生所带来的经济支出问题，笔者设计了这一问题，以调查各群体对此问题的看法。在 1 118 个有效数据中，认为“物有所值”的人数为 298 人，认为“额外支出，不能接受”的人数为 157 人，分别占有效数据总人数的 26.7%和 14%（见表 5-21）。这两个数据显示了两种截然相反的态度，但总起来说，认为“物有所值”的人数还是远远多于认为“额外支出，不能接受”的人数，差距几乎有两倍之多。

当然，有 59.3%的人认为自主招生可能带来的报名费、交通费、住宿费等经济支出会增加家庭的负担，但是还可以接受。如果把选择这个选项和选择“物有所值”选项的人数合并，总比例就占有效数据的 86%。由此可见，绝大部分人还是比较理解与认同高校自主招生所带来的经济支出的。

再具体来看五类群体对自主招生所带来的经济支出的态度（见表5-22)。就大学教师而言，认为“增加了家庭负担但可以接受”的人居多，占群体总人数的54.3%，认为“物有所值”和“额外支出，不能接受”的人数则基本持平。中学教师这个群体的统计数据与大学教师群体的结果类似。这可能因为两个教师群体已是成人，他们对待事物的看法比大学生或中学生更显成熟，也考虑得更全面。他们这样的选择，应是考虑到中国的社会现实经济形势才做出的判断。中国仍是发展中国家，正处于社会主义初级阶段，城乡差距较大，对某些城市家庭来说，参加自主招生所带来的经济支出是可以接受的，但对大多数农民家庭来说就不一样了。考试机构管理人员的统计数据中没显示出有“不能接受”的态度，这应当同他们的工作类型有着很大的关系。相对而言，他们比较认同中国推行高校自主招生改革试点的意义与价值。

（三）如何看待“当前所试行的高校自主招生‘过程是公平的，结果是不公平的’”这一说法

表5-23　对自主招生“过程是公平的，结果是不公平的”说法的态度调查表

		人数	百分比	有效百分比
有效数据	同意	418	34.8	37.5
	反对	115	9.5	10.3
	不好说	583	48.5	52.2
	总计	1 116	92.8	100.0
缺失值		86	7.2	
总计		1 202	100.0	

表5-24　不同群体对自主招生“过程是公平的，结果是不公平的”说法的态度调查表

	大学教师		大学生		中学教师		中学生		考试机构管理人员	
	人数	百分比	人数	百分比	人数	百分比	人数	百分比	人数	百分比
同意	20	44.5	206	45.5	21	28.3	170	32.6	1	4.5
反对	1	2.2	34	7.5	5	6.8	71	13.6	4	18.2
不好说	24	53.3	213	47.0	48	64.9	281	53.8	17	77.3
总计	45	100.0	453	100.0	74	100.0	522	100.0	22	100.0

笔者在几个省市的访谈与调查中，听到不少人说高校自主招生“过程是公平的，结果是不公平的”。因此，在问卷调查中特设置了此问题，以了解

不同群体对待此说法的态度。总的来看，统计数据（见表 5-23）与访谈和调查结果基本上相符。在收回的有效数据中，选择“不好说”的比例为52.2%，37.5%的人同意自主招生“过程是公平的，结果是不公平的”这一说法。当然，也有 10.3%的人反对这一说法。就此现象来看，高校自主招生流程确实存在一些问题，它的操作程序不公开、不透明、没有有力的监督机制，因而容易成为“制造腐败的温床”。这也是大家质疑高校自主招生的主要原因。

具体到各类群体的态度，从表 5-24 中可以看出，与总体态度基本一致。只有考试机构管理人员的数据有所差别，22 人中只有 1 人同意这一说法，大多仍是“不好说”的态度。这表明，目前中国所试行的高校自主招生改革中存在相当多的缺憾与不足，亟待解决与完善。

四、影响因素

（一）对高校自主招生顺利推行阻碍作用最大的因素

表 5-25　对高校自主招生顺利推行阻碍作用最大因素的意见调查表

		人数	百分比	有效百分比
有效数据	高校缺乏科学合理的选拔标准与手段	384	32.0	37.5
	社会诚信机制缺失	357	29.7	34.8
	高校办学自主权未落实	163	13.6	15.9
	自主招生的高成本	93	7.7	9.1
	其他	28	2.3	2.7
	总计	1 025	85.3	100.0
缺失值		177	14.7	
总计		1 202	100.0	

关于高校自主招生推行的阻碍因素，笔者在问卷中设置了“您认为下列哪个因素对我国高校自主招生顺利推行阻碍作用最大?”这样一个题目。在 1 025 个有效选择中，有 384 人认为阻碍作用最大的是“高校缺乏科学合理的选拔标准与手段”，比例为 37.5%；有 357 人认为是“社会诚信机制缺失”，比例为 34.8%（见表 5-25）。在现实中，我们也确实感受到高校缺乏合理的选拔标准与手段、社会诚信机制缺失以及人们担心腐败问题的产生是高校自主招生健康顺利推行难的三个非常重要的因素。因此，我们应当对这

三个因素引起足够的重视，努力解决相关问题，以顺利、健康地推行中国高校自主招生改革。

（二）高中新课改对高校自主招生的影响

表 5-26　高中新课改对高校自主招生影响的态度调查表

		人数	百分比	有效百分比
有效数据	有推动作用	411	34.2	37.0
	有阻碍作用	134	11.1	12.0
	影响不大	567	47.2	51.0
	总计	1 112	92.5	100.0
缺失值		90	7.5	
总计		1 202	100.0	

近几年，国家推行高中新课程改革以来，要求高校招生考试制度的改革与之相适应。高校自主招生改革的推行可以说适应了高中新课改的要求。但是，在改革初期，两者的发展都很不完善，仍存在不协调的方面。那么，高中新课程改革对高校自主招生到底有什么影响?

为此，笔者设计了此问题，调查不同群体对它的看法。调查显示，认为高中新课程改革对高校自主招生有推动作用的占 37%，认为有阻碍作用的占 12%，认为影响不大的占 51%（见表 5-26）。从这些统计数据可以看出，认为有正面影响的人数是认为有负面影响的人数的 3 倍多。但是，我们也应注意到，有超过一半的人认为高中新课程改革对高校自主招生的影响不大。这些调查对象之所以有这种认识，可能是受两者的改革实践中所表现出来的偏差所致，使他们看不到两者有何显著的关系。

（三）高校自主招生对基础教育的影响

表 5-27　高校自主招生对基础教育影响的态度调查表

		人数	百分比	有效百分比
有效数据	有积极的引导作用	466	38.8	42.0
	有消极的误导作用	246	20.4	22.1
	没有影响	399	33.2	35.9
	总计	1 111	92.4	100.0
缺失值		91	7.6	
总计		1 202	100.0	

表 5-28　不同群体认为高校自主招生对基础教育影响的态度调查表

	大学教师		大学生		中学教师		中学生		考试机构管理人员	
	人数	百分比	人数	百分比	人数	百分比	人数	百分比	人数	百分比
有积极的引导作用	18	40.0	184	41.0	26	35.7	219	42.0	19	86.4
有消极的误导作用	14	31.1	116	25.8	15	20.5	101	19.3		
没有影响	13	28.9	149	33.2	32	43.8	202	38.7	3	13.6
总计	45	100.0	449	100.0	73	100.0	522	100.0	22	100.0

中国高校自主招生对基础教育到底有什么影响？调查结果显示，42%的人认为有积极的引导作用，22.1%的人认为有消极的误导作用，35.9%的人认为没有影响（见表 5-27）。可以说，当前情况下，大家仍没有看到高校自主招生对基础教育有何显著影响，或者说仍未形成统一认识。

具体到各群体对这一问题的认识，大学教师、大学生和中学生群体中分别呈现出与总体选择相类似的迹象，而在中学教师群体中，有 43.8%的人认为自主招生对基础教育没有影响，而有 35.7%的人认为有积极的引导作用，同样，也有20.5%的人认为有消极的误导作用（见表 5-28）。应当说，中学教师对这一问题最有发言权，因为他们从事的是学生的基础教育工作。但他们的态度也大相径庭。这说明，当前形势下的高校自主招生改革试点对基础教育的影响利弊皆存。在考试机构管理人员中，有 86.4%的人认为有积极的引导作用。这可能由于他们主要从考试与招生角度出发，而较少去考虑当前基础教育的发展问题。

（四）高校自主招生对高考的影响

表 5-29　高校自主招生对高考影响的态度调查表

		人数	百分比	有效百分比
有效数据	高考被废止	58	4.8	5.3
	高考地位降低、作用减弱	568	47.3	51.6
	高考的地位与作用将会更加突出	188	15.6	17.1
	几乎没影响	286	23.8	26.0
	总计	1 100	91.5	100.0
缺失值		102	8.5	
总计		1 202	100.0	

表 5-30 不同群体认为高校自主招生对高考影响的态度调查表

	大学教师		大学生		中学教师		中学生		考试机构管理人员	
	人数	百分比	人数	百分比	人数	百分比	人数	百分比	人数	百分比
高考被废止	3	6.5	16	3.6	3	4.2	36	7.0		
高考地位降低、作用减弱	29	63.0	278	62.6	40	55.5	221	42.8		
高考的地位与作用将会更加突出	6	13.1	51	11.5	13	18.1	113	21.9	5	22.7
几乎没影响	8	17.4	99	22.3	16	22.2	146	28.3	17	77.3
总计	46	100.0	444	100.0	72	100.0	516	100.0	22	100.0

关于自主招生对高考的影响这一问题，表 5-29 中的调查数据显示，有51.6％的调查对象认为高校自主招生的顺利推行，将会使高考的地位降低、作用减弱，认为会使高考的地位与作用更加突出的只有 17.1％，而有 5.3％的调查对象认为自主招生将使高考被废止，有 26％的人则认为几乎没影响。教育部推行高校自主招生的改革意图，是想把它作为现行高考制度的一个有益补充，使高校招生考试制度更加完善、科学，而不是使之完全取代统一高考。因此，统计数据中的显示结果还是比较客观的，高校自主招生打破了统一高考“大一统”的局面，使其地位有所降低、作用有所减弱。

具体到不同群体的看法，从表 5-30 可以发现，大学教师、大学生、中学教师和中学生这四类群体对这一问题的认识比较一致。前三类人群大多数都认为高校自主招生会使高考的地位降低、作用减弱，中学生群体也有42.8％的人持同一看法。考试机构管理人员对这一问题的看法则比较乐观。在 22 人中，没有人认为高校自主招生改革会使高考被废止或使高考地位降低、作用减弱。但另一方面，仅有 5 人认为高校自主招生改革会使高考的地位与作用更加突出，而有 17 人认为几乎没有影响。

我们设置这一问题的意图在于了解被调查者如何看待高校自主招生对高考产生的影响。可以说，高校自主招生改革试点的开展并未完全脱离高考，相反，高考在高校自主招生过程中仍占有极其重要的地位（当然，高职院校自主招生改革试点除外）。从一定程度上来说，高校自主招生对高考“大一统”的格局有所打破，对高考“一统天下”的选才作用有所弱化，这是一个不争的事实。

五、试行范围

（一）是否赞同我国所有高校实行自主招生

表 5-31 对中国所有高校实行自主招生的态度调查表

		人数	百分比	有效百分比
有效数据	赞同	337	28.0	30.2
	反对	449	37.4	40.2
	无所谓	331	27.5	29.6
	总计	1 117	92.9	100.0
缺失值		85	7.1	
总计		1 202	100.0	

表 5-32 不同群体对中国所有高校实行自主招生的态度调查表

	大学教师		大学生		中学教师		中学生		考试机构管理人员	
	人数	百分比	人数	百分比	人数	百分比	人数	百分比	人数	百分比
赞同	7	15.2	102	22.6	24	32.4	203	38.7	1	4.5
反对	25	54.4	230	51.0	27	36.5	146	27.9	21	95.5
无所谓	14	30.4	119	26.4	23	31.1	175	33.4		
总计	46	100.0	451	100.0	74	100.0	524	100.0	22	100.0

从表 5-31 中，我们看到，调查对象对中国所有高校实行自主招生的态度差别很大。在 1 117 份有效数据中，赞同中国所有高校实行自主招生的占 30.2%，反对的占 40.2%，认为无所谓的占 29.6%。可以说，三种态度呈“三足鼎立”之势。

关于不同群体对这一问题的态度，我们只取各群体选择最多的选项进行描述分析。除中学生群体外，大学教师、大学生、中学教师和考试机构管理人员这四类群体选择最多的是反对中国所有高校实行自主招生。值得注意的是，虽然中学教师选择反对的比例最高，但与对其他两个选项的选择比例相差并不大（见表 5-32）。表明中学教师群体对这一问题的意见分歧较大。相反，中学生群体则把最大比例的选择给了赞同中国所有高校实行自主招生。这可能因为现今的高考制度使他们备受压力，他们想从高考中解脱出来。

表 5-33　三所中学对中国所有高校实行自主招生的态度调查表

	X 中学		Y 中学		Z 中学	
	人数	百分比	人数	百分比	人数	百分比
赞同	53	41.4	28	36.4	19	31.1
反对	28	21.9	16	20.7	15	24.6
无所谓	47	36.7	33	42.9	27	44.3
总计	128	100.0	77	100.0	61	100.0

为了更深入了解此问题，我们选取了三所不同水平的中学进行比较分析(见表 5-33)。经卡方检验，表明不同水平的中学与对中国所有高校实行自主招生的态度之间不存在显著性差异（$P>0.05$）。数据显示，三所中学的态度只是有些许差别而已。X 中学中，持“赞同”态度的人占被调查人总数最大比例；而 Y 中学和 Z 中学中，占最大比例的选项均为“无所谓”。这应当与自主招生改革试点院校一般把选拔范围限定在某些重点中学有关。

（二）部属重点高校是否应该实行自主招生

表 5-34　对部属重点高校实行自主招生的态度调查表

		人数	百分比	有效百分比
有效数据	赞成	548	45.6	49.4
	反对	561	46.7	50.6
	总计	1 109	92.3	100.0
缺失值		93	7.7	
总计		1 202	100.0	

表 5-35　不同群体对部属重点高校实行自主招生的态度调查表

	大学教师		大学生		中学教师		中学生		考试机构管理人员	
	人数	百分比	人数	百分比	人数	百分比	人数	百分比	人数	百分比
赞成	22	47.8	220	49.4	30	41.1	256	48.9	20	90.9
反对	24	52.2	225	50.6	43	58.9	267	51.1	2	9.1
总计	46	100.0	445	100.0	73	100.0	523	100.0	22	100.0

对部属重点高校实行自主招生的态度的调查显示，在 1 109 份有效数据中，赞同部属重点高校实行自主招生的有 548 人，占有效数据总人数的 49.4%。持否定态度的有 561 人，占有效数据总人数的 50.6%（见表 5-34)。可见，持这两种观点的人数基本持平。部属重点高校实行自主招生遭

到一半人的否定，说明目前中国部属重点高校试行自主招生改革的工作不是很到位，仍有许多地方存在缺陷与疏漏。

我们再从不同群体对部属重点高校实行自主招生的意见来看，大学教师、大学生、中学生这三类群体的态度与整体态度基本一致。中学教师和考试机构管理人员这两类群体的态度则有所不同。在中学教师群体中，反对部属重点高校实行自主招生的人数占大多数（58.9%）。这可能是由于自主招生会打乱教师的教学节奏，使他们无所适从，无形中也增加了他们的压力。而在考试机构管理人员这个群体中，绝大部分人（90.9%）赞成部属重点高校实行自主招生，只有 2 人对此持否定态度（见表 5-35）。从这里可以看出，考试机构管理人员这类群体还是比较支持部属重点高校推行自主招生改革试点的。

（三）省属、市属重点高校是否应该实行自主招生

表 5-36 对省属、市属重点高校实行自主招生的态度调查表

		人数	百分比	有效百分比
有效数据	赞成	419	34.9	37.8
	反对	690	57.4	62.2
	总计	1 109	92.3	100.0
缺失值		93	7.7	
总计		1 202	100.0	

表 5-37 不同群体对省属、市属重点高校实行自主招生的态度调查表

	大学教师		大学生		中学教师		中学生		考试机构管理人员	
	人数	百分比	人数	百分比	人数	百分比	人数	百分比	人数	百分比
赞成	10	21.7	140	31.5	28	38.4	233	44.6	8	36.4
反对	36	78.3	305	68.5	45	61.6	290	55.4	14	63.6
总计	46	100.0	445	100.0	73	100.0	523	100.0	22	100.0

部属重点高校和高职院校的自主招生改革试点，在很大程度上调动了社会各界对高考改革的积极性。有些省属、市属重点高校已向有关部门提出要试行自主招生改革。为此，笔者也把对省属、市属重点高校实行自主招生的态度纳入调查的范围。统计结果显示，在 1 109 份有效数据中，大多数人（62.2%）对此持否定态度（见表 5-36）。相比部属重点高校而言，赞成省属、市属重点高校实行自主招生的人数有所下降，而反对省属、市属重点高

校实行自主招生的比例大幅上升。不同群体对这一问题的态度也基本一致(见表5-37)。由此可见，目前部属重点高校自主招生改革试点还不是很成熟、完善，因此，很多人认为省属、市属重点高校试行自主招生的时机还不成熟。

(四) 一般普通本科院校是否应该实行自主招生

表5-38　对一般普通本科院校实行自主招生的态度调查表

		人数	百分比	有效百分比
有效数据	赞成	277	23.0	25.0
	反对	832	69.3	75.0
	总计	1 109	92.3	100.0
缺失值		93	7.7	
总计		1 202	100.0	

表5-39　不同群体对一般普通本科院校实行自主招生的态度调查表

	大学教师		大学生		中学教师		中学生		考试机构管理人员	
	人数	百分比	人数	百分比	人数	百分比	人数	百分比	人数	百分比
赞成	8	17.4	78	17.5	13	17.8	177	33.8	1	4.5
反对	38	82.6	367	82.5	60	82.2	346	66.2	21	95.5
总计	46	100.0	445	100.0	73	100.0	523	100.0	22	100.0

统计结果显示，在1 109份有效数据中，有25%的调查对象认为一般普通本科院校应实行自主招生；但有75%的调查对象认为一般普通本科院校不应实行自主招生，是持赞同态度的3倍（见表5-38)。不同群体对这一问题的看法也与此基本一致，否定者远高于肯定者。但在中学生群体中，有33.8%的人赞同一般普通本科院校实行自主招生（见表5-39)。这一选择或许与他们即将参加高校招生考试有很大的关系。一些学习成绩不是很理想的学生认为自主招生会使其有更多的入学机会。

(五) 有专业特色的普通本科院校是否应该实行自主招生

表5-40　对有专业特色的普通本科院校实行自主招生的态度调查表

		人数	百分比	有效百分比
有效数据	赞成	636	52.9	57.4
	反对	472	39.3	42.6
	总计	1 108	92.2	100.0
缺失值		94	7.8	
总计		1 202	100.0	

表 5-41　不同群体对有专业特色的普通本科院校实行自主招生的态度调查表

	大学教师		大学生		中学教师		中学生		考试机构管理人员	
	人数	百分比	人数	百分比	人数	百分比	人数	百分比	人数	百分比
赞成	23	50.0	273	61.3	42	57.5	293	56.1	5	22.7
反对	23	50.0	172	38.7	31	42.5	229	43.9	17	77.3
总计	46	100.0	445	100.0	73	100.0	522	100.0	22	100.0

关于对有专业特色的普通本科院校实行自主招生的态度，赞成者多于反对者（见表 5-40）。这与人们对一般普通本科院校的态度有所不同。不同群体对此的态度存在一定的差异（见表 5-41）。各群体之所以有此选择，可能与对有专业特色的普通本科院校认识的模糊性有关。

（六）高职院校是否应该实行自主招生

表 5-42　对高职院校实行自主招生的态度调查表

		人数	百分比	有效百分比
有效数据	赞成	302	25.1	27.2
	反对	807	67.2	72.8
	总计	1 109	92.3	100.0
缺失值		93	7.7	
总计		1 202	100.0	

表 5-43　不同群体对高职院校实行自主招生的态度调查表

	大学教师		大学生		中学教师		中学生		考试机构管理人员	
	人数	百分比	人数	百分比	人数	百分比	人数	百分比	人数	百分比
赞成	9	19.6	96	21.6	18	24.7	164	31.4	15	68.2
反对	37	80.4	349	78.4	55	75.3	359	68.6	7	31.8
总计	46	100.0	445	100.0	73	100.0	523	100.0	22	100.0

自 20 世纪 90 年代以来，中国高等职业教育发展迅速，高等职业院校的规模也随之大幅度增长。2005 年开始在上海开展高职院校自主招生改革试点。2006 年以后，试点工作进一步扩展到北京等省市。应当说，高职院校自主招生改革试点取得了不错的成绩。但表 5-42 中的统计结果表明，在 1 109 份有效数据中，对高职院校实行自主招生持赞成态度的仅有 302 人，有效百分比为 27.2%；持否定态度的却有 807 人，有效百分比为 72.8%。在全体调查对象中，有这么大比例的人持否定态度，实出笔者意料之外。笔

者原本认为高职院校自主招生在社会上扰动性不大，所牵涉的利益关系也不是非常明显，改革可能最具可行性。但结果恰恰相反。

再具体考察不同群体的态度。除考试机构管理人员的数据结果与整体态势呈相反趋势外，其他四类群体都与整体态势一致（见表 5-43）。这说明目前很多人的思想观念仍然固守在只有高水平大学才能自主招生，较低层次的高职院校没有自主招生的资格。其实，作为培养高级职业型、技术型人才的高等职业院校，实施自主招生方式可以招收到符合高职院校专业特色和办学特色的学生。因此，我们应加大高职院校自主招生改革的宣传力度，消除这一旧观念的影响。

六、录取标准

表 5-44　对自主招生录取标准最应考虑的因素调查表

		人数	百分比	有效百分比
有效数据	高考分数	95	8.0	9.5
	思想品德	228	19.0	22.8
	家庭情况	39	3.2	3.9
	个性特长	457	38.0	45.7
	平时学习成绩	161	13.4	16.1
	其他	21	1.7	2.0
	总计	1 001	83.3	100.0
缺失值		201	16.7	
总计		1 202	100.0	

表 5-45　不同群体对自主招生录取标准最应考虑的因素调查表

	大学教师		大学生		中学教师		中学生		考试机构管理人员	
	人数	百分比	人数	百分比	人数	百分比	人数	百分比	人数	百分比
高考分数	4	9.5	40	9.8	5	8.3	46	9.8		
思想品德	2	4.8	59	14.4	15	25.0	152	32.5		
家庭情况	1	2.4	12	2.9	2	3.3	22	4.7	2	9.1
个性特长	26	61.9	224	54.6	23	38.4	167	35.8	17	77.3
平时学习成绩	9	21.4	68	16.6	12	20.0	69	14.8	3	13.6
其他			7	1.7	3	5.0	11	2.4		
总计	42	100.0	410	100.0	60	100.0	467	100.0	22	100.0

关于自主招生录取标准最应考虑考生的哪个因素，统计结果显示，选择最多的是“个性特长”，在 1 001 个有效数据中，有 457 人选择了此因素，

有效百分比为45.7%。其次是“思想品德”，有22.8%的人选择了此项（见表5-44）。在社会主义市场经济体制逐渐确立和国际交流日益频繁的背景下，学生的人生观、道德观受到了外来因素的影响，表现出和以前不一样的价值追求。个人更加重视自身特长的挖掘与发挥，但是很多人普遍认为“思想品德”是一个人的价值追求。从某种意义上说，这一选择表达了我们的一种理念，虽然思想品德是一个很难用客观标准来衡量的因素。另有16.1%的人选择了“平时学习成绩”，说明他们重视学生的形成性评价，而不仅仅是终结性评价。

各群体的选择比例与总体的结果也基本相似。五类人群选择“个性特长”因素的比例均为最大。可见在目前，大家对自主招生录取标准考虑最多的还是学生的个性特长。但有两个群体对“思想品德”因素不太认同，42个大学教师中，只有2人选择了“思想品德”因素；22个考试机构管理人员中，没有人选择“思想品德”因素（见表5-45）。这应当引起我们的重视，但我们也应理解他们的这一选择。因为题目本身就设定了“最应考虑的因素”，这两类群体可能都把“思想品德”作为辅助因素。这也是为什么两类群体只有2人选择此项。从另一个层面来说，他们考虑问题的角度还是比较理性的。

七、保障措施

自中国高校自主招生改革试点推行以来，它的公平性一直受到人们的质疑。因此，高校自主招生的公平性如何得到保障？笔者设置了“您认为保证自主招生公平性最有效的方法是什么?”这一问题，从中查看各群体对待这一问题的态度。

表5-46　对保证自主招生公平性最有效的方法的意见调查表

		人数	百分比	有效百分比
有效数据	成立专门的监督机构	157	13.1	15.5
	加强高校招生法制、法规建设	156	13.0	15.4
	录取过程公开化、透明化	571	47.5	56.1
	制定统一的程序和规则	113	9.4	11.1
	其他	19	1.6	1.9
	总计	1 016	84.6	100.0
缺失值		186	15.4	
总计		1 202	100.0	

表 5-47　不同群体对保证自主招生公平性最有效方法的意见调查表

	大学教师		大学生		中学教师		中学生		考试机构管理人员	
	人数	百分比	人数	百分比	人数	百分比	人数	百分比	人数	百分比
成立专门的监督机构	2	5.0	43	10.7	10	15.9	97	19.8	5	22.7
加强高校招生法制、法规建设	5	12.5	61	15.2	12	19.0	77	15.7	1	4.6
录取过程公开化、透明化	30	75.0	268	66.7	32	50.8	238	48.7	3	13.5
制定统一的程序和规则	3	7.5	25	6.2	9	14.3	63	12.9	13	59.2
其他			5	1.2			14	2.9		
总计	40	100.0	402	100.0	63	100.0	489	100.0	22	100.0

从表 5-46 可知，在 1 016 份有效数据中，有 571 人认为“录取过程公开化、透明化”是保证自主招生公平性最有效的方法，占有效数据总人数的 56.1%，其他选项的选择率都较低。从不同群体的选择看，大学教师、大学生、中学教师和中学生这四类群体都把“录取过程公开化、透明化”作为保证自主招生录取标准公平性最有效的方法。唯有考试机构管理人员这个群体，有 59.1%的人选择了“制定统一的程序和规则”（见表 5-47）。这一选择可能与该群体的工作性质有关。

不管怎么说，目前高校自主招生改革试点最为人所关注的就是它的公平问题。大家认可它的条件就是希望它的操作程序公开、公平、透明，不希望自主招生存在一些不被人所知的黑暗面，成为某些人腐败的温床。高校自主招生改革应当完善自己的操作程序，使社会公众都放心、满意。

八、发展方向

高校自主招生已经开展了几年，并取得了不错的成绩。那么，自主招生是不是中国高校选拔人才的方向？于是，笔者设置了这一问题征询各群体的意见。

表 5-48　对自主招生是否应成为中国高校招生的发展方向的态度调查

		人数	百分比	有效百分比
有效数据	是	337	28.0	30.3
	不是	265	22.1	23.8
	不好说	510	42.4	45.9
	总计	1 112	92.5	100.0
缺失值		90	7.5	
总计		1 202	100.0	

表 5-49　不同群体对自主招生是否应成为中国高校招生的发展方向的态度调查表

	大学教师		大学生		中学教师		中学生		考试机构管理人员	
	人数	百分比	人数	百分比	人数	百分比	人数	百分比	人数	百分比
是	7	15.6	92	20.4	18	25.0	211	40.4	9	40.9
不是	10	22.2	141	31.3	18	25.0	89	17.1	7	31.8
不好说	28	62.2	218	48.3	36	50.0	222	42.5	6	27.3
总计	45	100.0	451	100.0	72	100.0	522	100.0	22	100.0

从表 5-48 可知，在 1 112 份有效数据中，没有一个很有倾向性的选择表明调查对象的一致态度。这可能与高校自主招生改革在中国试行时间不长，大家对此了解不够深入有关。具体到不同群体的态度和意见，同样地，各群体对自主招生是否应成为中国高校招生的发展方向都没有非常鲜明的态度，多数人都处在观望状态，即使是考试机构管理人员的意见也不统一（见表 5-49）。因此，政府和高校应在以后的工作中加大对高校自主招生政策的宣传力度，使改革理念深入人心。

九、总体认识

问卷的最后一个题目为开放性主观题，要求调查对象“谈谈您对中国高校自主招生的看法”。根据被调查对象的答题情况，笔者归纳出几种比较有代表性的观点：

第一，高校自主招生是中国高校招生考试制度的前进方向。高校自主招生弥补了统一高考制度的缺陷，应当与统一高考有平等的地位，值得推广。但目前只可小范围尝试，不宜大幅扩大。我们要做的是，应该进一步对高校自主招生进行改革，加强监督，完善高校招生模式。今后高校招生模式应使自主招生与统一高考相结合，这样才能更好地招收到优秀的学生。

第二，高校自主招生虽有一定的引导作用，但只可短暂推行，不适于长期推广。就目前来说，高校自主招生改革试点的愿望和初衷是美好的，但实际操作艰难而又曲折。首先，由于社会诚信机制不健全，自主招生过程做不到透明化，使整个过程缺乏公平。其次，自主招生所需费用比较高，一定程度上阻碍了某些家庭经济困难的优秀学生报考。当然，高校自主招生也减少了成绩好的学生的高考风险，使特长学生可以更好发展，高校可招收到适合培养的学生。就现在来看，高校自主招生改革有利有弊。因此，高校自主招生改革试点不可封杀，但也不可过分宣扬，适度即可。

第三，高校自主招生弊端太多，应停止其改革试点，继续采用统一高考作为中国高校的招生途径。就现在的改革试点进程来说，高校自主招生内部暗箱操作无法避免。高校自主招生基本上就是为有钱人、有权人提供了开后门的机会。在这种缺乏诚信的人情社会，高校自主招生是不适合人才选拔与高校健康发展的。目前，中国高校自主招生政策存在不透明、不规范、体制不成熟等诸多弊端。因此，应停止其改革试点。

小　结

经过访谈与问卷调查研究，我们可以看到，被调查者普遍呼唤高校自主招生改革试点，对其改革尝试有一定的认可度。但是，大部分人对招生自主权能否真正得到落实尚有疑虑。目前很多人还不赞成中国所有高校全面实行自主招生。他们承认高校应具有一定的自主权，支持招生标准走向多元化，但认为在目前形势下，大范围推行自主招生改革的时机还不成熟。公平性是目前高校自主招生改革试点面临的最关键问题。人们在接受多元的人才选拔标准和方式的过程中，对传统高考的主导地位还非常认同。很多人认为在推行高校自主招生改革时，要积极发挥统一高考在选拔人才方面的价值和优势，应使二者的优势互补才能为中国高校更好地选拔人才。因此，笔者希望本研究访谈与问卷调查得出的调查结果、数据统计、分析报告能够对中国高校自主招生改革有一定的参考价值。

第六章　研究结论与改革建议

目前，中国高校自主招生改革正经历一个不断探索、规范与完善的过程，其生机与活力逐渐显现。本研究在对高校自主招生的历史考察、现状研究、域外借鉴以及实证分析的基础上，运用权力制衡理论、治理理论、公平与效率理论、多元智能理论等多种理论，剖析了高校自主招生改革的意义、价值、问题、趋势及理论支撑，提出了建立统一与自主相结合的高校自主招生考试体系的改革原则和目标，为实现这一目标现提出相应的改革对策及建议。

第一节　研究结论

通过对中国高校自主招生多维度、多层次的综合分析，本研究得出以下几点主要结论：

1. 高校自主招生是中国高校招生的必要方式

通过对高校自主招生发展历程的回顾和现实考察，我们深深感受到自主招生改革在中国的必要性。目前所试行的自主招生改革是高校招生考试制度改革的一次有益尝试。它适应了高等教育发展的趋势，适应了实施素质教育、形成多元人才培养模式的需要，体现了“效率优先、兼顾公平”的教育原则，有助于高等学校选拔人才，有助于高等学校扩大办学自主权，有助于中学实施素质教育。从长远来看，高校自主招生应是中国高校招生考试制度的前进方向，是统一高考的重要补充，是发展和壮大高等教育的必由之路，值得进一步推广。

2. 科学合理的选拔标准和评价手段是高校自主招生的基础

建立一种体现高校个性和学科特点、适合考生特长发挥的选拔机制是高校自主招生改革的关键。各校应根据培养目标的要求，尝试更加多元的、科学合理的选拔标准和评价手段。具体来说，各校评价方案中的笔试和面试范围不能仅局限于文化知识和生活常识，应增加诸如逻辑判断、心理测试等各种类型的测评。只有这样，高校自主招生的实施才能够最大限度地发挥优质教育资源的作用，将最有天资、最有深造前途的学生招收到适合自身发展的高校加以培养，合理配置人才和教育资源。这也从一方面体现了“效率优先”原则。因此，科学合理的选拔标准和评价手段对高校自主招生改革起着至关重要的作用。

3. 完善的监督机制是高校自主招生顺利开展的保证

在缺乏诚信的大环境下，没有健全的监督机制，高校无法真正公平、公开、透明地进行自主招生改革。高校自主招生的一些定性评价方式，可能会为徇私舞弊者提供可乘之机，从而使部分有权有势之人的孩子成为自主招生的受益者。这样，将使高校自主招生的实施效果远离改革初衷。因此，高校自主招生的实施必须有严格的制度规定和严密的监督机制，体现公开、公平、公正原则，以保证其免受腐败侵蚀。具体来说，政府应成立专门的监督机构对高校自主招生全过程进行监督，要求高校制定有关投诉的政策和程序；高校则应健全自主招生的组织机构和完善自主招生程序，建立分工明确的招生责任制度，确保招生政策能够得到有效实施；同时，社会也应当积极参与对高校自主招生的监督，解决自主招生实施的“后顾之忧”。

4. 招生规模的扩大是高校自主招生健康推行的重要条件

高校自主招生改革试点工作开展至今已有数年。但就目前情况来说，由于各试点高校的选拔规模小、选拔条件严格等原因，使得社会、学校、家长和考生对其关注度偏低，有限的影响力还不足以影响高校招生考试制度改革的方向，对基础教育的引导和促进作用也非常有限。为了完善高校招生考试制度，促进中学素质教育顺利开展，更好地选拔优秀人才，高校自主招生改革应扩大招生规模。这包括三方面：一是增加试点院校数量，不同类型、不同层次的高校都应及时有效地推广自主招生的成功经验，扩大自主招生的试点范围；二是在自主招生对象上，应逐渐放弃对生源校的规定，积极拓展招生对象的范围；三是适当加大自主招生权限，提高自主招生比例，过低的自主招生比例难以满足社会对接受高等教育的需求，同时，比例过低的样本量不足以在自主招生与统一高考制度之间形成明确的区分度①。因此，招生规

① 张继明：《高校自主招生制度改革走向研究》，《教育与考试》2007 年第 5 期，第 7～10 页。

模的扩大是高校自主招生健康推行的重要条件。

5. 统一高考和自主招生的有机结合是高校自主招生的有效措施

在我们国家，统一高考尽管有一定的局限性，但其拥有的诸多优势还是为多数人所接受和维护。自主招生因为招生形式多样化，考试评价和选拔录取方式多元化，各类高校可以依据办学实际，制定多样化招生标准，同样有着自己的优势。在当前的高校自主招生改革中，以统一高考为代表的统一考试仍有其重要地位。统一高考不仅为自主招生提供可靠的评价依据，降低人才选拔的经济成本，也是维护教育公平的重要手段，对于促进教育发展和社会和谐具有重要的现实意义。因此，高校自主招生不应该完全废弃现有高考这一相对成熟的人才选拔模式，而应在现行高考制度的基础上，通过改革形成统一高考和自主招生取长补短、相得益彰、互补共赢的格局。

6. 招生公平是高校自主招生改革顺利推广的基石

通过前几章的分析，我们发现，公平性是高校自主招生改革过程中极为关键的问题，也是大家最关心和最担忧的问题。高校自主招生在执行过程中受到各方面的压力，一个重要原因是高校自主招生政策的公平性遭到公众质疑。公平问题处理的好坏，直接影响着人们对高校自主招生政策的满意度和支持率。而在与招生公平相关的问题上，人们普遍对腐败可能给公平带来的侵蚀和伤害心怀恐惧，对现行制度环境下制度内的拒腐能力感到不放心，对欲通过高校自律来高效监控和防治招生腐败的方式基本不信任。因此，高校自主招生实施方案的设计和政策执行过程中都要贯彻公平的原则，努力实现招生公平。只有这样，我们才能够顺利、健康地推行高校自主招生改革。

总的来说，中国推行高校自主招生改革试点的终极目标，是通过自主招生形成的影响力和导向性对教育产生质的影响，以使我们全面推进素质教育，提高学生的整体素质。但“初生之物，其形必丑”。目前，中国高校自主招生改革试点的范围和规模都很小，招生程序还很不规范灵活，管理和监督机制不是十分有力，因此，我们应积极探索高校自主招生的改革模式，为高校招生考试制度改革的推进打下坚实的基础。

第二节　改革建议

从理论上说，高校实行自主招生符合人才选拔的规律，但中国的社会现实使高校自主招生改革出现了一系列的问题。由此，我们应该立足国情，总结已有经验，不断探索、思考高校自主招生改革的发展路径。

一、高校自主招生改革的原则

高校自主招生一方面肩负着为高校选拔人才的任务，另一方面肩负着扩大高校办学自主权、实施素质教育、创新人才选拔机制的重任。从理论和实践层面看，高校自主招生改革需要遵循一定的基本原则，才能走出适合中国国情的发展道路。

（一）科学性原则

科学性原则是一系列决策原则的综合体现。现代化大生产和科学技术，特别是信息论、系统论、控制论的兴起，为决策从经验到科学创造了条件。就高校自主招生改革而言，所谓科学性原则，就是符合高校选拔人才规律的原则，具有充分的科学性和合理性。依据科学性原则，我们需加强高校自主招生的独立性，增大高校审查与面试权重，减小高考成绩对高校自主招生的影响系数。加强高校自主招生的科学性，可以保证改革深入健康发展，从而实现科学选才的客观要求。所以，要审查申请者的哪些方面，要考核申请者的哪些素质，如何提高审查与考核的效度和信度，是高校自主招生改革必须解决的问题。总之，加强科学性必须成为高校自主招生改革的重要方向。

（二）公平性原则

公平作为一种道德要求和品质，综合反映了人与人之间的社会关系，是一种规范性概念，具有相对性和情境性特征①。具体到招生领域，公平选才是高校自主招生的重要功能和精神之所在。高校自主招生改革必须通过各种政策的制定和实施来保证科学性和公平性，并促进两者的有机统一和结合。具体来说，高校自主招生改革应坚持“严格程序、加强管理、接受监督”的“三个公开”原则，即各校的招生程序应操作规范、管理严格、公开透明，从选拔方案的制订到实施都有一套严格的程序和管理办法，并且实行全程公开，有效防止不正之风的干扰，加强各方面的监督。可以说，坚持公平性是高校自主招生顺利开展的必然要求。

---

① 李小娟：《浅谈高考制度本质的公平性》，《教育与职业》2008 年第 2 期，第 167～169 页。

（三）适应性原则

高校自主招生改革的推行，是一定时期社会发展需要与高等教育自身发展规律相结合的产物。社会政治、经济发展与文化传统是推行高校自主招生改革的外部因素，而高等教育自身发展规律则是推行高校自主招生改革的内在因素。高校自主招生改革既要适应高等教育大众化发展进程的需要，又要适应中国全面建设小康社会、构建和谐社会的需要。在高等教育大众化的进程中，不同高校之间的分工越来越明显和细化。不同类型、不同层次的院校，其办学特点和培养目标是有差异的，因此，高校自主招生的发展方向也应有所区别。在改革过程中，应该对高校自主招生进行分层、分类，根据高校的定位选择适宜的自主招生模式。高校自主招生不仅要为重点普通高校吸纳学术精英，也要为一般普通高校、高职院校和民办院校等培养高素质劳动者和专门人才做好准备。因此，高校自主招生必须适应社会需求的变化和自身的发展状况，做出相应的改革。

（四）渐进性原则

三十多年来经济、政治改革的实践证明，任何制度的改革都应循序渐进地进行方能在利弊得失间寻找到最佳出路。就中国高校自主招生改革而言，所谓渐进性原则是指既要继承以往高校招生考试制度中合理的部分，以确保高校自主招生改革的连续性、有效性和稳定性，也要对高校自主招生政策中不合理、不科学的规则进行调整、修改与充实，使之更加科学、合理，具有先进性。这样可以使高校自主招生的执行阻力相对减小，增强民众对高校自主招生的认同。当前高校自主招生改革不能急于求成，一方面决策者应有与时俱进的改革意识，另一方面又必须保持循序渐进的平稳心态，对其中的任何一项改革，都应进行充分论证和小范围试点，证明可行后方可全面铺开。只有在全面研究和长期规划的基础上渐进地推行，才能使高校自主招生改革健康稳步地前进①。当然，这并不是说高校自主招生改革必须等到所有社会条件成熟之后才能进行，任何改革其实都是在与其周围环境的不断调适中逐步推进的，以达到“稳中求变”的目标。

（五）创新性原则

长期以来，高校招生一直是教育管理部门的任务。随着高等教育改革的

---

① 郑若玲：《高考改革应循序渐进》，《粤海风》2001 年第 6 期，第 57～58 页。

深入，高校自主招生改革应运而生。不过，从某种意义上说，现行的高校自主招生改革试点是在继承与借鉴的基础上完成的。但我们在借鉴的基础上，应当有所创新。就中国高校自主招生而言，所谓的创新，就是指高校自主招生在借鉴其他国家和地区高校招生考试制度先进经验的基础上，紧密结合中国国情并使之本土化的制度创新过程。世界上其他国家和地区的高校招生考试制度都是在高等教育发展过程中逐步探索并完善起来的，与本国（本地区）的现实情况紧密相关。中国的高等教育已步入大众化时期，因此，高校自主招生应适应大众化时期高校多样性、多元化的特点。但高校自主招生的多元化应采取什么样的实施步骤，必须在借鉴其他国家和地区高校招生考试制度的基础上，进行创新性的设计，积极探索适合中国国情的高校自主招生改革之路。

（六）系统性原则

辩证唯物主义的系统观认为，对于一个由若干要素相互联系而构成的系统，其结构就是各要素在整体水平上的相互联系状况和相互作用状况的总体反映，是系统内部相容关系的反映①。依据系统论观点，把评价手段、选拔标准等环节按一定程序组织起来的高校自主招生就是一个系统，每一实施环节可以被看作这一系统的要素或子系统。高校自主招生改革的目标就是要使这一有机体永远充满活力与生机，使高校招收到符合自身培养目标的优秀人才。然而，这一目标的实现还得靠高校自主招生内部各个实施环节的不断修改与完善。换言之，要实现自主招生改革的总体优化，需要我们从高校自主招生的整体目标出发去建设每一实施环节，而各个环节的自身建设要受到系统的制约与控制。因此，只有坚持系统性原则，才能真正实现自主招生改革的总体目标。

二、高校自主招生改革的目标

随着中国高等教育配置的逐渐优化，高校的层次、类型结构也日益完善起来。高校自主招生模式，必须根据自身的办学层次、目标定位和类型而有所区别。各类高校对生源质量有不同的要求，例如，研究型大学将具有学术

① 李成文：《论课程建设的内涵与原则》，《黑龙江高教研究》1994年第4期，第48～50页。

研究潜质的人才作为生源选拔的目标，而高职院校在招生时更倾向于挑选具备职业技能发展潜质的人才。通过自主招生方式，高校与学生进行适应性的双向互动选择——高校根据自己的标准选择适合的学生，学生也根据自己的兴趣、爱好、特长、能力和性向等选择适合的高校和专业。高校自主招生功能的转变，必将引起招生目标与任务、招生考试方式与内容等方面的一系列改革。

如前所述，2003 年 2 月 24 日，教育部办公厅发布教学厅〔2003〕2 号文件《教育部办公厅关于做好高等学校自主选拔录取改革试点工作的通知》。《通知》指出，开展高校自主招生改革试点工作是为了进一步深化高等学校招生录取制度改革，进一步扩大高等学校招生自主权。具体要求是：根据创新人才选拔和专业培养需要，积极探索以统一考试录取为主，与多元化考试评价和多样化选拔录取相结合，学校自主选拔录取、自我约束，政府宏观指导、服务，社会有效监督的选拔优秀创新人才的新机制。

可以说，教育部批准高校进行自主招生的目标是完善统一高考制度，尤其是对于部分将本科生教育定位为精英教育的重点高校来讲，其自主招生的方向应该是在综合素质优秀的基础上寻找特长突出的学生。当然，教育部在某些省市推行的高职院校自主招生改革试点的改革方向和目标另当别论。

2006 年，教育部在高招年会上提到今后高考改革的主要方向是建立多样化的评价和录取体系，基本思路是“稳住中间，解放两端”，或者是“高端多元、低端放开、中端稳定”。稳住中间，主要是指中端（统一高考招生的本科院校）应继续保持相对的稳定，按现有模式规范招生考试，改革的重点放在考试内容方面；解放两端，是指高水平研究型大学和高职院校的考试招生方式要加大改革的力度，使学校能够根据自己的办学特色和要求遴选考生，教育部直属高校可以探索多元化、多样化的招生方式，高职院校根据自身的办学特点和培养目标，探索逐步实现完全自主的招生方式。

遵照教育部的改革精神，现阶段应积极探索重点普通高校和高职院校两种不同的自主招生方式。对重点普通高校自主招生来说，对学生的综合素质评价，应当在考查学生基本素质的前提下，着重考查学生的特殊才能表现，以使综合素质评价在自主招生改革中发挥应有的作用；同时，必须充分考虑社会政治制度、经济体制、经济实力、文化传统等前提条件，实行统招前提下的自主招生模式（这里要特别说明的是，上海交通大学和复旦大学的自主招生改革模式在现阶段还不适合在全国推行，只可小范围试点）。对高职院校自主招生改革来说，应考虑到高等职业教育培养人才的特性，制订出科学合理的自主招生方案，可以弱化文化考试，以有效地选拔出职业型、技能型人才。然而，我们在继续深化重点普通高校和高职院校自主招生改革的同时，也应争取部分省属、市属普通高等院校进入自主招生试点范围。省属、市属普通高等院校也有招收有个性特长学生的需求，其实施的模式应与现在部属重点普通高校自主招生改革试点的模式基本相同，但招生比例可适当降低，选拔标准也应有所不同。

总体来说，由于办学目标、办学特色不同，培养学生的思路也不同，高校的层次、类型就呈现出多样化的特点。因此，不同层次、不同类型的高校试行分层分类自主招生，不仅是当前形势下的必然选择，也是高校培养人才的必然要求。需要指出的是：在高校自主招生改革原则的指导下，实现高校自主招生的改革目标，需要政府、高校和社会进一步厘清权限，推进教育模式转变，健全监督与诚信机制等配套性改革。高校自主招生改革目标的实现，将是一个循序渐进的过程，是教育制度创新、自我革新与演进的过程，无论从思想观念、体制创新和利益格局上都需要一个自然的调整期。

三、高校自主招生改革的实施策略

伴随着知识经济时代的来临，与工业经济社会培养适应型人才不同，知识经济社会培养的是创造型、创新型人才。时代特色为高校自主招生改革提供了条件。当前，中国已经提出了提升国家自主创新能力的目标，而要实现目标，决不能忽视人才选拔这一重要环节。高校自主招生改革的试行，正是适应新时代发展的要求对中国高校统招体制的一种改革与完善，也是与国际招生考试制度接轨的一项重要举措。但是，中国高校自主招生有着自己特有的发展轨迹和方向，我们须做出科学、合理的选择。中国高校自主招生改革试点虽取得了一定的成绩，但在实践中也出现了不少的问题，因此，我们必须不断总结经验和教训，进一步推进中国高校自主招生改革。

（一）合理协调政府、高校与社会三者之间的关系，保证高校自主招生的健康运行

在审视中国高校自主招生运行机制时可以看出关键的一点就是如何处理政府、高校与社会三者之间的关系。从高等教育的属性来看，随着高等教育的日益普及和消费群体的不断扩大，高等教育呈现出越来越多的公共物品的特征，这也就意味着高等教育越来越成为不由政府垄断的公共物品，其作为

准公共产品的性质得到凸显。同时高等教育是一件涉及学校、家长、社会各方面的事情，这种多主体的性质也决定了高等教育具有非垄断性①。正是在这个意义上，高校招生的理想状态应该是政府、高校和社会等各方面合法地拥有一定的话语权。

现阶段，政府、高校和社会在自主招生运作上的关系尚不十分明确，权责关系的模糊性和运作程序的不规范使得高校自主招生受到较多的限制。因此，在高校自主招生这个问题上，政府的角色转换至关重要。政府应把工作职能转移到宏观规划、协调及监督上，积极通过法规制定、资源提供等扮演环境营造者的角色，建立自律规范及责任履行的机制，引导和监督高校自主招生的发展方向。正如有学者所提出的那样："和教育体制改革配套的政府行为的调整，从供给主导向需求诱导变迁，从行政约束到竞争约束，从政府改革到改革政府。"② 而高校则应建立起自我约束机制，培养市场意识和服务理念，积极做好前瞻性规划并及时调整，营造各校特色以适应多元社会发展的需求，为建立开放、灵活的自主招生机制创造条件。相对于政府与高校，社会则应起到有效的监督和保障作用。

高校自主招生的健康运行，需要政府、高校和社会三方面的协调合作。如果将高校招生的权力完全交给任何一方，其结果都是不可想象的。正如自由主义经济学家哈耶克所认为的那样："事实上，人们对教育所能拥有的对人的心智的控制力评价越高，则人们就越应当相信将此控制权置于与任何单一权力机构支配之下所具有的危险。"③

（二）加大宣传力度，增强社会的认可度

在推行高校自主招生改革的进程中，要加大自主招生的宣传力度，增强其社会认可度，特别要坚持正面宣传引导，以营造良好的招生舆论环境。招生界有一句话："招生要改革，宣传要先行。"新世纪，社会形势发生了巨大的变化。这也为高校自主招生改革创造了良好的前提条件。政府、新闻媒

---

① 李立峰：《治理理论视野下的高校招生体制改革》，《江苏高教》2005 年第 5 期，第 35～37 页。

② 陈维嘉：《高等教育体制创新与政府行为的调整》，《教育研究》2003 年第 2 期，第 28～33 页。

③ 哈耶克：《自由秩序原理》，邓正来译，生活·读书·新知三联书店，1997 年，第 164 页。

体、高校和中学等群体应加大对高校自主招生的宣传力度，以使其顺利、健康地实施。

具体来说，政府和新闻媒体有义务通过各种方式加大对自主招生的宣传，引导公众树立多元化的人才选拔标准，为自主招生创设公众关心和支持的招生环境。新闻媒体作为社会的第四种力量，要把各高校自主招生中的信息向社会大众公布，实行阳光工程，如具体标准是什么，具体程序是什么，各高校的独特要求是什么，这些高校在招生中的各项保障措施是什么等，都要全面及时地公布①。这样，社会各界对中国高校自主招生改革才会有更深的体会和理解。

各试点高校应更加积极主动地开展自主招生的宣传，每年将自主招生章程以各种形式在社会上公布，并尽早与中学、考生、家长等取得联系，宣传各自的特色和优势以吸引广大考生报考。同时，高校还可以根据各自的实际情况有步骤、有计划地扩大自主招生在录取中的比例，招生比例的扩大能够引起社会各界更多的关注与参与。

中学本着对高校和考生负责的精神，应努力为双方提供服务。对于考生，中学在尊重学生自主选择权的同时，更要加强和改善升学指导，避免学生盲目报考。中学应在深入了解自主招生试点高校的基础上，向考生宣传各校的招生特色和要求。此外，中学也应当向学生家长和社会大众宣传自主招生政策，以改变其对这一政策的认识误区。

（三）完善相关法律法规，保证高校自主招生的规范性与有效性

随着国家法律法规建设的不断推进和民众依法维护自身权益意识的逐渐增强，在近年来的高校自主招生工作中，考生与高校、中学的纠纷日益增多，情况也日趋复杂。目前，教育部已明确要求加强对自主招生违纪行为的处理，各试点高校要依法治招、严格程序、规范管理，完善制度建设，但这些行政法规“不是立法机构制定的独立的法律，不具广泛的适用性；而《教育法》和《高等教育法》又只是对一些基本原则问题提供法律依据”②。因此，目前中国在招生法制化建设方面还非常薄弱，这将是进行高校自主招生

① 王萍：《论普通高招“选拔信息多样化”》，河南大学硕士学位论文，2006年，第61页。

② 郑若玲：《普通高校招生考试法规建设述评》，《广东工业大学学报》（社会科学版）2002年第4期，第5～8页。

改革的一大隐患。

高校自主招生改革作为一项关系千千万万考生的切身利益、关系社会稳定与发展的事业，若不尽快建立明确的法律、法规，将会出现很大的问题。因此，为了保证高校自主招生改革的有效实施，相关法律法规的完善是一个必不可少的前提条件。首先，政府应完善相关法律、法规，明确高校依法独立自主办学的地位，充分保证高校在招生过程中的自主权。其次，高校应从学校的长远发展着想，用法律手段来规范高校的自主招生。高校需要建立严密的管理体系及规章制度，选拔德才兼备的人员从事自主招生工作，并对在招生过程中徇私舞弊的有关人员严厉追究其法律责任。此外，高校每年要制定完整的自主招生章程，将此作为向社会公开的一种具有法律性质的承诺。最后，中学要加强对考生维权意识的教育，让他们也成为对依法治招进行监督的主体，促进自主招生法制化建设。总之，我们应不断建立健全规范、科学的高校自主招生法规体系，拓展中国自主招生改革广阔的发展空间。

（四）拓宽自主招生试点范围，扩大自主招生规模

目前，自主招生试点院校主要是部属重点普通高校和某些省市的部分高职院校，范围非常有限。笔者建议，在总结经验、不断调整、逐步改善的基础上，教育部应逐年加大自主招生试点范围，扩大自主招生规模，在不同类型、不同层次的高校中都选定若干所试点院校。通过试点院校的积极探索和不断完善，确定不同类型、不同层次高校招生自主权的权限。只有中国高校自主招生达到一定的规模，才能对中等教育带来质的影响，才能使高校选拔人才呈现多元化，从而真正推进素质教育的开展。

招生自主权是高校依据《高等教育法》的规定享有的一项法定权利，是高校享有的最具教育行业特点的办学自主权之一。无论哪种类型、层次的高校都应该享有招生自主权。对于重点普通高校来说，目前仍要采取统一高考与自主招生相结合的自主招生模式，但对于某些才华出众、适合本校办学特色的学生可放开统一高考的限制。这需要各方面的有效监督才能够健康实施。同时，重点普通高校根据实际需要，可适当扩大招生比例、招生对象甄选范围等。

对于一般普通高校来说，也有权结合本校特色和本省市社会和经济发展的需要，自主招收优秀学生。一般普通高校如要开展自主招生改革试点，很重要的任务是在传统高考录取的基础上，构建一个科学的招生考试评价体系，从而实现从单一考试到多元评价的逐步过渡。目前，在这类高校实施自

主招生改革的时机还不成熟，但在高中新课程改革的牵引下，一般普通高校终将会实施自主招生方式。

对于高职院校来讲，这类院校可以有充分的招生自主权，从选拔标准的制定到选拔方式的确立，再到考务管理、招生录取，学校可以完全按照自身特点、培养目标和学科专业特色来选拔学生，体现职业教育的特点。

（五）建立科学合理的人才选拔机制，健全多元化评价体系

自主招生作为高校选拔人才的一种方式，其改革初衷是有助于高校选拔高素质的专门人才和拔尖创新人才。但目前很多人对自主招生的选才效率存在疑问，这牵涉到一个选拔机制与评价标准的问题。高校自主招生意味着高校有权自主制定报名条件、申请资格、录取标准等。它的选才标准应呈现更多个性化的特点；招生方式应具有针对性，应加强专业倾向测试、逻辑思维能力测试和现场应变能力测试等，体现高校的办学理念和办学特色[①]。因此，试点高校应建立一套既符合高校特色和需要，又适合对优秀学生进行科学评价的标准和选拔机制。

那么，高校自主招生改革是否就意味着将考试权全部下放给高校，从而取消统一高考制度呢？答案是否定的。在高等教育走向大众化、普及化，办学主体走向多元化的今天，自主招生和统一高考各有其适用范围与优势。高校自主招生的主要特点是标准多元化、灵活性大，有利于选拔不同特长的人才。但是，自主招生成本高，高校和考生的经济负担较重，同时还需要高度的诚信和法治作为保障。而统一高考，尽管存在偏重共性等不足，但在较大范围内为各校提供了衡量考生文化水准和能力的标准尺度，具有可比性，并且节省人力、物力、财力和时间，提高入学选拔的效率和信度，减少因经济因素和招生舞弊所衍生的考试不公平现象[②]。因此，现阶段取消统一高考制度的条件尚不成熟。中国高校自主招生改革的最佳方案应是探索出统一高考与多元考试相结合的招生考试体系[③]。

就统一高考来说，笔者也同意自主招生院校把统一高考分数作为评价标

---

① 张亚群：《理性认识高校自主招生考试》，《中国青年报》2004 年 10 月 27 日。

② 张亚群：《高校自主招生不等于自行考试》，《中国教师》2005 年第 3 期，第 34～36 页。

③ 樊本富：《统一与自主：高考改革之争》，《西南交通大学学报》2005 年第 3 期，第 102～106 页。

准之一，但是不赞成政策硬性规定的“高考成绩必须达到生源所在省（市、区）确定的试点高校同批次录取控制分数线”，而应允许试点高校自主选择如何使用高考分数，将高考作为一项统一可信的“高中学业水平考试”。当然，统考的形式并不限定于统一高考，针对高校自主招生，还可以建立一个独立于政府和高校之外、由民间组织设立的权威的专业性考试机构。专业性考试机构要提供大量的信息供高校对考试进行分析，高校自主决定对其使用与否。

就高校开展的校内考核来说，笔者认为探索多元化录取标准，形成创新人才考试选拔系统的主要任务承担者是高校。高校自己的考核主要是结合学校办学特色和发展需要，考核内容应该侧重考查考生的综合素质和个性特长，使高校的要求与中学生的特点衔接，知识和能力并重，体现各校的办学特色和专业特点。另外，基于招生成本的考虑，为了实现高校与考生的双赢，应当提倡在同一城市、办学水平又基本处于同一层次、同一类型的高校联合招考。高校之间联合招考的考试成绩在一定条件下可以互认。

就中学来说，笔者认为中学应本着对高校和考生负责的态度，开展推荐工作，杜绝“推良不推优”和“推官不推民”的现象。同时，中学也应该建立健全学生的考核评价机制，客观全面地反映学生的综合素质，为高校自主招生提供准确的信息。

总之，不同层次、不同类型的高校应根据各自的办学特色和目标，探索出科学合理的自主招生新机制。

（六）强化管理监督机制，保证教育公平

在中国这样一个以家族宗法的社会结构为基础的国度，重人情面子与讲裙带关系构成其独特的文化景观，在这种社会文化背景下，若没有可操作的客观标准和严密有效的监督机制，“任何立意美妙的选举制度都会被异化为植党营私、任人唯亲的工具”①。目前，中国的高校自主招生改革试点还很不规范，健全完善的管理和监督机制尚未建立。如果缺乏强有力的监督，高校自主权的扩大可能会使各种腐败现象找到生存空间，使改革的效果与初衷适得其反。这不但会加剧社会的不公平，还会使高校自主招生改革举步

① 刘海峰：《科举制长期存在原因析论》，《厦门大学学报》（哲学社会科学版）1997年第4期，第1～6页。

维艰。

中国高校自主招生的监督工作需要全社会共同执行。因此，监督主体必须是多元的，应包括政府、高校和社会公众等各类相关主体。

政府应进一步强化管理和监督机制，规范自主招生中的各种行为，对高校自主招生中的违规行为予以严厉惩罚，对有关责任人进行彻底查处，坚决杜绝各种不正之风。为此，政府应该建立专门的自主招生管理、协调、监督机构。这个机构与全国统一高考的管理机构相互独立。这样，可以避免统一高考对自主招生改革的干预，增强自主招生的独立性。在加强其独立性的基础上，加快专业化建设，增强高校自主招生的效益和科学性①。具体来说，政府需要建立一定的监督信息通道，如建立专门的高校自主招生的监督网站、举报信箱等，为人们随时检举揭发舞弊行为提供畅通的言路。另外，还要建立政府自监督体制，允许社会各界人士对政府所进行的监督措施进行监督评价，以防止政府自身的作弊行为。

高校作为招生主体，要加强内部监督机制的行使。内部监督即高校设立负责自主招生的工作委员会，由该委员会负责贯彻国家有关自主招生的政策法规精神，落实并制定自主招生工作细则，执行有关自主招生工作的决议，监督管理本校自主招生的全过程。此外，高校还要切实制定和贯彻一系列保障自主招生顺利推行的制度。例如，在自主招生和监督机制中建立回避制度，如果某些考生与招生人员有亲属关系或其他密切利益关系，应回避的必须回避②；高校还应制订相应的公示制度，将录取过程和录取结果置于社会的公开监督之下，主动接受上级主管部门和整个社会的广泛监督，以确保自主招生过程和结果的公平、公正。

要保证高校自主招生的顺利实施，仅靠政府的监管和高校内部监督是不够的，还应切实发挥社会的监督作用。对高校自主招生的监督，不仅是社会公众的权利，也是他们的义务。考生及其家长作为高校自主招生的直接参与者和密切关注者，有权监督自主招生的全过程，并随时将违纪违法行为向上级监察部门报告，以维护招生程序的公正及自身的利益。其他社会成员也可

---

① 张继明：《高校自主招生制度改革走向研究》，《教育与考试》2007 年第 5 期，第 7～10 页。

② 王萍：《论普通高招“选拔信息多样化”》，河南大学硕士学位论文，2006 年，第 60 页。

通过新闻媒体等途径，及时了解高校自主招生情况，积极参与到监督中来。

总之，要努力建立健全多元化的管理和监督机制，采用多种监督途径和方式，实现对高校自主招生的全方位监督。

（七）继续推进相关配套性改革，以保证高校自主招生的顺利开展

高校招生制度的改革往往牵一发而动全身。高校自主招生改革试行过程中暴露出来的很多问题，都涉及政策的配套性措施不够完善。这也是关系到改革能否深入的重要的外部环境。就目前来看，自主招生主要有两方面的配套改革：一是新课程改革的推行；二是诚信机制的建立。

目前，中国部分省、市、区的普通高中教育已全面推进新课程改革。此次新课程改革是素质教育的一个具体表现形式，凸显了素质教育“以人为本，以学生的发展为中心”的价值取向和“以促进学生综合素质全面提高为目的”的教育目标。它强调个性化的学习与教学，这必然要求用个性化的考试来评价学生。新课改对高校自主招生改革将起到促进和推动作用，而高校自主招生改革又会将新课改推向深入。所以，高校自主招生改革必须与新课程改革协同一致，使两者共同和谐发展。

在这里，我们需要特别提到学生的综合素质评价。根据《教育部关于普通高中新课程省份深化高校招生改革的指导意见》等重要文件精神，教育部要求各地坚持教育创新，全面推进素质教育，制订与新课程理念相一致、反映新课程改革思路并符合本地区教育发展实际的学生综合素质评价方案。综合素质评价是用质化的手段，既反映学生的认知水平和认知结果，又反映学生的认知过程，以及情感、态度、价值观、能力与方法等无法用量化手段精确测评的学生整体发展过程和阶段性结果。新课程改革要求我们重视对学生综合素质的培养与评价。因此，如果我们把学生的综合素质评价结果作为高校自主招生的依据，那么，就能全面、深入地推动新课程改革，促进素质教育的开展。

俗话说：“人无信不立，业无信难兴，政无信必颓。”诚信是一个人道德信誉和道德人格的象征和标志；诚信作为一种道德规范，是社会文明的重要基础①。为了维护高校自主招生的社会信誉，必须倡导诚信机制的建立。高

① 林群、赵伟：《诚信传统与大学生诚信教育》，《沈阳师范大学学报》（社会科学版）2004 年第 2 期，第 1～5 页。

校自主招生的诚信机制是一个立体的范畴，包括自主招生组织管理者的诚信、自主招生组织实施者的诚信、自主招生推荐者的诚信以及考生本身的诚信。从现实情况看，高校自主招生诚信缺失在各个层次和行为主体上都有不同程度的表现。

具体来说，政府作为自主招生的组织管理者，也是配套改革的主要推动者，应当积极通过制定法规、提供资源等扮演环境营造者的角色，建立自律规范及责任履行的机制，不断完善配套措施，以营造良好的自主招生的舆论环境。作为自主招生的组织实施者，高校应积极做好前瞻性规划并及时调整，使自主招生人员定期流动，防止部分招生人员钻制度漏洞，不给招生腐败分子以可乘之机，保证自主招生的公平、公正。作为自主招生的推荐者，推荐中学必须有良好的诚信意识，不能提供虚假的有关学生特长、才能等的证明材料。考生则须通过强化教育，增强自律能力。同时，教育管理部门应当有强制性的制度安排，加大对不诚信行为的惩罚力度。

（八）小范围尝试多种自主招生模式，使其发展更趋完善

目前，中国的高校自主招生改革仍处于试点、探索阶段，没有一个比较完善、科学的模式。但高校自主招生模式的选择，是一个多元相关问题。相关因素主要包括社会制度、经济模式、经济实力、文化传统等。因此，我们需要深入思考，不断探索适合中国国情的高校自主招生模式。

目前，中国高校自主招生改革方案有以下几种模式可供尝试：(1) 统一考试＋高校自主招生。由政府组织针对自主招生的统一考试，高校根据自身要求，考核、录取学生。这也是自 2003 年以来，中国高校自主招生改革试点一直采用的招生模式。(2) 高校自主考试＋高校自主招生。这一模式已在 2006 年复旦大学和上海交通大学试行的自主招生改革和北京、上海等省市的部分高职院校自主招生改革中试行。(3) 区域联合考试＋高校自主招生。这里的“区域”既可以是同一省区，也可以是不同省区。通常来讲，组成这种区域联合的地区经济发展水平和教育发展水平应当是相似的，这样对于考生生源的要求也较为接近。(4) 高校联合考试＋高校自主招生。这种模式适宜由性质或类型相近的高校采用。最大的特点在于能够较好体现不同类型高校的特殊办学要求，这是全国统考和区域统考无法比拟的，同时又比高校单独考试更能降低考试成本。2006 年，北京交通大学、北京林业大学、北京科技大学、北京邮电大学、北京化工大学 5 所高校，2010 年，清华大学、上海交通大学、中国科学技术大学、西安交通大学、南京大学 5 所高校和北

京大学、北京航空航天大学、香港大学 3 所高校已经尝试了这种招生模式。(5) 考试机构考试＋高校自主招生。这种市场化的考试模式，其特点是招考分离，由社会考试服务机构提供考试服务。随着中国市场经济改革的深入，经济领域与社会领域的独立性和自主性逐步增强，此类市场化的招考模式也必然会在中国产生①。

此外，我们需要注意的是，考试不是高校自主招生的必然选择，自主招生也可以通过非考试的方式进行，如开放式入学或综合评定入学制等。当然，任何一种自主招生模式都不是最佳或唯一的模式，它们各有存在的价值和意义，各有适用的范围和发展的制度土壤②。考虑到中国的实际国情，上述高校自主招生模式也只有部分类型在中国具有可行性。

结　　语

在社会转型、教育利益多元化的时代背景下，高校自主招生改革试点成为社会关注的热点。高校自主招生改革是体现不同高校对考生不同要求的一种全新尝试。它的意义不仅有助于高等学校选拔人才，有助于高等学校扩大办学自主权，有助于中学实施素质教育，更重要的是有助于通过自主招生方式转变社会对高校选才的观念。

可以说，经过一段时间试点工作的经验积累，中国高校自主招生改革取得了不错的成绩。但由于高校自主招生是牵涉面极为广泛的、复杂的系统工程，因此在实践操作中难免会遇到一些来自各方面的压力。高校自主招生改革迄今虽已试行数年，但至今仍是一项“试点工程”。目前，高校自主招生改革试点的范围和数量都还偏小，诸多实施环节和外部的配套措施还存在明显的不足，这些都限制了高校自主招生改革的进一步推广。但是，中国高校自主招生改革的试行，毕竟迈出了高校招生考试制度改革的重要一步。我们可以大胆预言：自主招生必定是今后高校招生改革的方向。

从一定程度上讲，任何形式的高校招生考试的发展演变，都是政治、经济、文化和教育等内外部各因素相互影响、相互制约的结果，不同形式的招

---

① 肖娟群：《我国高校自主招生考试的历史考察与现状研究》，厦门大学硕士学位论文，2008 年，第 62～65 页。

② 罗立祝：《高校招生考试政策研究》，华中师范大学出版社，2007 年，第 272 页。

生考试具有不同的结构和功能，它们之间的变革是源于实践需要，并常常以思想观念的转变为先导。因此，自主招生改革不能操之过急，草率行事，而要以全局观的意识，综合考虑与之相关的制约因素，通过不断的理论探讨和实践试点，逐步推进。贸然推进不仅不能取得预期目标，而且会造成高校自主招生的被动局面。但是，高校自主招生改革也是一件紧迫的大事，而且试验是必要的，走弯路也是不可避免的，许多细节性问题只能通过实践来检验。我们不能等到一切都考虑周密之后再付诸实施，而应该在改革自主招生本身的同时，促进相应体制和社会环境的建立和完善，积极稳妥地推进高校自主招生改革。

本研究期望通过反思中国高校自主招生改革现实，在把握其发展脉络的前提下，通过理论分析、历史回顾、国际考察、现实分析和实证调研等方式，加深对高校自主招生的认识，为改革的完善提供理论依据和实践参考。但笔者学术积累有限、语言驾驭能力不足，时时感受到思维深处的那种无力感。本研究有很多局限性和不足之处，笔者会继续学习、关注中国高校自主招生改革。笔者不奢望本研究对高校自主招生改革实践具有重要的理论和实践指导意义，只期望抛砖引玉，吸引更多的研究者来关注这一改革。

附　　录

附录一：中国高校自主招生调查问卷

您好！非常感谢您参与此项有重要意义的问卷调查！为了解社会各界对我国高校自主招生改革的意见，为我国高校招生考试制度提供更加真实准确的反馈信息，我们组织了本次调研。请您根据自己的实际情况填写，答案无对错之分。本问卷采用无记名方式，您可以放心表达自己的观点。再次感谢您的支持与合作！

注：目前我国高校自主招生包括：部属重点普通高校自主招生和一些省市（自治区）高职院校自主招生。

填写说明：本问卷如无特殊说明，均为单选题，请您在括号内填写您认为合适的选项。如所选项为“其他”，请注明内容，谢谢合作！

1. 您的身份是(　　)

　a. 大学教师　　b. 大学生　　c. 中学教师　　d. 中学生

　e. 考试机构管理人员　　f. 其他________

2. 您对我国高校自主招生的了解有多少？(　　)

　a. 非常了解　　b. 比较了解

　c. 只是知道有这么回事　　d. 在此之前从未听说过

3. 您是通过什么方式了解我国高校自主招生改革试点的？(　　)

　a. 学校传达相关政策文件　　b. 家长

　c. 同学/同事　　d. 报纸、电视、网络等新闻媒体

　e. 其他________

4. 您觉得目前我国高校自主招生改革试点的影响是(　　)

　a. 利大于弊　　b. 弊大于利

　c. 利弊相当　　d. 没什么影响

5. 您认为统一高考与自主招生相比，哪个能更有效地选拔人才？(　　)

　a. 统一高考　　b. 自主招生

c. 统一高考与自主招生相结合　　　d. 说不准

6. 如果条件许可，您会选择自主招生作为自己的升学方式吗？[学生作答]（　　）
若您是学生家长，您是否愿意让孩子选择自主招生作为他/她的升学方式？（　　）
a. 会　　　b. 不会　　　c. 无所谓

7. 您认为部属重点高校自主招生的主要受益者是哪类学生？（　　）
您认为高职院校自主招生的主要受益者是哪类学生？（　　）
a. 品学兼优或具有创新意识、创新能力
b. 干部子女
c. 家庭经济条件优越或父母文化程度较高
d. 具有音、体、美等方面特殊才能或某专业的专业才能
e. 班干部但学习成绩一般
f. 动手能力强，但学习成绩一般

8. 学生选择自主招生可能要面临多项测试，您认为这样（　　）
a. 学生可以有更多的选择和机会　　　b. 增加了学生的负担
c. 没有影响

9. 对于参加自主招生可能带来的报名费、交通费、住宿费等经济支出，您认为（　　）
a. 物有所值，为了考大学这些经济支出无所谓
b. 会增加家庭的负担，但是还可以接受
c. 是额外的支出，不能接受

10. 有人说，当前所试行的高校自主招生“过程是公平的，结果是不公平的”，您如何看待？（　　）
a. 同意　　　b. 反对　　　c. 不好说

11. 您认为下列哪个因素对我国高校自主招生顺利推行阻碍作用最大？（　　）
a. 高校缺乏科学合理的选拔标准与手段
b. 社会诚信机制的缺失
c. 高校办学自主权没有真正得到落实
d. 自主招生的高成本　　　e. 其他________

12. 您认为高中新课改对高校自主招生有什么影响？（　　）
a. 有推动作用　　　b. 有阻碍作用
c. 影响不大

13. 您认为高校自主招生对基础教育有什么影响？（　　）
a. 有积极的引导作用　　　b. 有消极的误导作用
c. 没有多大影响

14. 如果我国试行的高校自主招生改革能够顺利推行，您认为这会对高考带来什么影响？（　　）

a. 高考被废止　　　　　　　　b. 高考地位降低、作用减弱
c. 高考的地位与作用将更加突出　　d. 几乎没影响

15. 您赞同我国所有高校实行自主招生吗？（　）
a. 赞同　　b. 反对　　c. 无所谓

16. 您认为哪些学校应该实行自主招生？[可多选]（　）
a. 部属重点高校　　　　　　b. 省属、市属重点高校
c. 一般普通本科院校　　　　d. 有专业特色的普通本科院校
e. 高职院校　　　　　　　　f. 其他________

17. 您认为我国高校自主招生的方式应当是(　)
a. 高校单独测试　　　　　　b. 高考＋高校单独测试
c. 考试机构考试＋高校单独测试　　d. 类型相似的高校联合考试＋高校单独测试
e. 不需任何测试，仅凭学生以前学习记录　　f. 其他________

18. 您认为自主招生录取标准最应考虑考生的哪个因素？(　)
a. 高考分数　　　　　　　　b. 思想道德
c. 家庭情况　　　　　　　　d. 个性特长
e. 平时学习成绩
f. 其他________

19. 您认为保证自主招生公平性最有效的方法是？(　)
a. 成立专门的监督机构　　　b. 加强高校招生法制、法规建设
c. 录取过程公开化、透明化　　d. 制定统一的程序和规则
e. 其他________

20. 您认为自主招生将是我国高校选拔人才的方向吗？(　)
a. 是　　b. 不是　　c. 不好说

21. 谈谈您对我国高校自主招生的看法。

附录二：北京大学 2004 年自主招生试题

请用简练的语言回答 1～5 题；然后在 6～12 题中任选一个话题陈述观点（字数不限）。请在附页上写清你的姓名和身份证号。2003 年 12 月 20 日前与《2004 北京大学自主招生申请表》一起寄回即可。

1. 你对大学生活的憧憬是什么？为何选择北大？

2. 如果你有一年的自由时间，你会做什么？

3. 给出一个最能让我们选你的理由。

4. 人格的魅力形成于生活的历练中，又常常闪现于举手投足间。一个谦和的微笑，一个挺拔的站姿……都足以显现你的态度和情感。你认为自己最有特色的表情（或姿

势、动作、口头禅……）是什么？请向素不相识的我们介绍你自己。

5. 请为下一年度的申请者出一个陈述话题。

6. 无论是在生活中还是在学术研究中，你都会面对许多所谓的“已知”。正是在接纳并认同一些“已知”的基础上，我们才得以顺利地处理日常问题，进而开拓未知的领域；但另一方面，许多被我们称为“已知”的事物本身仍然是值得怀疑的，在怀疑与回溯“已知”的过程中又会发现许多未知……请描述你最自豪的“已知”和最想探求的“未知”。

7. 中国首架载人飞船“神舟五号”发射成功。满载着几代中国人航天梦想的飞行员杨利伟进入太空，成为中国首位“加加林”。杨利伟透过飞船，欣赏了地球景貌，拍摄了大量太空图片。假如你有幸陪同杨利伟一起乘坐“神舟”号进入太空，当你坐在太空舱中，俯视地球时，会有怎样的感想？你是否想说些什么呢？

8. “非典”这场天灾，使我们的生活发生了诸多的变化，你有什么特殊的经历？你的感受是什么？给你的启示又是什么？

9. 请列举一个你最关注的社会问题或社会现象，并提出你对解决这个社会问题的建议。

10. 如果面前有个舞台，你最希望现在正在上演什么？

11. 你最想遇到的中国古代名人是谁？如果你能与他当面相对，你想对他（她）说些什么？要求：只要是中国古代史上的著名人物都可以，写出你想遇到他的原因及想对他说的话。

12. 物理学家说未来是可以预测的，只要给他能描述每个物体所有性质的参数，以及物体之间相互作用的方程，就能够通过动力学的方法算出未来的状态；数学家说未来是不可预测的，即使最简单的微分方程也会产生混沌，极微小的初始偏差都将导致结果巨大的差异；生物学家说未来是在预料之中的，一个人一生的生长发育和衰老死亡都写在了DNA的双螺旋分子上；社会学家说未来是不应该被预测的，既定的未来对每个人来说还有什么意义，人类会因此失去自身的价值；哲学家说事物是不以人的意志为转移的，未来的发展是客观但随机不可臆断的……未来到底可不可以预测？人类是否需要预测未来？

附录三：复旦大学2006年自主招生面试部分试题

1. 讨论一下《无极》、《一个馒头引发的血案》给网络生活带来的启示。

2. 如果你是校长，会如何激发学生的创新能力？

3. 说出现任中央政治局常委的名字。

4. 说出现任复旦大学校长的名字。

5. 描述你所希望的大学生活的一天。

6. 说说对社会上的乞讨者的看法。

7. “两会”是指哪两会?

8. 评价一下你校交响乐团的成员。

9. 简述你理想中的宇宙。

10. 在1分钟内列举这瓶水的用途。

11. 请谈一下数学以后的发展方向。

12. 你对“安乐死”有何看法?为何我们要禁止“安乐死”?

13. 请为你眼前的这个闹钟估价。

14. 由你自己选一个话题阐述一番。

15. 用3、4、5、6算24点。

16. 请列举钟有哪些用途。

17. 请说出你父母的生日。

18. 简述无罪推定和有罪推定。

19. 三轮车有几个主动轮?

20. 你觉得地球上为什么会产生生命?

21. 请举例说明你是个有责任心的人。

22. 如果你是上海市市长,如何解决上海的交通堵塞?

23. 取消养路费而增加燃油税,对车主会有什么影响?这一政策哪些部门会支持,哪些部门会反对,为什么?

24. 给你一笔经费,让你策划一个大型活动,你会怎么做?

附录四:上海交通大学2006年自主招生面试部分试题

1. 假如你知道你在学校所学的知识到了社会上工作时全都没有用,你做何感想?

2. 有一家国有企业和微软公司同时邀请你,你去哪一家?

3. 请对近日国内外大事举一例,并解读。

4. 你对医保有什么看法?你认为国家应采取什么措施?

5. 所有老师中你最喜欢与最不喜欢的是怎样的老师?不喜欢的老师的课,你会上得好吗?

6. 根据4个英语单词twins,identical,doctor,fun编一个故事。

7. 就社会上的学术造假发表你的看法。

8. 和别的考生相比,你有何优势?

9. 网络黑客算不算创新?

10. 高校自主招生，考查的是什么？

11. 分析烟、酒、奶粉等出现造假现象的原因，并提3条解决意见。

12. 谈谈应试教育和素质教育的关系。

13. 介绍一个你的朋友。

14. 山西省的省会在哪里？

15. 你对雷锋怎么看？

16. 上海交大的校训是什么？

17. 昨天的新闻有些什么内容？

18. 步行器电机功率是多少？

19. 你的综合能力体现在哪些方面？

20. 你知道国家的“十一五”规划吗？

21. 你对上海房屋规划中的房屋间隔问题了解吗？

22. 你是否知道“矛盾论”？请运用矛盾论解题。

23. 如果你在政府部门身居要职，有公司因第一次审批不合格就暗中塞钱给你，你又因结婚、搬家等事急着用钱；反之，现在不收钱，这个企业也会把质量搞好，等个把月再次申请审批的。你的选择是什么？

24. 有人觉得探月计划劳民伤财，不适合中国国情，你怎么看？简述3条理由。

25. 你平时是怎么与父母沟通的？尤其是在产生意见分歧的时候。

附录五：清华大学2010年自主招生面试部分试题

1. 谈古论今——请任选中国古代和当代人物各一位进行对比阐释。

2. 为什么要上大学，是否每个人都应该上大学？

3. 假设你是清华校长，说说明年怎么举办清华百年校庆。

4. 如果老子和孔子打架，你会帮谁？

5. 用一个成语来形容你眼中的哥本哈根气候会议。

6. 用关键词概括2009年中国的现状。

7. 中国是否已步入高房价时代？你的观点是什么？

8. 学历史与报读清华经管有什么关系？

9. 第一次和第二次世界大战期间，有什么重大的化学发明？

10. 一根火柴在不能折断的前提下，如何摆成一个三角形？

11. 汪洋上，只有一艘船，你只能带5个人走，你带谁？

12. 用成语形容一个企业家、一个政治家、一个思想家。

13. 发表观点：张磊向耶鲁大学捐款 8，888，888 美元。

14. 发表观点：武广高速铁路通车时速达世界第一。

15. 为什么要把清华大学作为第一志愿填报？

附录六：北京大学 2010 年“中学校长实名推荐制”面试部分试题

1. 三十年来中国足球为什么一直停滞不前，发展缓慢？

2. 以网络为代表的新媒体为例，分析言论自由与社会责任的关系。

3. “防官如防盗，防民如防贼”，比较一下这两个观点。

4. 中国的饮食文化是体现在著名菜系中，还是体现在日常饮食中？

5. 现在有些城市道路，“填了挖，挖了填，不挖不填没有钱”。你怎么看待这种现象？

6. 恐怖主义会不会最终消失？

7. 中国虽然是发展中国家，但中国的奢侈品消费却排在世界前几名。谈谈你对这个问题的看法。

8. 费孝通说：“各美其美，美人之美，美美与共，天下大同。”谈一下你对这个问题的理解。

9. 老子说：“天下皆知美之为美，斯恶矣；皆知善之为善，斯不善矣。”请解释含义，并说出你的看法。

10. 当下的中国有没有信仰？道德、伦理和法治之间有没有冲突？

11. 水蒸气也是温室气体，但为什么现在只抑制二氧化碳的排放？

12. 有英国思想家提出，国家的首要荣誉应该给国家的缔造者和立法者，这适用于现在的中国吗？

13. 有些蔬菜价格上涨，已经超过了肉类，你怎么看这个问题？

14. 教育的多样性和教育的公平性可以兼得吗？

15. 现代社会的法制体系中是否还需要包公这样的人物？

16. 请您解释一下什么是雷锋精神。现在还需不需要提倡雷锋精神？

17. 请问农村学生会种地会放牧，是否和城里学生会音乐会画画一样，是一种素质？

18. 家庭联产承包责任制能否发展成现代大农业？

附录七：厦门大学2010年自主招生面试部分试题

1. 猫和冰箱有什么关系？
2. 对网络游戏如何引导？
3. 电子游戏和智力的关系是什么？
4. 厦门岛到鼓浪屿的渡轮，是涨潮时走的距离长，还是退潮时走的距离长？
5. 杯子和下水道的盖子为何多为圆形？
6. 赛马比赛，如果要比哪匹马走得慢，要如何比？
7. 人工怎么能给地球降温？
8. 对高居不下的房价你怎么看？
9. 人类思维的终点在哪里？
10. 谈谈你的时空观。
11. 西方科技高度发达，为什么宗教也发达？

还有考学生的学习生涯规划、人际关系处理能力等，时事考到了新近颁发的国家科技奖、联合国气候大会等。

参考文献

一、政策文件

[1] 中共中央关于教育体制改革的决定（中发〔1985〕12 号）.

[2] 中国教育改革和发展纲要（中发〔1993〕3 号）.

[3] 国务院批转国家教委关于加快改革和积极发展普通高等教育意见的通知（国发〔1993〕4 号）.

[4] 中华人民共和国高等教育法（中华人民共和国主席令第 7 号〔1998〕）.

[5] 中共中央国务院关于深化教育改革　全面推进素质教育的决定（中发〔1999〕9 号）.

[6] 教育部关丁做好 2003 年普通高等学校招生工作的通知（教学厅〔2003〕1 号）.

[7] 教育部办公厅关于做好高等学校自主选拔录取改革试点工作的通知（教学厅〔2003〕2 号）.

[8] 教育部关于 2004 年部分高等学校进行自主选拔录取改革试点工作的通知（教学司〔2004〕1 号）.

[9] 教育部办公厅关于进一步做好高等学校自主选拔录取改革试点工作的通知（教学厅〔2005〕15 号）.

[10] 教育部办公厅关于 2007 年高等学校自主选拔录取改革试点工作的通知（教学厅〔2006〕11 号）.

[11] 教育部办公厅关于做好 2008 年高等学校自主选拔录取改革试点工作的通知（教学厅〔2007〕11 号）.

[12] 教育部办公厅关于做好 2009 年高等学校自主选拔录取改革试点工作的通知（教学厅〔2008〕16 号）.

二、中文著作

[1] 蔡元培. 晚清三十五年来（1897—1931）之中国教育［M］. 香港：香港龙门书店，1969.
[2] 陈学飞. 美国、德国、法国、日本当代高等教育思想研究［M］. 上海：上海教育出版社，1998.
[3] 陈学恂，田正平. 中国近代教育史资料汇编［G］. 上海：上海教育出版社，1991.
[4] 陈旭麓. 中国近代社会的新陈代谢［M］. 上海：上海人民出版社，1992.
[5] 戴家干. 改造我们的考试［M］. 北京：高等教育出版社，2008.
[6] 邓正来. 市民社会理论的研究［M］. 北京：中国政法大学出版社，2002.
[7] 邓嗣禹. 中国考试制度史［M］. 台北：台湾学生书局，1982.
[8] 韩家勋，孙玲. 中等教育考试制度比较研究［M］. 北京：人民教育出版社，1999.
[9] 樊纲. 渐进式改革的政治经济学分析［M］. 上海：上海远东出版社，1996.
[10] 方世荣，戚建国. 权力制约机制及其法制化研究［M］. 北京：中国财政经济出版社，2002.
[11] 郭廷以. 近代中国史纲［M］. 香港：香港中文大学出版社，1980.
[12] 高时良. 中国近代教育史资料汇编［G］. 上海：上海教育出版社，1992.
[13] 郭福昌，王长沛. 多元智能在中国［M］. 北京：首都师范大学出版社，2004.
[14] 郭道久. 以社会制约权力：民主的一种分析视角［M］. 天津：天津人民出版社，2005.
[15] 甘阳. 古今中西之争［M］. 北京：生活·读书·新知三联书店，2006.
[16] 何华辉，许崇德. 分权学说［M］. 北京：人民出版社，1986.
[17] 何怀宏. 选举社会及其终结［M］. 北京：生活·读书·新知三联书

店，1998.

[18] 何建明. 中国高考报告 [M]. 北京：华夏出版社，2000.

[19] 侯定凯. 高等教育社会学 [M]. 桂林：广西师范大学出版社，2004.

[20] 胡建华. 战后日本大学史 [M]. 南京：南京大学出版社，2001.

[21] 贾非. 各国大学入学考试制度比较研究 [M]. 沈阳：辽宁教育出版社，1990.

[22] 蒋超. 高考对话录——困惑与希望 [M]. 北京：中国人民大学出版社，1993.

[23] 蒋超. 中国高考史：创立卷、动荡卷、改革卷、展望卷 [M]. 北京：中国言实出版社，2008.

[24] 康乃美，蔡炽昌. 中外考试制度比较研究 [M]. 武汉：华中师范大学出版社，2002.

[25] 李子江，张斌贤. 大学：自由、自治与控制 [M]. 北京：北京师范大学出版社，2006.

[26] 厉以宁. 经济学的伦理问题 [M]. 上海：上海三联书店，1995.

[27] 刘海峰，等. 中国考试发展史 [M]. 武汉：华中师范大学出版社，2002.

[28] 刘海峰. 公平与效率：21 世纪高等教育改革与发展 [M]. 福州：福建教育出版社，2003.

[29] 刘海峰. 高考改革的理论思考 [M]. 武汉：华中师范大学出版社，2007.

[30] 刘海峰. 科举制与科举学 [M]. 贵阳：贵州教育出版社，2004.

[31] 刘富起. 分权与制衡论评 [M]. 长春：吉林大学出版社，1990.

[32] 龙献忠. 治理理论视野下的政府与大学关系研究 [M]. 长沙：湖南大学出版社，2007.

[33] 罗立祝. 高校招生考试政策研究 [M]. 武汉：华中师范大学出版社，2007.

[34] 毛礼锐，沈灌群. 中国教育通史：第 5 卷 [M]. 济南：山东教育出版社，1988.

[35] 马永霞. 冲突和整合——高等教育供求主体利益分析 [M]. 北京：高等教育出版社，2006.

[36] 潘懋元，刘海峰. 中国近代教育史资料汇编 · 高等教育 [G]. 上海：

上海教育出版社，2007.
[37] 裴娣娜. 教育研究方法导论［M］. 合肥：安徽教育出版社，1995.
[38] 覃红霞. 高校招生考试法治研究［M］. 武汉：华中师范大学出版社，2007.
[39] 邱洪昌，林启泗. 十国高等学校招生制度［M］. 北京：航空工业出版社，1994.
[40] 曲士培. 中国大学教育史［M］. 太原：山西教育出版社，1993.
[41] 孙宽平. 转轨、轨制与制度选择［M］. 北京：社会科学文献出版社，2004.
[42] 苏云峰. 从清华学堂到清华大学（1911—1929）［M］. 北京：生活·读书·新知三联书店，2001.
[43] 唐滢. 美国高校招生考试制度研究［M］. 武汉：华中师范大学出版社，2007.
[44] 田以麟. 今日韩国教育［M］. 广州：广东教育出版社，1996.
[45] 王炳照，等. 中国近代教育史［M］. 台北：五南图书出版公司，1994.
[46] 王承绪. 比较教育学史［M］. 北京：人民教育出版社，1999.
[47] 王立科. 英国高校招生考试制度研究［M］. 武汉：华中师范大学出版社，2008.
[48] 王莉君. 权力与权利的思辨［M］. 北京：中国法制出版社，2005.
[49] 王绍光. 分权的底限［M］. 北京：中国计划出版社，1997.
[50] 王定华. 走进美国教育［M］. 北京：人民教育出版社，2004.
[51] 王英杰. 美国高等教育的发展与改革［M］. 北京：人民教育出版社，2002.
[52] 王廷芳. 美国高等教育史［M］. 福州：福建教育出版社，1995.
[53] 熊丙奇. 这样进名校——解析大学自主招生面试［M］. 上海：上海科技教育出版社，2007.
[54] 徐小洲. 自主与制约——高校自主办学政策研究［M］. 杭州：浙江教育出版社，2007.
[55] 谢青，汤德用. 中国考试发展制度史资料选编［M］. 合肥：黄山出版社，1998.
[56] 谢安邦. 中国高等教育研究新进展（2002）［M］. 上海：华东师范大

学出版社，2003.
[57] 谢安邦. 中国高等教育研究新进展（2004）[M]. 上海：华东师范大学出版社，2006.
[58] 谢安邦. 中国高等教育研究新进展（2005）[M]. 上海：华东师范大学出版社，2006.
[59] 谢安邦. 中国高等教育研究新进展（2006）[M]. 上海：华东师范大学出版社，2007.
[60] 谢安邦. 中国高等教育研究新进展（2007）[M]. 上海：华东师范大学出版社，2008.
[61] 熊明安. 中国高等教育史 [M]. 重庆：重庆出版社，1988.
[62] 熊明安. 中华民国教育史 [M]. 重庆：重庆出版社，1997.
[63] 许明. 英国高等教育发展研究 [M]. 大连：辽宁师范大学出版社，1998.
[64] 萧超然，等. 北京大学校史（1898—1949）[M]. 上海：上海教育出版社，1981.
[65] 杨学为. 高考文献：上下册 [M]. 北京：高等教育出版社，2003.
[66] 杨学为，等. 中国考试制度史资料选编 [G]. 合肥：黄山书社，1992.
[67] 杨学为. 中国考试史文献集成 [G]. 北京：高等教育出版社，2003.
[68] 杨学为，王戎笙，王天有，李世愉，等. 中国考试通史：卷三 [M]. 北京：首都师范大学出版社，2004.
[69] 杨学为，王奇生. 中国考试通史：卷四 [M]. 北京：首都师范大学出版社，2004.
[70] 杨学为，杨学为，于信凤. 中国考试通史：卷五 [M]. 北京：首都师范大学出版社，2004.
[71] 杨学为. 中国高考史述论（1949—1999）[M]. 武汉：湖北人民出版社，2007.
[72] 杨学为. 中国考试改革研究 [M]. 北京：北京大学出版社，2001.
[73] 杨德广. 中国教育的回顾与展望 [M]. 上海：上海交通大学出版社，1990.
[74] 杨东平. 艰难的日出——中国现代教育的 20 世纪 [M]. 上海：文汇出版社，2003.

[75] 杨李娜．台湾地区大学入学考试制度研究［M］．武汉：华中师范大学出版社，2008.
[76] 俞可平．治理与善治［M］．北京：社会科学文献出版社，2000.
[77] 于钦波，杨晓．中外大学入学制度比较与中国高考制度改革［M］．成都：四川教育出版社，2000.
[78] 袁振国，谢维和，等．教育社会学手册［M］．上海：华东师范大学出版社，2004.
[79] 袁祖社．权力与自由——市民社会的人学考察［M］．北京：中国社会科学出版社，2003.
[80] 张民选．理想与抉择——大学生资助政策的国际比较［M］．北京：人民教育出版社，1993.
[81] 张亚群．科举革废与近代中国高等教育的转型［M］．武汉：华中师范大学出版社，2005.
[82] 赵震江．分权制度和分权理论［M］．成都：四川人民出版社，1988.
[83] 郑若玲．科举、高考与社会之关系研究［M］．武汉：华中师范大学出版社，2007.
[84] 赵亮宏．普通高等学校招生制度概述［M］．北京：航空工业出版社，1994.
[85] 朱有瓛．中国近代学制史料：第一辑［G］．上海：华东师范大学出版社，1983.
[86] 翟学伟．人情、面子与权力的再生产［M］．北京：北京大学出版社，2005.
[87] 郑世兴．中国现代教育史［M］．台北：三民书局，1981.
[88] 周少南．斯坦福大学［M］．长沙：湖南教育出版社，1991.
[89] 卢梭．社会契约论［M］．何兆武，译．北京：商务印书馆，2003.
[90] 托克维尔．论美国的民主：上卷［M］．董果良，译．北京：商务印书馆，1996.
[91] 约翰·密尔．论自由［M］．许宝骙，译．北京：商务印书馆，1959.
[92] 约翰·罗尔斯．正义论［M］．何怀宏，等译．北京：中国社会科学出版社，2003.
[93] J．范伯格．自由、权利和社会正义——现代社会哲学［M］．王守昌，等译．贵阳：贵州人民出版社，1998.

[94] 伯特兰·罗素. 权力论 [M]. 靳建国，译. 北京：商务印书馆，1991.

[95] 弗雷德里希·奥古斯特·哈耶克. 自由宪章 [M]. 杨玉生，等译. 北京：中国社会科学出版社，1999.

[96] 弗里德里希·冯·哈耶克. 法律、立法与自由 [M]. 邓正来，等译. 北京：中国大百科全书出版社，2000.

[97] 许美德. 中国大学（1895—1995）——一个文化冲突的世纪 [M]. 许洁英，译. 北京：教育科学出版社，2000.

[98] 大塚丰. 现代中国高等教育的形成 [M]. 黄福涛，译. 北京：北京师范大学出版社，1998.

[99] 弗兰斯·F. 范富格特. 国际高等教育政策比较研究 [M]. 王承绪，等译. 杭州：浙江教育出版社，2001.

[100] 塞缪尔·亨廷顿. 文明的冲突与世界秩序的重建 [M]. 周琪，译. 北京：新华出版社，1998.

[101] 马克·伊克斯坦，夏洛·诺亚. 迈向大学之路——各国的考试政策与实务 [M]. 陈坤田，译. 台北：台湾心理出版社，1996.

[102] 埃德加·博登海墨. 法理学——法哲学及其方法 [M]. 邓正来，等译. 北京：华夏出版社，1987.

[103] 罗伯特·蒙哥马利. 考试的新探索 [M]. 黄鸣，译. 南宁：广西人民出版社，1984.

[104] 阿尔温·托夫勒. 权力变移 [M]. 周敦仁，等译. 成都：四川人民出版社，1991.

[105] 约翰·S. 布鲁贝克. 高等教育哲学 [M]. 王承绪，等译. 杭州：浙江教育出版社，2002.

[106] 伯顿·克拉克. 高等教育系统 [M]. 王承绪，等译. 杭州：杭州大学出版社，1994.

[107] 阿瑟·奥肯. 平等与效率——重大的抉择 [M]. 王奔洲，译. 北京：华夏出版社，1987.

[108] 霍华德·加德纳. 多元智能 [M]. 沈致隆，译. 北京：新华出版社，1999.

[109] 克拉克·科尔. 高等教育不能回避历史——21 世纪的回顾 [M]. 王承绪，译. 杭州：浙江教育出版社，2003.

[110] E. 阿什比. 科技发达时代的大学教育 [M]. 滕大春，译. 北京：人民教育出版社，1983.

[111] 亚伯拉罕·弗莱克斯纳. 现代大学论 [M]. 徐辉，等译. 杭州：浙江教育出版社，2001.

[112] 孟德斯鸠. 论法的精神（上） [M]. 张雁深，译. 北京：商务印书馆，1961.

[113] 霍华德·加德纳. 多元智能新视野 [M]. 沈致隆，译. 北京：中国人民大学出版社，2008.

[114] 霍华德·加德纳. 重构多元智能 [M]. 沈致襄，译. 北京：中国人民大学出版社，2008.

[115] Joe L. Kincheloe. 多元智力再思考 [M]. 霍力岩，李敏宜，等译. 北京：中国轻工业出版社，2004.

[116] 泽格蒙特·鲍曼. 自由 [M]. 杨光，蒋焕新，译. 长春：吉林人民出版社，2005.

三、论文

（一）学位论文

[1] 卜昭滔. 公平与效率：基于和谐社会建设的认知与选择 [D]. 大连理工大学，2006.

[2] 陈林晓梅. 大学“甄选入学”制度之研究（1993—2000） [D]. 台湾台东师范学院，2000.

[3] 高庆蓬. 教育政策评估研究 [D]. 东北师范大学，2008.

[4] 蒋后强. 高等学校自主权研究 [D]. 西南大学，2006.

[5] 靖国安. 效率与公平——关于高等学校招生自主权的政策研究 [D]. 华中科技大学，2003.

[6] 李泽彧. 我国高等学校办学自主权研究 [D]. 厦门大学，2000.

[7] 李坦英. 我国高考模式的优化研究 [D]. 江西师范大学，2007.

[8] 罗丽英. 高校自主招生政策分析 [D]. 东北师范大学，2007.

[9] 罗斌利. 论高校人才培养与自主招生 [D]. 电子科技大学，2005.

[10] 陆兴发. 中国高等教育办学自主权问题的研究 [D]. 东北师范大

学，2002.
[11] 龙艳. 普通高等学校招生制度改革构想 [D]. 华中师范大学，2002.
[12] 汪菁. 我国高校自主招生政策评析 [D]. 浙江大学，2007.
[13] 王萍. 论普通高招"选拔信息多样化" [D]. 河南大学，2006.
[14] 薛成龙. 近代中国高校招生考试研究 [D]. 厦门大学，1999.
[15] 肖娟群. 我国高校自主招生考试的历史考察与现状研究 [D]. 厦门大学，2008.
[16] 杨琼. 学校法人治理问题研究 [D]. 华东师范大学，2007.
[17] 易芳. 中美高校本科招生考试与录取制度比较及启示 [D]. 湖南农业大学，2006.
[18] 赵婷婷. 论大学理想与社会现实需要的矛盾 [D]. 厦门大学，1999.
[19] 张志祥. 大学生对高校自主招生改革的意见调查 [D]. 北京师范大学，2005.

（二）期刊论文

[1] 吴小贻. 完整地理解教师专业自主权 [J]. 当代教育科学，2006 (13)：36-37.
[2] 张亚群. 立足实际，推进高校自主招生的多元化 [J]. 湖北招生考试，2006 (13)：4-7.
[3] 蔡达峰. 关于高考招生改革的建议 [J]. 复旦教育论坛，2005 (2)：5-7.
[4] 许杰. 教育分权与大学自主 [J]. 高等教育研究，2004 (4)：17-23.
[5] 梁峰，李小平. 权力制衡机制思考 [J]. 理论月刊，2004 (2)：143-144.
[6] 喻岳青. 政府对高等教育宏观管理的职能：调控与服务 [J]. 辽宁高等教育研究，1995 (6)：17-19.
[7] 焦国成. 关于公平与效率关系问题的伦理思考 [J]. 江苏社会科学，2005 (5)：111-115.
[8] 黎军，朱峰. 关于高等教育公平问题的探讨 [J]. 教育理论与实践，2006 (3)：6-7.
[9] 梁爱民，周莉莉. 多元智能理论与多元化大学英语教学模式研究 [J]. 山东外语教学，2006 (5)：80-83.
[10] 熊贤君. 20 世纪上半叶中国高等学校自主招生的回顾 [J]. 教育研究与实践，2001 (4)：39-42.

四、其他文献

[1] 苏步青，李国豪，等．给高等学校一点自主权［N］．人民日报，1979-12-06．
[2] 张亚群．高校自主招考的制度选择［N］．光明日报，2006-12-27．
[3] 张亚群．北大清华自主招生改革透视高校选拔制度重大跨越［N］．中国教育报，2007-03-21．
[4] 朱振国．自主招生：既要公平，也要多样化［N］．光明日报，2006-12-20．
[5] 郑若玲．美国大学招考制度的启示［N］．光明日报，2007-05-09．
[6] 中国教育年鉴编辑部．中国教育年鉴（1949—1981）［G］．北京：中国大百科全书出版社，1984．
[7] 国家教育委员会考试中心．美、日、法人才选拔与考试方法［M］．北京：北京人民邮电出版社，1994．
[8] 国民政府教育部．教育法令汇编：第1辑［G］．上海：商务印书馆，1946．
[9] 国民政府教育部．第二次中国教育年鉴［G］．上海：商务印书馆，1948．
[10] 厦门大学校史编委会．厦门大学校史资料：第1辑（1921—1937）［G］．厦门：厦门大学出版社，1987．
[11] 清华大学校史研究室．清华大学史料选编［G］．北京：清华大学出版社，1991．